한글 세대를 위한

예서의 명심보감

全圭鎬 編譯

明文堂

들어가는 말

전에 누가 이런 말 하는 것을 들었다. 성인 중에 "공자는 현세를 말하고 석가는 극락을 말하였으며 노자는 물외物外를 말하고 예수는 천국을 말했으니, 현세를 말한 공자는 하늘에 있는 천국을 보지 못하였으니, 같은 성인이지만 급이 낮다."고 하였다.

언뜻 생각하면 그의 말이 맞는 말 같다. 그러나 공자께서는 "우리의 눈에 보이지 않는 허황된 말, 즉 괴력난신怪力亂神의 말씀은 하지 않았다."라는 기록이 있고, 그리고 공자께서는 가장 인간적인 성인이어서 우리들 범인이 살아가는 세상을 가장 중요하게 여기시고 다시 태어날 수 없는 인생을 이 땅에서 살 때에 가장 잘 살 수 있도록 모든 장치를 만들어놓고 본인이 직접 솔선수범하여 사신 기록을 '논어'에서 볼 수가 있다. 즉 공자께서도 하늘의 이야기를 할 수 있었지만 몸을 한 단계 낮추어서 우리들 곁으로 다가 오셨던 것이다.

맹자께서 "성인聖人도 세상과 더불어 같이 간다."고 했으니, 먼저 깨달은 선비는 맹자의 말씀을 좇아서 우매한 세상 사람들의 곁으로 다가가서 그들의 앞길에 등불 역할을 한다면 더욱 좋지 않을까 하고 생각한다.

필자는 2012년에 《에세이 천자문》을 출간하고 이어서 2015년에 《에세이 논어》를 출간 했으며, 이어서 에세이 맹자를 쓰다가 원고를 덮고 2016년에 먼저 《에세이 명심보감》을 썼다. 이유는 오늘날의 국민 정서에는 맹자보다는 명심보감이 더 다가가기가 쉽다. 또한 초등, 중등, 고등, 대학생이 읽고 배우기에 비교적 쉬운 문장으로 구성되어 있고 그리고 우리 고유의 윤리를 불어넣기에 좋을 것이라 생각했기 때문이다.

요즘의 세상에서는 성인도 이 '명심보감'만 배우면 사회에 나가서 유식하다는 말을 들을 것이니, 오늘날 우리들에게는 꼭 필요한 책이라 말할 수가 있을 것이다.

《명심보감》은 도학과 유학이 섞여서 기술되어 있는데, 개중에 출전의 전거典據가 안 되고 속담 정도의 문장도 있는 것을 보고 필자가 감히 이를 산삭하여 출전이 확실한 문장과 그렇지 못해도 교육적으로 꼭 필요한 문장 등을 뽑아서 편집하여 해석하고 에세이를 붙여서 한문을 잘 모르는 사람도 읽기에 아무런 부담이 없도록 노력하였다.

2016년 병신년 6월 ○일

순성재循性齋에서

홍산鴻山 전규호全圭鎬는 기록하다.

차례

에세이 명심보감

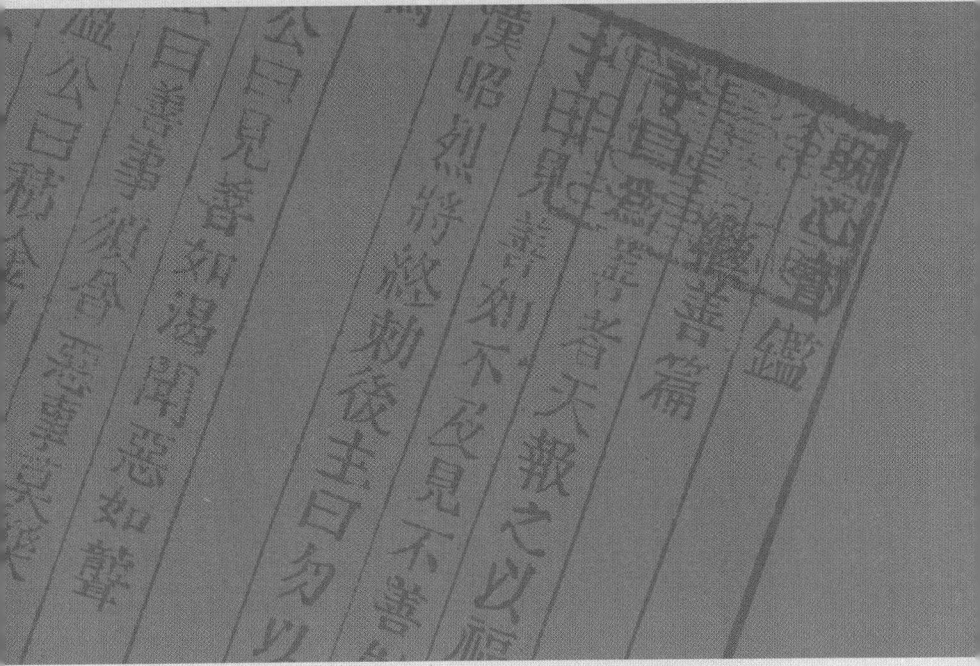

계선편繼善篇

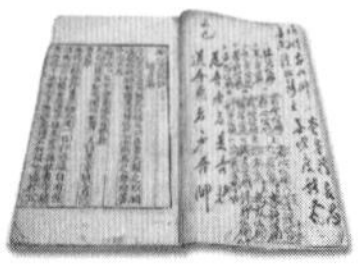

1 子曰 爲善者는 天報之以福하고 爲不善者는 天報之以禍니라.
자왈 위선자 천보지이복 위불선자 천보지이화

〖해설〗 공자께서 말씀하셨다. "착한 일을 하는 사람은 하늘이 복을 주고, 착하지 않은 일을 하는 사람은 하늘이 재앙을 준다." 고 하였다.

〖출전〗 《공자가어孔子家語》

에세이

'자왈子曰' 에서 자子는 공자를 뜻하니, 옛사람들은 '스승을 자子라고 칭했다.' 는 기록이 있는데, 이 중에서도 공자님께만 그냥 자왈子曰로 쓰고 다른 사람들은 성을 붙여서 노자老子, 맹자孟子, 증자曾子, 순자荀子, 묵자墨子 등으로 쓴다.

공자는 '주역' 곤괘坤卦의 문언文言에서 "적선지가필유여경積善之家必有餘慶 : 착함을 많이 쌓은 집에는 반드시 남은 경사가 있다." 고 하여, 누구든지 착하게 살면 복을 받는다는 보편적인 말씀을 하였다.

사실 어떤 종교이든 간에 자기네 종교를 믿으면 복을 받는다고 한다. 그리고 사람은 복을 받는 것처럼 좋은 것은 없는 것이다.

가까운 친구의 말에 의하면, '절에서 공사를 하려고 하면 신도들이 서로 시주를 하겠다고 한다.' 고 하면서, 그렇게 절에 시주를 하면 그 시주한 돈보다 훨씬 더 많은 돈이 내게 들어온다고 말하는 것을 들었다.

반면에 악을 많이 쌓으면 하늘이 재앙으로 갚는다고 했으니, 착하지 않게 사는 사람에게는 가슴이 서늘할 정도로 무서운 말씀이 된다. 이렇게 착하지 않은 일을 한 자에게는 착하게 살도록 하는 경계의 말씀도 되니, 일석이조의 효과가 있는 말씀이 아닌가 한다.

이곳에서는 하늘을 하나의 인격자로 보았으니, 아무것도 없는 것처럼 보이는 하늘이 착한 자와 착하지 않은 자를 가려서 복을 주기도 하고 화를 주기도 하니, 이왕이면 착한 일을 해서 축복을 받아야 하지 않겠는가!

爲 : 할 위 善 : 착할 선 者 : 놈 자 報 : 갚을 보 福 : 복 복 禍 : 재앙 화

2 漢昭烈이 將終에 勅後主曰 勿以善小而不爲하고 勿以惡小而爲之니라.
한소열 장종 칙후주왈 물이선소이불위 물이악소이위지

〖해설〗 한나라 소열제가 유명幽明을 달리할 적에 후주後主를 신칙하여 말하기를 "착한 일이 적다고 해서 하지 않으면 안 되고, 악한 일이 적다고 해서, 해서는 안 된다." 고 하였다.

〖출전〗 《통감기사본말通鑑紀事本末》

에세이

한漢은 촉한蜀漢을 말하고, 소열昭烈은 유비劉備[1]의 시호이다. 즉 이 말씀은 우리들이 삼국지에서 익히 잘 아는 유비劉備가 한 말씀이다.

사람과 사람 사이에는 의리라는 것이 있으니, 이를 지키는 사람을 진정한 장부라 하고 이를 지키는 여자를 여장부라고 한다. 사실 유비는 의리를 가장 잘 지킨 황제이다. '도원결의桃園結義' 로 잘 알려진 유비, 관우, 장비는 의로 맺어진 형제인데, 이들 삼인이 끝까지 의리를 지켜서 세상 사람들을 감동하게 하였고, 제갈량과의 관계에서도 군신 간의 의리를 끝까지 잘 지켜서 의義와 유비를 동일하게

1 유비劉備 : 삼국시대 촉한蜀漢의 제1대 황제(재위 221~223). 관우 · 장비와 결의형제하였으며, 삼고초려로 제갈량을 맞아들였다. 220년 조비가 한나라 헌제의 양위를 받아 위의 황제가 되자, 221년 그도 제위에 올라 한의 정통을 계승한다는 명분으로 국호를 한漢(蜀漢)이라 하였다.

만든 사람이다.

유비가 죽으면서 제갈량에게 "내가 죽거든 아들 유선을 황제로 추대하여 보필하되, 만약 유선이 황제의 재목에 부족하거든 제갈량 당신이 황위를 거두어서 이 나라를 잘 다스리라." 고 하였으므로, 제갈량이 눈물을 흘리면서 그 유명한 "출사표出師表"를 올렸던 것이다.

유비는 황제가 되어서도 착한 마음을 잃지 않아서 백성들이 잘 살 수 있도록 노력했으며, 백성들이 농사 지은 보리 이삭 하나 마음대로 베어오지 말라고 한 말씀이 "삼국지연의"에 보인다.

그렇기에 죽기 전에 아들 유선에게 "작은 착한 일이라도 안하면 안 되고, 작은 악한 일이라도 해서는 안 된다." 고 하였으니, 과연 현명하고 착한 군주라 할 수 있다.

漢 : 한나라 한 昭 : 밝을 소 烈 : 매울 렬 將 : 장차 장 終 : 마침 종 勅 : 신칙할 칙
後 : 뒤 후 主 : 임금 주 勿 : 말 물 惡 : 악할 악

3 莊子曰 一日不念善이면 諸惡이 皆自起니라.
장자왈 일일불념선 제악 개자기

〖해설〗 장자가 말씀했다. "하루라도 착함을 생각하지 않으면 모든 악한 것이 다 스스로 일어난다." 고 하였다.

〖출전〗 무지無知

에세이

장자는 맹자와 동시대에 살던 사람으로 당시 맹자는 많은 제후들의 존경을 받는 존사尊師이었으나, 장자는 물외物外에 노는 사람으로 당시에는 그렇게 유명하지는 않은 것 같다. 도학으로 노자老子의 학통을 이었다고 볼 수가 있으니, 당시 맹자의 유가儒家는 사람으로서 해야 할 도리를 규범으로 만들어서 그 규범 속에 넣고 이를 지켜야만 최소한의 사람이라 할 수가 있다고 하는 반면에, 장자는 왜 이런 규정을 만들어 사람을 불편하게 하는가! 라고 하여 이를 타파하고 마음 내키는 대로 살자고 하는 주의였다.

그러므로 맹자는 현명한 군주를 만나서 정치를 잘해서 그 백성들이 고생을 않고 잘 살 수 있는 세상을 만들어보려고 주유천하를 한 것인데 반하여, 장자는 사람이 만들어 놓은 규범, 곧 그런 틀에서 과감히 뛰쳐나와서 자유롭게 내가 좋아하는 일을 하며 자연스럽게 사는 것이 사람다운 삶이라는 것이다.

필자의 생각에는 두 분의 사상이 모두 공감이 가는 말씀이지만 사람이 모두 장자처럼 현명하지 못하니, 그러므로 어떤 틀 안에 있어야 하는 사람이 이 세상에는 많다. 일례로, 국가라는 틀을 만들고 그 안에 법을 만들어 놓고 군인은 국경을 지키고, 경찰은 치안을 담당하여 그 법을 어기는 자는 과감히 잡아들여 처벌을 하니 질서가 유지되는 것이다. 만약 장자의 말처럼 이런 틀을 깬다면 힘 있는 자는 살지만 연약한 자, 즉 힘이 없고 권세가 없는 평민이나 연약한 여자들은 살 수가 없는 세상이 되는 것이다.

그래서 우리가 한 나라를 만들면 그 안에 사는 국민은 그 나라의 법을 지켜야 하는 것이다. 이를 거부하려면 본인이 좋아하는 세상으로 가야 하는 것이다.

莊 : 엄숙할 장 念 : 생각 념 諸 : 모두 제 皆 : 다 개 自 : 스스로 자 起 : 일어날 기

4 太公이 曰見善如渴하고 聞惡如聾하라 又曰 善事란
태공 왈견선여갈 문악여롱 우왈 선사

須貪하고 惡事란 莫樂하라.
수탐 악사 막락

〖해설〗 태공이 말하기를, "착함을 보거든 목마른 것처럼 하고 악함을 듣거든 못 들은 것처럼 하라." 고 하고, 또 말하기를, "착한 일은 모름지기 탐하고 악한 일은 즐겨하지 말라." 고 하였다.

〖출전〗 무지無知

에세이

태공太公[2]은 주周나라 무왕을 도와 천하를 통일한 사람이니, 아주 위대한 정치가이고 철학자이며 병법가이기도 하다. 그러나 아주 옛적 사람이기에 대체로 전설로 남은 부분이 많다.

2 태공太公 : 본명 강상姜尙이다. 그의 선조가 여呂나라에 봉하여졌으므로 여상呂尙이라 불렸고, 태공망이라고 불렸지만 강태공이라는 이름으로 알려져 있다. 주나라 문왕文王의 초빙을 받아 그의 스승이 되었고, 무왕武王을 도와 상商나라 주왕紂王을 멸망시켜 천하를 평정하였으며, 그 공으로 제齊나라 제후에 봉해져 그 시조가 되었다. 강태공은 동해東海에서 사는 가난한 사람이었고, 집안을 돌보지 않아 그의 아내가 집을 나갔다고 전한다. 하루는 웨이수이강[渭水]에서 낚시를 하고 있는데, 인재를 찾아 떠돌던 주나라 서백(주나라 문왕이 됨)을 만났다. 서백은 노인의 범상치 않는 모습을 보고 그와 문답을 통해 인물됨을 알아보고 주나라 재상으로 등용하였다고 전해진다. 그를 태공망이라고 불렀는데, 이는 주나라 무왕의 선군인 태공太公이 바랐던(望) 인물이었기에 그렇게 불렀다고 전해진다. 강태공에 대한 전기는 대부분이 전설적이지만, 전국시대부터 경제적 수완과 병법가兵法家로서의 그의 재주가 회자되기도 하였다. 병서兵書 《육도六韜》(6권)는 그의 저서라 하며, 뒷날 그의 고사를 바탕으로 하여 한가하게 낚시하는 사람을 강태공 혹은 태공이라 하는 속어가 생겼다.

무왕을 도와 은殷나라를 쳐서 없애고 중국을 통일한 공으로 제나라에 봉해져서 제齊의 태조가 되었다.

전설에 의하면 태공이 40년은 공부하였고 40년은 위수渭水에서 낚시질하며 자신의 때가 오기를 기다렸으며, 40년은 문왕과 무왕을 만나 정치를 하여 천하를 통일하였는데, 40년간 바늘 낚시질하였다고 하여 지금도 낚시하는 사람들을 '강태공姜太公' 이라고 부른다.

이런 위대한 사람들은 모두 착하게 사는 것에 초점을 맞춘다. 강태공 역시 그 자손들이 대대로 왕을 하면서 잘 산 것이 이렇게 착했기 때문이 아닌가 한다.

착한 일을 하는 것을 목마를 때에 물을 마시고 싶듯이 하라는 말씀이고, 그리고 악한 말을 들으면 못들은 것처럼 귀를 닫으라는 말이다. 또한 착한 일은 욕심을 내어 탐하고 악한 일은 즐기지 말라는 말씀이니, 이 얼마나 훌륭한 말씀인가!

太 : 클 태 公 : 귀 공 渴 : 목마를 갈 聞 : 들을 문 惡 : 악할 악 如 : 같을 여 聾 : 귀먹을 롱 事 : 일 사 須 : 모름지기 수 貪 : 탐할 탐 莫 : 말 막 樂 : 즐길 락

5 馬援이 曰終身行善이라도 善猶不足이요 一日行惡이
마원　왈종신행선　선유부족　일일행악

라도 惡自有餘니라.
악자유여

〖해설〗 마원이 말하기를, "일생을 두고 착한 일을 하더라도 착함은 오히려 부족하고, 하루 악함을 행하더라도 악함은 스스로 남아 있다." 고 하였다.

〖출전〗 《장장희문집張莊僖文集》

에세이

마원馬援[3]은 후한後漢의 개국공신이고 군사전략가이다. 이런 장군이 본문에 기록한 말씀을 했다는 것을 보면, 마원은 장군이기 이전에 많은 학문을 쌓은 학자이며 선비라고 봐야 한다.

'착한 일은 일생을 통하여 해도 오히려 부족하고, 악한 일은 한번만 하더라도 오히려 남는다.' 는 말씀이니, 일례로 어떤 사람이 잠시 잘못하여 사람을 죽였다고 하면 그 사람을 죽인 악행은 평생 지워지지 않는 것과 같은 말일 것이다.

3 마원馬援 : 부풍扶風 무릉茂陵 사람으로, 자는 문연文淵이다. 동한東漢의 저명한 군사가이자 개국공신開國功臣이다. 원래 롱우군벌隴右軍閥 외효隗囂의 부하였는데, 뒤에 유수劉秀에게 투항하였다. 뒤에 유수가 천하를 평정하는데 혁혁한 전공을 세웠다. 또 천하가 통일된 후에도 서쪽으로 강인羌人을 격파하고, 남쪽으로 교지交趾를 정벌했다. 그 공으로 신식후新息侯로 봉해졌다. 그는 늙어서도 노익장을 발휘하여 세상 사람들의 존경을 받았다. 시호는 충성忠成이다.

당시 마원은 장군으로서 많은 전투에 참여하여 혁혁한 공을 세운 사람으로, 많은 사람을 죽였을 것은 불문가지이다. 이런 사람이 위 본문과 같은 말씀을 할 수 있을까! 그러나 이는 잘못된 생각이다. 왜냐면 마원이 전투를 한 것은 후한後漢의 백성들을 살리기 위한 전투이었으니, 비록 적군을 죽였을망정 아군을 살리기 위한 것이고 자신이 속한 나라의 백성들을 살리기 위한 것이었으니 하는 말이다.

우리가 잘 아는 조선조 임진왜란 때에 이순신 장군이 적의 수군을 수없이 죽였지만 이는 아국을 지키고 아국의 백성을 보호하기 위한 최선의 방법이었으니, 이는 아국을 침범한 적도를 죽인 것이지 결코 살인의 죄를 지은 것은 아니라고 봐야 한다. 즉 크게 생각하면 자신이 속한 나라 백성의 생명을 보호하는 선행인 것이다. 그러므로 마원도 비록 장군으로 많은 전투에서 많은 살상을 했을지언정, 아국 백성의 생명과 재산을 지키는 선행이었으니, 본문과 같이 훌륭한 말을 하였을 것으로 믿는다.

馬 : 말 마 援 : 이끌 원 身 : 몸 신 猶 : 오히려 유 足 : 발 족 餘 : 남을 여

6 司馬溫公이 曰積金以遺子孫이라도 未必子孫이 能盡守요 積書以遺子孫이라도 未必子孫이 能盡讀이니 不如積陰德於冥冥之中하야 以爲子孫之計也니라.
사마온공 왈적금이유자손 미필자손 능진수 적서이유자손 미필자손 능진독 불여적음덕어명명지중 이위자손지계야

〖해설〗 사마온공[4]이 말하기를, "금을 쌓아서 자손에게 남겨주더라도 반드시 자손이 다 지키지 못하고, 책을 쌓아서 자손에게 남겨주더라도 반드시 자손이 다 읽지(공부) 못하니, 남모르게 음덕陰德(착한 일)을 쌓아서 자손을 위하는 계획만 같지 못하느니라." 고 하였다.

〖출전〗《사마온공가훈후司馬搵公家訓後》

에세이

이 말씀은 공자께서 《주역》 곤괘 문언에 말씀한 "덕을 쌓은 집안에는 반드시 남은 경사가 있다.(積德之家, 必有餘慶.)" 의 말씀과 부합한다고 봐야 한다. 즉 선행善行에 초점이 맞추어져 있으니, 예나

4 사마온공 : 중국 북송北宋 때의 학자. 온공溫公이라 칭하여진다. 『자치통감資治通鑑』의 편자. 이 책은 천자의 정치에 도움을 주기 위해 19년의 세월을 들여 전국시대에서부터 편년체編年體로 편찬한 것으로, '대의명분', 즉 군신君臣의 의義를 명확히 한 것이다. 그는 한대漢代의 양웅楊雄을 가장 숭배하고, 그의 주석서인 『태현주太玄註』, 『법언주法言註』, 양웅의 『태현太玄』을 본뜬 그의 저서 『잠허潛虛』에서 상수학象數學을 중심으로 한 천인상관天人相關의 철학을 남겼다. 그 가운데에서 '귀천빈부貴賤貧富' 는 '천분天分' 이고, '군명신충君明臣忠 부자자효父慈子孝' 는 '인분人分' 이라고 하여 이것을 거스르면 반드시 '천재天災' 와 '인앙人殃' 이 생긴다고 주장하였다. 이렇게 당시의 봉건제 질서를 '천명天命' 이라 하고, 이것을 근거로 하여 '천명' 에 근거하지 않은 '변법' 을 단행한 강남의 신흥 지주파인 왕안석(1021~86)에 반대한 대지주파의 철학을 역설하였다.

지금이나 선행은 사람이 살아가는 근간이다.

해가 아침에 동쪽에서 떠서 저녁에는 서쪽으로 넘어가는데, 해가 하늘에 떠 있을 때에는 언제나 따스한 햇볕을 선사한다. 그 햇볕을 의지해 만물이 성장하는 것이고, 그리고 사람이 이를 본받아 이 세상을 살아가는 것이다. 만약 해의 운행하는 도수가 조금만 기울어지면 세상이 급격히 변하고 갑작스런 충격을 받아 이 세상에 존재하는 생물이 모두 이를 견디지 못하고 사라지게 된다. 그러므로 해의 순행은 착함이고 건강함이다.

사마온공은 사마광司馬光으로 불리는 북송北宋의 저명한 학자이다. 천자의 통치에 도움을 주기 위하여 19년의 노력 끝에《자치통감》을 저술했으니, 이는 전국시대부터 편년체로 쓴 역사서이다. 사람은 역사를 돌아보고 앞날을 조망하는 것이니《자치통감》을 저술한 것은 너무 위대한 일을 한 것이다.

돈을 아무리 많이 쌓아서 자손에게 남겨주더라도 자손은 그 돈을 다 보존하지 못하는 것이고, 아무리 많은 책을 쌓아서 자손에게 남겨주더라도 자손은 그 책을 다 읽어내지 못하는 것이니, 그러므로 착한 일을 많이 해서 음덕을 남모르게 쌓으면 그 자손이 그 음덕에 의해 잘 된다는 본문의 내용이다.

司 : 맡을 사 溫 : 따뜻할 온 積 : 쌓을 적 遺 : 끼칠 유 孫 : 손자 손 必 : 반드시 필 能 : 능할 능 盡 : 다할 진 守 : 지킬 수 書 : 책 서 讀 : 읽을 독 陰 : 그늘 음 德 : 큰 덕 冥 : 어둘 명 計 : 계산할 계

7 景行錄(경행록)에 曰(왈)恩義(은의)를 廣施(광시)하라 人生何處(인생하처)에 不相逢(불상봉)이랴
讐怨(수원)을 莫結(막결)하라 路逢狹處(노봉협처)면 難回避(난회피)니라.

〖해설〗 경행록에서 말하기를, "은의恩義(두터운 정)를 널리 베풀어라. 사람이 어느 곳에서든지 서로 만나지 않으랴! 원수와 원망을 맺지 말라 길이 좁은 길에서 만나면 피하기 어려우니라." 고 하였다.

〖출전〗 무지無知

에세이

경행景行은 큰 행실을 말하니, 군자가 가는 길을 말한다. '경행록' 은 중국 송나라 시대의 책이라 하나, 누가 지은 책인지는 자전에 전거할 수가 없다.

사람이 세상을 살아가면서 덕德은 많이 쌓아야 하고 원수는 맺지 말라는 말씀이다. 만약 남을 나쁘게 대하여 원수가 되었으면 그 사람을 만나지 않으면 그만이라 생각하지만, 그러나 그렇지 않으니, 만약 막다른 골목에서 만날 수도 있고, 그리고 그의 자식이 원수를 갚겠다고 찾아다니면 피하기가 어려우니, 애당초 원수를 맺지 말라는 것이다.

요즘 세상 사람들은 무조건 이익을 추구하는데, 이익만 추구하는 것은 소인小人의 행위라고 맹자는 말했다. 왜냐면 이익은 나의 이익

만 아는 것이니, 나만 위해 사는 사람을 소인이라고 하는 것이다. 이와는 반대로 의리와 덕을 생각하며 사는 사람이 있으니 이런 행위를 하는 사람을 대인이라고 맹자는 말씀했다. 남을 위해 사는 것이 덕을 쌓는 길이고, 그렇게 덕을 많이 쌓으면 이것이 음덕이 되어서 나도 잘 되고 자손도 잘 되는 것이니, 본문의 말씀은 결국 남을 위해 살라는 말씀과 일맥상통하는 말씀이다.

景 : 클 경 錄 : 기록 록 恩 : 은혜 은 義 : 옳을 의 廣 : 넓을 광 施 : 베풀 시 何 : 어찌 하 處 : 곳 처 相 : 서로 상 逢 : 만날 봉 讐 : 원수 수 怨 : 원망 원 莫 : 말 막 結 : 맺을 결 路 : 길 로 狹 : 좁을 협 處 : 곳 처 難 : 어려울 난 回 : 돌아올 회 避 : 피할 피

8 莊子 曰於我善者도 我亦善之하고 於我惡者도 我亦
장자 왈어아선자 아역선지 어아악자 아역

善之니라 我旣於人에 無惡이면 人能於我에 無惡哉인져.
선지 아기어인 무악 인능어아 무악재

【해설】 장자가 말했다. "나에게 잘해주는 자에게 나는 또한 잘해주고, 나에게 악하게 하는 자에게도 나는 또한 잘 대할 것이니라. 내가 이미 남에게 악함이 없으면 남이 나에게 악함이 없을 것이다." 고 하였다.

【출전】 무지無知

에세이

장자가 말씀한 본문은 마치 기독교의 성경의 말씀 '왼쪽 뺨을 때리거든 오른쪽 뺨도 내 놓아라.' 라는 말씀과 거의 유사한 내용이다. 이는 성인聖人 지위에 있는 사람, 즉 깨달은 자의 마음은 언제나 남을 위해 생각하기에 그런 것이다.

장자는 도교의 사람으로, 무엇에 구속되는 것을 아주 싫어한 사람이니, 즉 세상 밖에서 논 사람이기에 금전적 이익과 손해, 남이 나에게 좀 잘하고 못하는 작은 일에는 벗어난 사람으로, 오직 천지우주의 돌아가는 세월에 몸을 맡기고 그대로 순응하면서 산 사람이다.

그렇기에 나에게 잘해주는 자에게도 나는 잘해주고, 나에게 못해주는 사람에게도 나는 잘해줄 수가 있는 것이다.

6.25동란 때에 어떤 지주가 있었는데, 이 지주는 자기네 소작농이나 머슴한테도 아주 잘 대해준 사람이었는데, 1.4 후퇴 때에 공산

당이 내려와 지주地主들을 즉결재판에 넘겨 죽일 때에 이 지주는 용케도 살아나왔다고 한다. 왜냐면 당시 공산당은 '평등사회를 만들어서 모든 인민이 평등하게 사는 세상을 만든다.' 고 선전하였으니, 이에 현혹된 무식한 소작인과 머슴들이 모두 남로당에 들어갔는데, 이때 재판을 맡은 사람이 그 지주의 밑에서 머슴을 살던 사람이었으므로, 자신에게 잘해준 주인을 죽일 수가 없어서 살려주었다는 것이니, 남에게 잘 대해주는 것이 자신의 목숨을 살리는 길이 된 것이다.

본문의 장자의 말씀은 이런 사정을 미리 알고 말씀한 말이 아닌가 하고 생각한다.

我 : 나 아 亦 : 또 역 旣 : 이미 기 於 : 늘 어 能 : 능할 능 哉 : 어조사 재

9 東岳聖帝垂訓에 曰一日行善이면 福雖未至나 禍自遠矣요 一日行惡이면 禍雖未至나 福自遠矣니 行善之人은 如春園之草하야 不見其長이라도 日有所增하고 行惡之人은 如磨刀之石하야 不見其損이라도 日有所虧니라.
동악성제수훈 왈일일행선 복수미지 화자원의 일일행악 화수미지 복자원의 행선지인 여춘원지초 불견기장 일유소증 행악지인 여마도지석 불견기손 일유소휴

〖해설〗 동악성제東岳聖帝[5]가 훈계를 내려 말하기를, "하루 선행을 행하면 복은 비록 즉시 이르지 않으나 화는 스스로 멀어지고, 하루 악행을 행하면 화는 비록 즉시 이르지 않으나 복은 스스로 멀어지는 것이니, 선행을 하는 사람은 봄 동산의 풀과 같아서 그 자람이 보이지 않더라도 날마다 증가하고, 악행을 하는 사람은 칼 가는 숫돌과 같아서 그 닳이 보이지 않더라도 날마다 이지러지는 바가 있다." 고 하였다.

〖출전〗 무지無知

에세이

이 말씀은 증자의 "사람이 착함을 좋아하면 복은 비록 이르지 않으나 화는 멀어지고, 사람이 착함을 좋아하지 않으면 화는 비록 이르지 않으나 복은 멀어진다.〔人而好善, 福雖未至, 禍其遠矣, 人而不

5 동악성제東岳聖帝 : 도교에서 성인으로 추앙하는 사람이나, 현실의 황제가 아니므로 역사에는 나타나지 않는 사람이다.

好善, 禍雖未至, 福其遠矣.〕고 한 말씀에서 후미에 약간의 말을 추가한 말씀이다.

'동악성제東岳聖帝' 는 도교 내의 성제聖帝로, 현실의 제왕은 아니다. 동악東岳은 중국에서는 태산泰山을 말하는데, 매우 귀중하게 여기는 산이고, 하늘과 제일로 잘 통하는 산이 동악인 태산이다. 그러므로 동악성제東岳聖帝는 도교 내에서는 아주 귀중한 위치를 차지한 성군聖君일 것이다.

본문 말미에 '선행을 하는 사람은 봄 동산의 풀과 같아서 그 자라는 것이 눈에는 보이지 않으나 날마다 자라는 바가 있고, 악행을 하는 사람은 칼을 가는 숫돌 같아서 그 덜어짐이 눈으로는 보이지 않으나 날마다 이지러지는 바가 있다.' 고 하였는데, 위에 있는 증자의 말씀에 이 말씀을 더한 것이다. 이는 표현이 너무 아름다워서 세상 사람들이 인용을 많이 하는 말씀이다.

겨울이 지나고 봄이 오는 날에 나뭇잎의 자람을 관찰하면 비록 눈으로는 보이지 않지만, 오늘 보고 다음날 나가서 보면 그 잎이 성큼 자란 것을 볼 수가 있으니, 이런 것을 '귀신같다.' 고 필자는 수필 《행복의 씨앗》에서 말한 바가 있다.

岳 : 뫼 악 聖 : 성인 성 帝 : 임금 제 垂 : 드릴 수 訓 : 가르칠 훈 雖 : 비록 수 至 : 이를 지 遠 : 멀 원 園 : 동산 원 草 : 풀 초 長 : 길 장 所 : 바 소 增 : 더할 증 磨 : 갈 마 刀 : 칼 도 損 : 덜 손 虧 : 이지러질 휴

10 子曰見善如不及하고 見不善如探湯하라.
자 왈견선여불급　　견불선여탐탕

〖해설〗 공자께서 말씀하시기를, "착한 것을 보거든 하지 못하여 급급하고 착하지 못한 것을 보거든 끓는 물에 손을 넣어 더듬는 것처럼 하라."고 하였다.

〖출전〗《논어》

에세이

과불급過不及이라는 말이 있다. 이는 중용中庸에 나오는 말로, 과過는 목표지점을 지나간 것이고 불급不及은 목표에 미달한 것을 말한다.

유가儒家에서 지향하는 바가 '중용中庸'인데, 군자는 이를 지키려고 노력하는 사람을 말하니, 일례로 밥을 먹을 때에는 너무 배부르게 먹어도 안 되고 또한 너무 작게 먹어서 배가 차지 않아도 안 된다. 적당히 먹는 것이 중용인데, 이렇게 식사를 하면 배가 고프거나 배부르지 않으니 건강을 유지하고 병이 생기지 않는 것이다.

위 본문에서 '착한 것을 보거든 나도 하고 싶어서 안달하는 것처럼 하라.'고 했는데, 이런 것을 불급不及이라 말씀한 것이고, '착하지 못한 것을 보거든 끓는 물에 손을 넣어 더듬는 것처럼 하라.'고 하였는데, 착하지 않은 일은 남을 헐뜯고, 모함하고, 시기하는 것 등 실로 착하지 않은 것이 이 세상에는 수없이 많다. 이런 것을 보면 손

을 끓는 물에 넣은 것처럼 하라는 말씀이니, 사람이 손을 끓는 물에 넣으면 즉시 빼내듯이 착하지 않은 일은 즉시 하지 말아야 한다는 말씀이다.

결국에는 착하지 않은 일은 하지 않는 것이 나를 위한 일이니, 왜냐면 위에서 말한 것처럼 착하지 않은 일을 행하면 나의 복을 덜고 화를 자초하기 때문에 성인聖人께서 우매한 우리를 위해서 복 받는 길로 가라고 우회적으로 말씀한 것이 아닌가 생각한다.

及 : 미칠 급 善 : 착할 선 探 : 더듬을 탐 湯 : 끓을 탕

천명편天命篇

11 子曰順天者는 存하고 逆天者는 亡이니라.
자 왈 순 천 자 존 역 천 자 망

〖해설〗 공자께서 말씀하시었다. "천명天命을 따르는 자는 살고 천명을 거스르는 자는 죽느니라." 고 하였다.

〖출전〗 《논어전해論語全解》

● 에세이

은殷나라 주왕紂王은 폭군이었으므로 매일 주지육림酒池肉林에서 예쁜 여인들과 같이 놀면서 자신의 말을 조금이라도 거스르는 자는 가차 없이 죽이거나 감옥에 가두었다. 당시 제후의 나라에 주周라는 나라가 있었으니, 주나라 무왕은 강태공을 정승에 앉히고 순리대로 나라를 잘 다스리니, 천하의 민심이 모두 주나라를 향하였다.

이에 도탄에 빠진 은나라 백성을 구제한다는 명목으로 폭군인 주왕을 쳐서 천하를 통일하니, 이에 주周나라의 세상이 온 것이다.

여기서 은殷의 주왕은 천명을 거슬렀으므로 망했고, 주나라 무왕은 천명을 따라서 정치를 했기 때문에 천하를 통일한 것이다.

우리의 곁에 있는 것으로 말을 하면, 봄에 씨를 뿌리지 않은 농부는 가을에 곡식을 추수할 수가 없기 때문에 1년 동안 먹을 수가 없으니 죽을 수밖에 없는 것이고, 봄에 씨를 뿌리고 잘 가꾼 농부는 가을에 많은 곡식을 거두었으므로 1년 동안 배불리 먹으며 살 수가 있는 것이다. 그러므로 전자의 농부는 천명을 어긴 것이기에 죽었고, 후자의 농부는 천명을 따랐기 때문에 배불리 먹으며 살 수가 있었던 것이다.

이 밖에도 천명을 따르며 사는 것과 천명을 거역하며 사는 것은 수없이 많다. 일례로 낮에는 일을 하고 밤에는 자야 하는 것이 천명을 따르는 것인데, 이를 반대로 낮에는 자고 밤에는 일을 하는 직업이 있으니, 이런 직업은 천명을 거역하는 직업이라 말할 수가 있는 것이다. 이런 직업을 가진 사람은 병에 걸리거나 단명할 소지를 안고 있다고 말할 수가 있는 것이다.

順 : 순할 순 存 : 살 존 逆 : 거스를 역 亡 : 죽을 망

12 康節邵先生이 曰天聽이 寂無音하니 蒼蒼何處尋
강절소선생 왈천청 적무음 창창하처심

고 非高亦非遠이라 都只在人心이니라.
비고역비원 도지재인심

〖해설〗 강절소 선생[6]이 말하기를, "하늘에 들림이 고요하여 소리가 없으니 푸르고 푸른 하늘의 어느 곳에서 찾을까! 높지도 않고 또한 멀지도 않다. 다만 사람의 마음에 있느니라." 고 하였다.

〖출전〗《성리대전서性理大全書》

에세이

이는 소강절 선생의 '천청음天聽吟'이라는 시에 나오는 말씀이

6 강절소康節邵 선생先生 : 호는 안락선생安樂先生. 자는 요부堯夫, 시호는 강절康節. 소강절邵康節이라 불릴 때도 많다. 허난[河南]에서 살았으며, 주염계周濂溪와 같은 시대 사람으로, 이지재李之才로부터 도서·천문天文·역수易數를 배워 인종仁宗의 가우연간嘉祐年間(1056~1063)에는 장작감주부將作監主簿로 추대받았으나 사양하고, 일생을 뤄양[洛陽]에 숨어 살았다. 사마광司馬光 등의 구법당舊法黨과 친교하면서 시정市井의 학자로서 평생을 마쳤다. 남송南宋의 주자朱子는 주염계, 정명도程明道, 정이천程伊川과 함께 강절을 도학道學의 중심인물로 간주하였으며, 강절은 도가사상의 영향을 받고 유교의 역철학易哲學을 발전시켜 특이한 수리철학數理哲學을 만들었다. 즉, 역易이 음과 양의 2원二元으로서 우주의 모든 현상을 설명하고 있음에 대하여, 그는 음陰·양陽·강剛·유柔의 4원四元을 근본으로 하고, 4의 배수倍數로서 모든 것을 설명하였다. 이 철학은 독일의 G.W.F. 라이프니츠의 2치논리二値論理에 힌트를 주었다고 전한다. 그는《황극경세서皇極經世書》62편을 저작하여 천지간 모든 현상의 전개를 수리로서 해석하고 그 장래를 예시하였으며, 또《관물내외편觀物內外編》2편에서 허심虛心, 내성內省의 도덕수양법을 설명하였다. 또한 자유로운 시체詩體의 시집詩集《이천격양집伊川擊壤集》(20권)의 작품이 있고,《어초문답漁樵問答》(1권) 등이 있어 후세에 많은 영향을 끼쳤다.

다. 중국 송나라 육현六賢 중의 한 사람으로, 《황극경세서皇極經世書》를 지은 것으로 더 유명한 인물이다.

옛날에는 하늘을 인격화하여 하늘이 화복을 준다고 믿었으니, 그렇기에 한발旱魃이 들어 비가 오지 않으면 산에 올라가서 기우제를 올리기도 하였다. 필자가 어렸을 때에 기우제 올리는 것을 많이 봤다. 기우제를 올리면 이상하게도 그 다음날 비가 내리는 것을 볼 수가 있었으니, 이는 비가 오지 않아서 사람들의 원성이 많아지면 이런 여러 사람들의 원망하는 기운이 하늘에 올라가서 사무치므로 하늘에서 비를 내리는 것이다.

오늘날은 과학의 장비로 하늘을 관찰하니, 몇 억 광년을 가는 저 멀리에도 우리가 살고 있는 우주와 비슷한 세계가 있는 것을 보았다는 기사를 신문과 방송에서 보고 들은 적이 있다. 이렇게 우주의 세계는 넓어서 하늘이 어디에 있는지 찾을 수가 없다. 그러므로 소강절선생은 이 하늘이 사람의 마음속에 있다고 말했던 것이니, 이는 인내천人乃天, 인심즉천심人心則天心의 사상이고, 천지인天地人 삼재三才의 사상도 같은 사상이니, 그러므로 사람의 모습은 하늘의 형상과 똑같이 생겼다고 한다. 일례로 말하면 우주에는 천지가 있는데 반하여 세상에는 남녀가 있고,우주에는 사상四象이 있으니, 세상에는 사계절이 있고, 우주에는 오행五行이 있으며 사람에게는 오장五臟이 있는 등 모두 닮았다는 것이다.

康 : 편안 강 節 : 마디 절 邵 : 성 소 聽 : 들을 청 寂 : 고요 적 音 : 소리 음 蒼 : 푸를 창 何 : 어찌 하 處 : 곳 처 尋 : 찾을 심 高 : 높을 고 非 : 아닐 비 遠 : 멀 원 都 : 도읍 도 只 : 다만 지

13 玄帝垂訓에 曰人間私語라도 天聽은 若雷하고 暗室
현제수훈 왈인간사어 천청 약뢰 암실

欺心이라도 神目은 如電하니라.
기심 신목 여전

〔해설〕 현제玄帝[7] 수훈垂訓에서 말하기를, "사람의 사사로운 말이라도 하늘의 들음은 우레와 같고 어두운 방에서 마음을 속일지라도 귀신의 눈은 번개와 같으니라." 고 하였다.

〔출전〕 무지無知

에세이

현제玄帝는 노자老子를 가리킨다. 당나라 고종高宗 건봉乾封 원년(666)에 노자를 태상현원황제太上玄元皇帝로 추존하였는데, 이를 간략히 현제라고도 부른다. 노자는 은자의 삶을 산 사람이니, 공자께서 주周나라 도서관장 격인 노자를 찾아보고 예禮를 물었다는 기록이 있다. 노자가 남기었다는《노자老子》는 '무위자연無爲自然'을 표방하는 글로써 사람이 작위作爲를 하지 말고 자연 그대로 살자는 주의이니, 사람이 만들어 놓은 규례나 법의 굴레를 벗어나서 자유롭게 살아야 한다고 말하였다.

위의 본문에 보면 노자는 천天을 인격화하였으니, 사람의 사사로운 말이라도 하늘에서 듣고, 새카만 암실에서 마음을 속일지라도

7 현제玄帝 : 노자老子를 가리킨다. 당나라 고종高宗 건봉乾封 원년(666)에 노자를 태상현원황제太上玄元皇帝로 추존하였는데, 간략히 현제라고도 불린다.

귀신의 눈은 번개와 같다고 하였으니, 이는 험한 세상을 살아가는 데는 사사로운 말도 삼가야 하고, 더구나 아무도 모르는 곳에서 남을 속일지라도 귀신이 보고 있다는 것이니, 이도 또한 조심하여 살아야 한다는 말씀이다.

옛날 군주시대에는 임금이 백성들의 생사여탈권을 쥐고 있었으므로, 아는 길도 물어서 가듯이 조심하며 살아가야 했다. 그러므로 깊은 물가에 임하듯이, 살얼음을 밟듯이 살아야 한다고 했다. 만약 말을 잘못하여 군주나 정적政敵의 귀에 들어가기라도 하면 그 말로 인해 좌천을 당하기도 하고 귀양을 갈 수도 있는 것이다.

현대사회는 군인이 있어서 국방을 튼튼히 지키고 경찰이 있어서 치안을 편안하게 하니까 하고 싶은 말을 해도 해를 당하지는 않지만 옛적에는 치안이 지금처럼 발전하지 못했기에 억울한 일이 비일비재했다. 그렇기에 말을 조심해야 하는 것이다.

그리고 만약 남을 속였다면, 그 속인 사람의 마음은 항상 괴로워서 견딜 수가 없는 것이니, 이는 위에서 말한 강절소 선생의 '천심이 모두 사람의 마음에 있다.' 고 한 말씀의 증거가 되는 것이다.

玄 : 검을 현 垂 : 드리울 수 訓: 가르칠 훈 私 : 사사 사 語 : 말씀 어 若 : 같을 약 雷 : 우레 뇌 暗 : 어둘 암 室 : 집 실 欺 : 속일 기 神 : 귀신 신 電 : 번개 전

14 莊子 曰若人이 作不善하야 得顯名者는 人雖不害나 天必戮之니라.
장자 왈약인 작불선 득현명자 인수불해 천필육지

〖해설〗 장자가 말하기를, "만약 사람이 착하지 못한 일을 하고서 이름을 세상에 나타낸 자는, 사람은 비록 해치지 못하나 하늘이 반드시 죽이느니라." 고 하였다.

〖출전〗 무지無知

에세이

'하늘이 대신 갚아준다.' 라는 말이 본문의 핵심내용이다. 그렇다. 오늘날과 같이 법이 있어서 법대로 해결하는 시대에 살아가면서 나에게 잘못을 저지른 자에게 내가 직접 해를 가하려고 하면 현행법에 저촉이 되어서 내가 먼저 감옥에 가고 만다.

조선시대만 해도 원수란 말이 많았다. 그리고 권력이 있으면 남을 함부로 대하던 시대였으므로, 그 권력에 짓눌려서 기를 펴지 못한 사람들이 많았다.

현세에도 '유전무죄 무전유죄' 란 말이 있지 않은가! 실제로 평등한 법에 의해 재판을 받더라도 돈이 많은 사람은 유능한 변호사를 사서 변론을 하기 때문에 그렇지 못한 사람보다 이길 확률이 훨씬 많다는 것이다.

그런데 하늘은 이를 좌시하지 않으니, 죄를 지은 사람의 죄가 쌓여서 턱밑까지 찼으면 '천필륙지天必戮之' 즉 하늘에서 반드시 그 죄인을 죽여 없앤다는 것이다. 그렇기에 예부터 현자들이 나타나서 '착하게 살아라.' 고 수없이 말했던 것이 아닌가!

요즘은 이러한 윤리를 잘 가르치지 않고 오직 어떻게 하면 돈을 많이 벌 수 있는가! 만을 가르치므로, '다단계 판매, 보이스피싱' 등 다양하게 사람을 속여서 돈을 벌면서도 전혀 양심에 가책을 받지 않는 경우가 많으니, 이는 위의 본문대로 생각하면 '하늘이 반드시 죽인다.' 라고 했으므로 조심해야 한다.

若 : 같을 약 作 : 지을 작 得 : 얻을 득 顯 : 나타날 현 名 : 이름 명 害 : 해할 해 戮 : 죽일 륙

15 種瓜得瓜요 種豆得豆니 天網이 恢恢하야 疎而不漏니라.
종과득과 종두득두 천망 회회 소이불루

〔해설〕 외씨를 심으면 외를 얻고 콩을 심으면 콩을 얻는 것이니, 하늘이 거둬들이는 그물이 넓어서 보이지는 않으나 새지는 않는다.

〔출전〕 무지無知

에세이

'오이를 심으면 오이를 얻고 콩을 심으면 콩을 얻는다.' 라는 말은 우리의 속담이고, '하늘이 거둬들이는 그물은 넓어서 보이지는 않으나 새지는 않는다.' 라는 말은 노자의 《도덕경》의 말씀이니, 이는 고려시대의 작가 추적秋適[8]공이 속담과 도덕경의 말씀을 합하여 만든 문장이 아닌가 한다.

농사를 지어본 사람은 하늘이 우리에게 얼마나 잘해주는지를 안다. 왜냐면 봄에 오이 하나를 심으면 싹이 나오고 자라서 오이 열 개

8 추적秋適 : 충렬왕 초 과거에 급제하여 안동서기安東書記 · 직사관直史館을 거쳐 좌사간左司諫에 올랐다. 1298년(충렬왕 24) 환관 황석량黃石良이 권세를 이용, 자신의 고향인 합덕부곡合德部曲(지금의 충청남도 당진시 합덕읍)을 현縣으로 승격시키려고 할 때, 그 서명을 거부하자 황석량의 참소로 순마소巡馬所에 투옥되었다. 뒤에 풀려나와 시랑으로서 북계 용주龍州의 수령을 역임하였다. 충렬왕 말년 안향安珦에 의하여 발탁되어 이성李晟 · 최원충崔元冲 등과 함께 7품 이하의 관리, 혹은 생원들에 대한 유학교육을 담당하였으며, 한문교양서인 『명심보감』을 편찬하였다고 한다. 민부상서民部尙書 · 예문관제학에 이르러 치사致仕하였다.

도 얻을 수가 있고, 거름을 더하여 잘 키우면 오이 20개도 얻을 수가 있으니, 한 해에 20배 30배를 얻을 수가 있는 것인데, 이는 천지의 조화 속에 이루어지는 수확인 것이다. 그러므로 그 안에서 사는 사람과 금수禽獸, 어별魚鼈 등 다양한 생명체가 먹고 살 수가 있는 것이다.

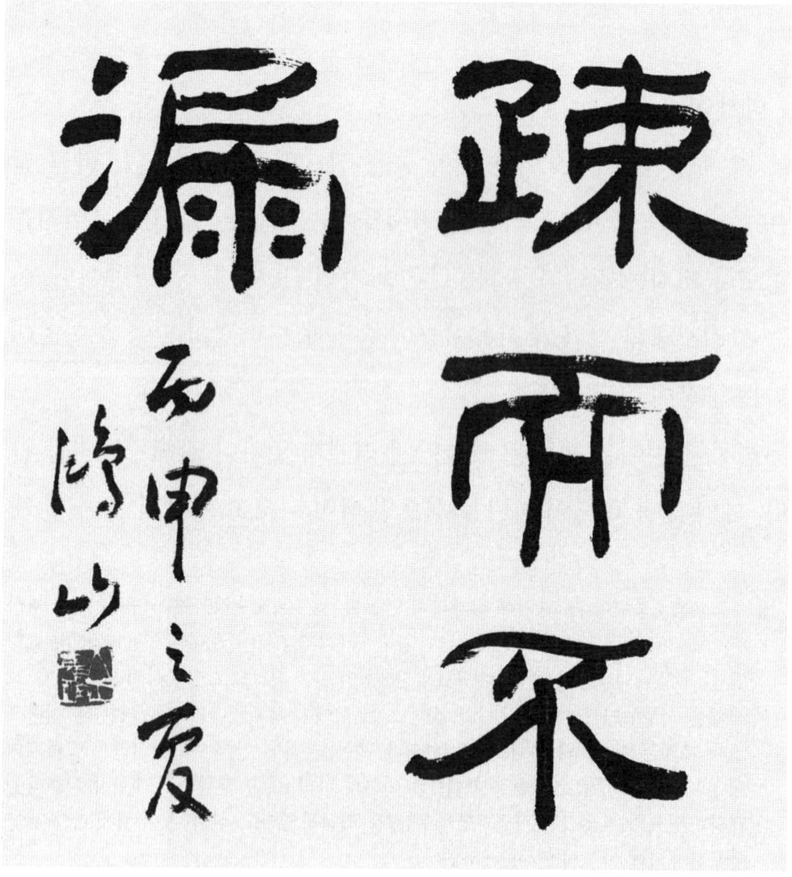

하늘은 이와 같이 어느 누가 심더라도 수십 배의 수확을 안기는 것이다. 설사 죄를 지은 자이거나 덕을 많이 쌓은 자 등 다양한 사람 등에게도 똑같이 대하는 것이니, 이것이 사랑이고 평등이며, 이를 '거둬들이는 그물이 넓어서 보이지는 않으나 새지는 않는다.' 고 말한 것이다. 이를 반대로 말하면 많은 죄를 지은 자에게는 반드시 그 죗값을 치르게 한다는 말씀이다.

죄를 지은 자에게는 벌을 주고 착한 일을 많이 한 자에게는 복을 주어야 평등이고 사랑인 것이다. 요즘은 산업이 매우 발달한 시대이니, 많은 물건을 만들어내려면 불을 때야 한다. 그리고 요즘은 가정마다 사람마다 자동차를 운전하고 다닌다. 이렇게 불을 때다 보니, 기온이 높아져서 남극과 북극의 얼음이 녹아내린다고 한다. 그리고 바닷물의 기온도 올라가서 그 기온을 따라 바닷고기들도 이동하며 산다고 한다.

이렇게 많은 변화가 있다 보니 기온도 변화가 와서 폭풍이 불고 폭우가 쏟아지며 폭설이 쏟아진다. 이러한 재앙은 모두 이 세상에 사는 사람들이 자초한 일이니 누굴 탓할 일이 아니다. 만약 이런 기현상이 안 온다면 그것이 더 이상한 일이다. 원인이 있으면 반드시 결과가 따르는 것이니, '종과득과種瓜得瓜요 종두득두種豆得豆' 가 아닌가!

種 : 심을 종 瓜 : 오이 과 豆 : 콩 두 網 : 그물 망 恢 : 넓을 회 疎 : 성글 소 漏 : 샐 루

16 子曰 獲罪於天이면 無所禱也니라.
자 왈 획 죄 어 천 무 소 도 야

〖해설〗 공자께서 말씀하셨다. "죄를 하늘에 얻으면 빌 곳이 없느니라." 고 하였다.

〖출전〗《논어》 팔일八佾

● 에세이

옛적 우리 동양에는 섬기는 신神이 많았다. 오奧는 방의 서남쪽 모퉁이에 있는 신神이고, 조竈는 부엌의 신神이다. 7월 7일에는 북두칠성의 신에게 빌었고, 동짓날에는 팥죽을 쑤어서 집의 동서남북에 뿌렸으니, 이는 잡신雜神이 가정에 범접하지 말라는 예방차원이었다.

천신天神은 그 어떤 신神보다 지위가 높으므로 천신天神께 죄를 지으면 빌 곳이 없다는 말이니, 천신보다 급이 낮은 오신奧神이나 조왕신竈王神에게 빌 수는 없으므로 그렇게 말씀하신 것이다.

도교에서는 모든 나무에도 정령精靈이 붙어서 산다고 한다. 그래서 산속에 들어가서 수도를 하는 도인은 반드시 커다란 거울을 가지고 가서 앞에 걸어놓고 수도를 하는데, 정령이나 잡신이 사람의 눈에는 보이지 않으나 거울에는 나타나므로 그 거울을 보고 잡신의 장난을 물리친다고 한다.

《삼국지 연의》에 보면 "조조가 위魏의 제왕이 되어서 궁궐을 새로 짓는데, 들보에 쓰일 나무를 찾던 중 모처에 커다란 배나무가 있으니, 들보에 적합하다는 소식을 듣고 그 나무를 베어오라고 군사들을 보냈는데, 그 군사들이 맨손으로 돌아와서 하는 말이 '배나무를 베어오려고 무진 애를 썼는데, 도끼가 나무에 들어가지 않아서 그냥 왔습니다.' 고 하니, 조조가 화를 내면서 즉시 일어나서 그 배나무로 가서 도끼로 나무를 콱 찍었는데, 그 배나무에서 붉은 피가 확 튕겨서 조조의 얼굴에 뿌려졌다. 이런 일이 있은 뒤에 배나무를 베어다가 들보를 올려서 궁궐을 지었으나 조조는 그 뒤로 머리가 아파서 정사를 볼 수가 없었고, 결국 이 병으로 죽었다." 고 한다. 아마도 이 이야기는 도교의 영향을 받은 내용이 아닌가 한다.

獲 : 얻을 획 罪 : 허물 죄 禱 : 빌 도

순명편順命篇

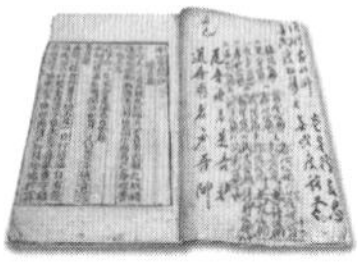

17 子曰 死生이 有命이오 富貴在天이니라.
자 왈 사 생 유 명 부 귀 재 천

〖해설〗 공자께서 말씀하셨다. "죽고 사는 것은 명命에 달려 있고, 부귀富貴함은 하늘에 달려 있다." 고 하였다.

〖출전〗 《논어》 안연顔淵

에세이

명命이라는 것은 태어나는 처음에 받는 것이니, 지금 내가 만들 수 있는 것이 아니다. 하늘은 그렇게 만듦이 없는데도 저절로 되는 것이니, 내가 기필코 할 수 있는 것이 아니다. 다만 순순하게 받아들여야 한다.

명命은 사람마다 각자 다 다르게 태어나는 것으로, 일례로 나의 친구 A가 국회의원이 되었으니, 나도 국회의원이 될 수 있다 생각하고 국회의원에 출마했는데 떨어지고 말았다.

선거운동을 하면서 많은 돈을 썼고, 그리고 많은 돈을 옆의 친척과 친구들에게 빌렸는데, 이제는 살고 있는 집을 팔아서 갚아도 빚을 청산하기에는 턱없이 모자라니 살 길이 막막한 신세가 되고 말았다. 그래서 남의 집 단칸방을 얻어서 월세를 사는 신세로 전락하고 말았다고 한다면, 이는 국회의원에 들어갈 관운이 없는 사람인데, 천명은 받지 못하고서 가볍게 움직인 것이 화가 되어서 신세를 망친 것이니, 이런 사람이 어디 한둘인가!

부귀富貴함도 매한가지이다. 태어나면서부터 부귀하게 태어나는 사람이 있는가 하면, 어떤 사람은 빌어먹는 거지의 자식으로 태어나는 사람도 있다. 물론 고관대작의 아들로 태어났으면, 반드시 집안이 여유가 있어서 어려서부터 공부를 많이 하고 유학도 다녀와서 좋은 직장에 취직하여 많은 월급을 받고 살 것이니, 이는 귀한 사람이다.

그러나 어떤 사람은 벽촌에서 농사를 짓는 농부의 아들로 태어났다면, 이 사람은 어려서부터 들에 가서 농사짓고 산에 가서 나무하는 것만 배웠을 것이므로, 하늘에서 돈벼락이 떨어지지 않는 한 부귀하게 되기는 어려운 것이다.

그러므로 공자께서는 '부귀함은 하늘에 달려있다.' 고 한 것이다.

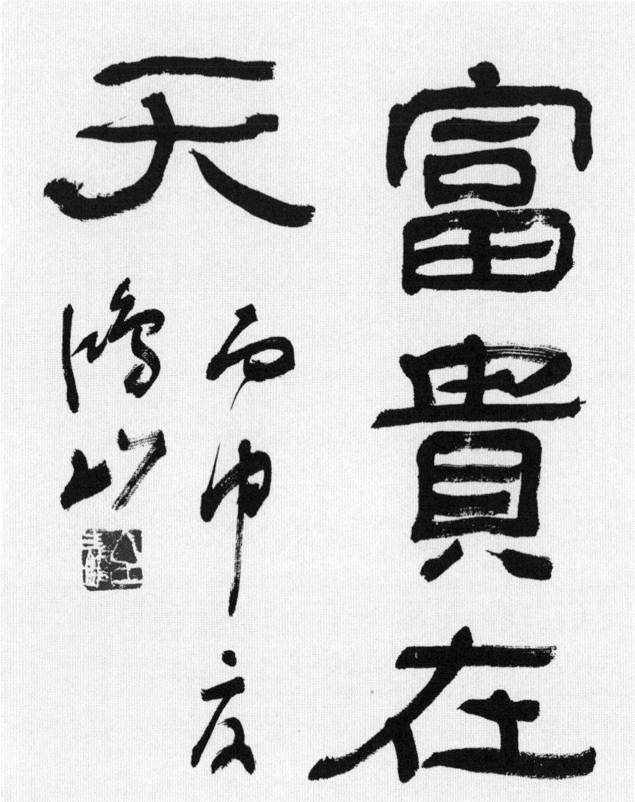

死 : 죽을 사 命 : 목숨 명 富 : 부자 부 貴 : 귀할 귀

18 萬事分已定이어늘 浮生이 空自忙이니라.
만사분이정 부생 공자망

〔해설〕 만사萬事가 나뉘어 이미 정해졌거늘 세상 사람들이 부질없이 스스로 바쁘니라.

〔출전〕 《전민시화全閩詩話》

에세이

'만사萬事가 나뉘어 이미 정해졌다.' 는 말은 예정론으로, 모든 사람은 태어날 때에 이미 그의 인생이 정해졌다는 이론으로, 사주학의 이론과 부합하는 이론이다.

생년, 생월, 생일, 생시가 사주팔자四柱八字인데, 이를 음양오행의 상생상극으로 풀어보면 그 사람의 앞날을 대략 알 수가 있다는 이론이다. 이석영 선생이 쓴 《사주첩경》을 보면 비교적 잘 풀어서 쓴 책임을 금방 알 수가 있다. 일례로 어떤 사람이 혹 열차를 타고 가다가 출산을 하였으면, 왜 이 사람이 열차 안에서 출생해야 하는가를 풀어놓은 곳이 있는데, 비교적 타당성 있게 풀었다고 보여진다.

이렇게 모든 사람이 태어나면서 이미 인생이 정해졌다고 생각한다면, 공연히 더 잘 살려고 바쁘게 돌아다닐 필요가 없는 것이니, 예정론인 사주학은 인생에서 마이너스로 작용할 확률이 상당히 크다고 봐야 한다.

그러나 필자는 본문의 말씀을 아주 안 믿는 것은 아니지만 그렇다고 모두 맞는다고 믿지는 않는다. 왜냐면 공자는 '작은 부자는 부지런함에 있고 큰 부자는 하늘에서 낸다.〔小富有勤, 大富有天.〕' 고 하여 부지런히 일하는 생활을 강조하였으니, 필자는 이 말씀을 더 신뢰한다. 누구나 부지런히 일을 하면 처자식을 부양하는데 아무런 문제가 없는 것이다. 그런데 미리 '나는 사주에 가난하게 산다.' 고 되어 있으니 '일을 할 필요도 없어!' 라고 하고 일을 안 하면 정말로 몹시 가난함을 면하기 어려울 것이니, 이는 미리 자포자기自暴自棄한 것에 불과한 것이다. 행여 이런 사람이 있을까 두려운데, 혹 이 사람이 사주학을 믿고 그렇게 했다면 사주학에 문제가 있는 것인가! 그 학설을 믿은 자가 문제가 있는 것인가! 아마도 본인의 정신에 문제가 있다고 봐야 할 것이다.

萬 : 일만 만 事 : 일 사 分 : 나눌 분 已 : 이미 이 定 : 정할 정 浮 : 뜰 부 空 : 빌 공 忙 : 바쁠 망

19 時來에 風送滕王閣이오 運退에 雷轟薦福碑니라.
시래 풍송등왕각 운퇴 뇌굉천복비

〖해설〗 시운時運이 옴에 바람이 불어 왕발을 등왕각으로 보냈고,[9] 운수가 물러감에 우레가 천복비를 깨뜨렸느니라.[10]

〖출전〗《송패유초宋稗類抄》

에세이

우리 속담에 '재수 없으면 뒤로 넘어져도 코가 깨진다.' 고 하였다. 맞는 말이다. 어떤 사람은 하는 일마다 잘 되어서 금방 부자가 되는 사람이 있는가 하면, 어떤 사람은 하는 일마다 어긋나서 돈을 벌기는커녕 많은 손해를 보는 사람이 있다. 왜 이런 현상이 일어나는 것일까! 물론 사업에는 시기와 지역과 업종 등 모든 것이 잘 맞아야 잘 될 것은 불문가지이다.

필자가 70평생 살아온 경험으로 보면, 공자의 말씀인《주역》곤괘坤卦 문언文言의 "적선지가필유여경積善之家必有餘慶 : 착한 덕을

9 시운의 여부에 따라 기회를 잡을 수도 있고 그렇지 못할 수도 있다는 말로,《명심보감明心寶鑑》〈순명편順命篇〉에 전하는 시구절이다. 등왕각滕王閣은 강서성江西省 남창현南昌縣에 있는 유명한 누각이다. 초당 사걸初唐四傑의 한 사람인 왕발王勃의 꿈에 신령이 나타나 등왕각의 연회에 참석하라고 일러주었고, 때마침 순풍이 불어 바람이 배를 휘몰아서 마당馬當에서부터 남창南昌까지 700리 길을 하룻밤에 도착할 수 있었다. 이에 왕발이 〈등왕각시서滕王閣詩序〉를 지어 문명을 천하에 드날리게 되었다고 한다.

10 범중엄이 요주饒州에 있을 때에 어떤 서생 하나가 가난에 시달려서 천복사 비문을 탁본하여 팔려고 하니, 범중엄이 천본을 탁본할 종이와 먹을 준비하였는데, 하루저녁에 벼락이 천복비를 쳐서 부수었다. 묵객휘서墨客揮犀에서 나온 이야기이다.

많이 쌓은 집에는 반드시 남은 경사가 있다."라는 말씀이 이 문제를 해결하는데 가장 적절한 말씀이 아닌가 한다.

뿌리가 튼튼한 나무는 가지가 무성하고 많은 열매를 맺는 것과 같이 사람의 뿌리는 부모와 조상이므로, 조상이 적선積善을 많이 한 사람의 자손은 하는 일마다 잘 되고, 그렇지 못한 조상의 자손은 잘 안 되는 것이다.

그러므로 예부터 우리의 조상들은 하는 말씀마다 '착하게 살아라.' 고 하였던 것이다. 본문에 나오는 초당사걸初唐四傑의 한 사람인 왕발王勃은 배를 탔는데 순풍이 불어서 중국 마당馬當에서부터 남창南昌까지 700리 길을 하룻밤에 도착할 수 있었다. 이에 왕발이 〈등왕각시서滕王閣詩序〉를 지어 문명을 천하에 드날리게 되었다고 하는 것이 아닌가! 이는 아마도 조상의 음덕이 많았던 것으로 사료된다.

風 : 바람 풍 送 : 보낼 송 滕 : 등나라 등 閣 : 집 각 運 : 운수 운 退 : 물러갈 퇴 雷 : 우레 뇌 轟 : 울릴 굉 薦 : 천거할 천 碑 : 비석 비

20 列子 曰癡聾痼瘂도 却豪富요 智慧聰明도 却受貧
열자 왈치롱고아 각호부 지혜총명 각수빈

이라 年月日時該載定하니 算來由命不由人이니라.
연월일시해재정 산래유명불유인

〔해설〕 열자列子[11]가 말하기를, "어리석고 귀먹고 고질병이 있고 벙어리도 문득 부자로 살고, 지혜롭고 총명한 사람도 문득 가난하게 산다. (운수는) 연월과 일시가 모두 정하여 있으니, 이를 계산하여 보면 (부귀와 빈천은) 운명에 있는 것이고 사람에 있는 것이 아니다."고 하였다.

〔출전〕《열자列子》

에세이

당唐나라를 세운 태종 이세민은 성이 이李씨였는데, 노자老子의 성이 이李였으므로 노자의 학설을 받아들여 도가의 서적으로 과거 시험을 치러서 인재를 등용하였다고 한다. 이에 도가의 사상이 당나라에서 크게 발전하였다고 한다.

우리의 조선은 문文으로 통치한 나라이므로 수많은 문인이 배출되었다. 필자가 하는 일이 고전을 번역하는 일이므로 많은 문집을

11 열자列子 : 전국시대 도가道家의 사상가로서 전설의 인물이다. 이름은 어구禦寇이며 기원전 400년경 정鄭나라에 살았다고 전하나 《사기》에는 그 전기가 보이지 않는다. 다만 《장자》 〈소요유逍遙遊〉에 "열자는 바람을 타고 돌아다니면서 시원하게 잘 지내다가 보름 만에야 돌아오곤 한다.〔夫列子御風而行, 泠然善也, 旬有五日而後反.〕"라는 글이 있다.

번역하여 출판했는데, 한 가지 특징을 발견하였으니, 그것이 무엇인가 하면 조선은 유학을 건국이념으로 삼았기에 많은 유자儒者를 배출하여 그들을 등용하여 통치를 하였던 것이다.

그렇기에 유가의 경서인 사서오경四書五經을 근간으로 하여 행세를 한 사람들을 선비라고 하는 것인데, 이 선비들이 말년에는 낙향을 하여 고향에 정자를 짓고 유유자적하면서 시를 읊고 거문고를 타면서 살았는데, 이러한 삶은 유가儒家보다는 도가道家에 더 가까운 행위이고, 학문도 각종 규범을 만들어 그 안에서 생활하게 한 유가보다는 물외物外에 살면서 유유자적하는 도가를 더욱 가까이 하였으므로, 자연히 시부詩賦을 읊을 때에도 도가의 사상이 물씬 풍기는 시부詩賦를 많이 썼다.

본문은 예정론의 안에 있는 말씀이니, 요즘 사람들의 마음에는 잘 와닿지 않을 것이다. 그러나 이도 또한 무시할 수는 없는 것이니, 배우는 자는 취사선택을 잘해서 결국 본인의 학문과 일에 유익함을 찾아서 행동하길 바라는 바이다.

列 : 벌릴 열 癡 : 어리석을 치 聾 : 귀 먹을 롱 痼 : 고질 고 瘂 : 벙어리 아 却 : 문득 각 豪 : 호걸 호 智 : 지혜 지 慧 : 지혜 혜 聰 : 귀 밝을 총 受 : 받을 수 貧 : 가난 빈 該 : 다 해 載 : 실을 재 定 : 정할 정 算 : 셈 산 由 : 말미암을 유 命 : 목숨 명

효행편孝行篇

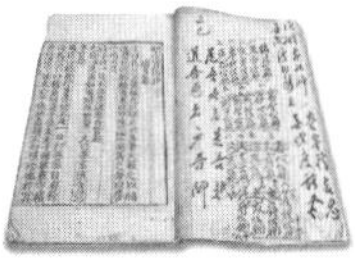

21 詩曰 父兮生我하시고 母兮鞠我하시니 哀哀父母여
시왈 부혜생아 모혜국아 애애부모

生我劬勞샷다 欲報深恩인댄 昊天罔極이로다.
생아구로 욕보심은 호천망극

〖해설〗 시경에서 말하기를, "아버지여 나를 낳으시고 어머니여 나를 기르시니 슬프구나! 부모님이여 나를 낳으시기에 수고로우셨도다. 깊은 은혜를 갚고자 할진대 하늘같이 높고 넓어서 다함이 없도다." 고 하였다.

〖출전〗 《시집전詩集傳》

● 에세이

효도孝道는 모든 행실의 근본이니, 집에 있으면 효孝가 되고 국가의 녹을 먹으면 충忠이 되니, 충효忠孝는 둘이나 사실은 하나이다.

부모님 두 분이 합심하여 나를 낳고 길러서 사람 노릇할 수 있도록 하였으므로, 지금 내가 있는 것이다. 사실 자식을 낳아서 기르는 데는 3년 동안 젖을 먹이고, 기저귀를 갈아가며 키워서 밥을 먹이고, 공부를 가르쳐서 사람으로서의 인격을 갖출 수 있도록 하는 것인데, 이렇게 하기까지 수고하신 은혜가 하늘처럼 높고 넓다는 것이다.

효조孝鳥하면 까마귀를 생각하게 되는데, 이 까마귀는 검은빛의 새로, 마을에 초상이 나면 어찌 알았는지는 모르지만 그 동리에는

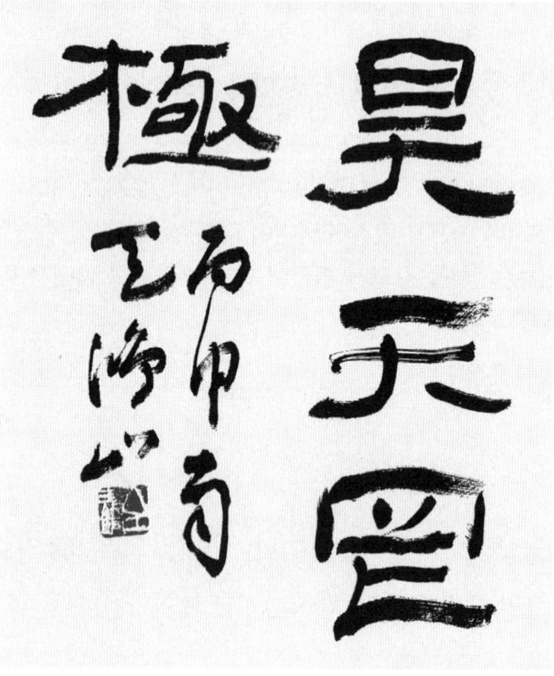

까마귀가 새까맣게 모여들기 때문에 우리는 어려서 흉조凶鳥라고 생각하였다. 그러나 효도하는 까마귀의 행위를 알게 된 뒤로는 까마귀를 존경하는 마음이 생기게 되었으니, 사실 까마귀가 알에서 부화하면 어미가 먹이를 잡아와 먹여서 키우지만, 이 까마귀가 다 커서 날아다니게 되면 어미는 가만히 앉아 있고 새끼들이 먹이를 물어와 어미를 먹인다는 것이다. 이 얼마나 기특한 일인가!

예부터 부모님께 효도한 효자는 수도 없이 많다. 그중에 유명한 사람은 공자의 제자 증자이니, 증자는 어버이께 음식을 해서 올리면, 아버지가 "이 음식이 맛이 있으니 나의 친구 아무개를 불러와 먹어야겠으니 더 만들어라."고 하면, 곧 "예"하고 즉시 실행에 옮겼다고 하여 이를 "양지養志"의 효도를 하였다고 전한다. 필자의 15대조 쌍암 전엽雙巖全燁 공도 증자와 똑같이 효도를 하여 조선조 선조로부터 정려를 받아 지금도 충북 옥천에 가면 쌍암공의 정려문이 서 있는 것을 볼 수가 있다.

조선에서는 국가에서 효도를 장려하고 포상했으므로, 효도하는 풍속이 전국 곳곳에 전파되어서 서로 부모님께 효도하려고 경쟁을 하였으니, 이 얼마나 아름다운 이야기인가!

詩 : 시 시 兮 : 어조사 혜 鞠 : 기를 국 哀 : 슬플 애 劬 : 힘쓸 구 勞 : 힘쓸 로 欲 : 하고자 할 욕 報 : 갚을 보 深 : 깊을 심 恩 : 은혜 은 昊 : 하늘 호 罔 : 없을 망 極 : 지극할 극

22 子ㅣ曰孝子之事親也에 居則致其敬하고 養則致其樂하고 病則致其憂하고 喪則致其哀하고 祭則致其嚴이니라.
자 왈효자지사친야 거즉치기경 양즉치기락 병즉치기우 상즉치기애 제즉치기엄

〖해설〗 공자께서 말씀하셨다. "효자의 어버이 섬기는 것은 살아서는 그 공경함을 다하고, 받들어 섬기는 데는 그 즐거움을 다하고, 병이 듦에는 그 근심을 다하고, 돌아가시면 그 슬픔을 다하고, 제사를 지냄에는 그 엄숙함을 다한다."고 하였다.

〖출전〗《효경집전孝經集傳》

에세이

공자의 이 말씀은 효자의 행위를 단계적으로 간단명료하게 언급한 말씀이니, 살아계실 적에는 공경함을 다해야 하고, 받들어 봉양할 적에는 부모님이 즐거워하시게 해야 하며, 부모님이 병이 들었을 적에는 근심하는 빛이 얼굴에 나타나야 하고, 돌아가셨을 적에는 슬픔을 다해야 하며, 제사를 지낼 적에는 엄숙하게 해야 한다는 것이다.

다시 말해서, 부모님이 병이 들어서 누워계시면 혹시 병이 악화되어서 돌아가시지나 않을까 걱정하는 마음에 웃거나 즐거워해서는 안 되고, 항상 얼굴에는 걱정하는 빛이 있어야 한다는 것이며, 부

모님이 돌아가시면 이제 다시 볼 수가 없으니 슬프게 울며 장례를 치러야 한다는 것이고, 제사일이 다가오면 엄숙한 마음으로 제사를 지내는 것이니, 이는 신神을 맞는 예는 항상 엄숙하게 해야 하기 때문에 그렇게 말씀하신 것이다.

부자父子의 관계는 천륜으로 맺어진 것이기 때문에 어떻게 떼어 내려고 해도 떼어낼 수가 없는 관계이다. 요즘은 학교에서 윤리를 잘 가르치지 않기에 부자의 관계도 효도로 연결된 경우는 적고 부부의 관계도 이혼율이 세계에서 가장 많다고 하는 것을 신문에서 본 적이 있는데, 이는 국가에서 인륜人倫의 관계를 소홀히 다루고 중요시하지 않아서 미풍양속이 모두 사라졌기 때문에 계속 연이어서 부부의 문제, 부자의 문제, 형제의 문제 등이 발생하는 것이니, 이 모든 문제에서 가장 기본이 되는 것은 효孝이다. 효도하는 사람은 절대로 부부의 관계도 소홀하지 않고 형제의 관계도 소홀히 하지 않는 것이니, 그러므로 효孝가 백행百行의 근본이 되는 것이다.

孝 : 효도 효 事 : 섬길 사 親 : 어버이 친 居 : 살 거 則 : 곧 즉 致 : 이를 치 敬 : 공경 경 養 : 기를 양 樂 : 즐거울 락 病 : 병 병 憂 : 근심 우 喪 : 초상 상 哀 : 슬플 애 祭 : 제사 제 嚴 : 엄할 엄

23 太公이 曰孝於親이면 子亦孝之하나니 身旣不孝면 子何孝焉이리요.
(태공 왈효어친 자역효지 신기불효 자하효언)

〖해설〗 태공이 말하기를, "(내가) 어버이께 효도하면 자식도 또한 효도하나니, 내가 이미 불효했으면 자식이 어찌 효도하리요." 고 하였다.

〖출전〗 무지無知

에세이

수년 전에 제나라 수도였던 중국 산동성 임치를 방문했는데, 그곳의 간판은 거의 다 태공으로 쓰여져 있는 것을 볼 수가 있었으니, 이곳이 태공이 무왕을 도와서 천하를 통일하고 그 공으로 제齊나라의 제후로 봉해졌기 때문에 이곳의 간판이 거의 다 태공으로 이루어진 것이다.

태공은 120살을 살았는데, 40년을 공부하고 40년은 위수渭水 가에서 바늘 낚시를 하였다고 한다. 이때에 부인이, 남편이 일은 않고 매일 낚시질만 하고 있으니 얼마나 답답했겠는가! 그것도 낚시질을 해서 고기를 잡아오는 것도 아니고, 매일 바늘 낚시질만하다가 돌아오니 화가 난 부인은 집을 뛰쳐나갔다고 한다.

그 뒤에 무왕의 스승이 되어서 가마를 타고 가는데 어떤 여인이 길을 막고 있었다. 이에 태공이 내려와 보니 전에 집을 뛰쳐나간 부인이었다. 부인이 왈 "다시 날 받아주시오" 하며 재결합하자고 하니, 태공이 동이에 가득 담긴 물을 땅에 붓고 말하기를 "이 물을 다시 이 동이에 담으시오. 그렇게 하면 재결합해 줄 것이오."고 하니, 부인이 눈물을 흘리며 돌아갔다고 한다.

태공은 약 2900년 전의 사람이니, 거의 전설적인 사람이지만, 병서兵書《육도六韜》(6권)이 현재에도 전한다. 이렇게 천하의 수재인 태공도 위 본문과 같이 효도를 말했으니, 즉 효도를 근본으로 하여 천하를 통일하기까지 하였던 것이다.

親 : 어버이 친 亦 : 도 역 身 : 몸 신 旣 : 이미 기 何 : 어찌 하 焉 : 어조사 언

24 孝順은 還生孝順子요 忤逆은 還生忤逆子하나니 不信커든 但看簷頭水하라 點點滴滴不差移니라.
효순 환생효순자 오역 환생오역자 불신 단간첨두수 점점적적불차이

〖해설〗 효도하고 온순한 사람은 도로 효도하고 온순한 자식을 낳고 (부모의 말씀을) 거스르는 사람은 도로 거스르는 자식을 낳나니, 믿지 못하거든 처마 끝의 물을 보라 방울방울 떨어짐이 어긋나 옮기지 않느니라.

〖출전〗 무지無知

● 에세이

이 말씀도 인구에 많이 회자되는 말이다. 효자는 도로 효자 아들을 두고 불효자는 도로 불효자를 둔다는 말씀으로, 자식에게 효도를 받고 싶으면 부모님께 효도를 하라는 아주 좋은 말씀이다. 이 말을 믿지 못하거든 '처마 끝에서 떨어지는 물방울을 보라, 떨어지는 물방울이 언제나 자리에 떨어지는 것이 보이지 않는가!' 하고 반문하여 반드시 부모님께 효도를 해야 자신의 자식도 또한 효도를 하게 될 것이라는 말씀이다.

필자는 어려서부터 한문을 배웠기 때문에 효도에 대한 마음이 상당했다. 한 번은 할아버지께 매일 아침에 큰 절을 하고 문안을 올리기를 매일 하니, 조부께서 이제 그만 하라고 하셔서 그만둔 일이 지금도 기억에 남는다.

결혼을 하여 신혼여행을 다녀온 뒤에 신부는 시골에서 시부모님과 3개월을 같이 생활하고 직장이 있는 서울로 올라오라고 하였으니, 이는 아내와 시부모님과의 사이를 가족의 관계로 만들려는 것이었으니, 내가 이렇게 하면 동생들도 본받아 그렇게 하리라 믿었는데, 결국 나만 그렇게 하고 다른 형제들은 한 사람도 그렇게 하지 않았다.

우리 어머니가 현재 92세이고, 나의 나이는 벌써 69세가 되었다. 자주 어머니를 찾아뵈어야 한다고 항상 생각하지만 그렇게 마음 같이 되지를 않으니, 어렸을 때의 효심이 나이가 들면서 퇴보하는 것을 느낄 수가 있다. 대효大孝이신 순임금은 제왕이 되어서도 완악한 부모님의 마음을 돌리려고 무척 노력을 하였는데, 우리 같은 포의布衣가 어찌 본받지 않겠는가!

필자가 알기로는, 공자께서 효자라 언급한 인사 중에 연대가 가장 먼 사람은 '소련과 대련' 이고 맹자께서 대효大孝라 일컬은 사람은 순舜인데, 이 사람들이 모두 동이족으로 우리와 혈맥이 같은 민족임을 알 수가 있다. 그러므로 우리 민족은 예부터 효도를 한 민족이고 그리고 문화의 본원지가 된다고 봐야 한다.

順 : 순할 순 還 : 도로 환 忤 : 거스를 오 逆 : 거사릴 역 信 : 믿을 신 但 : 다만 단 看 : 볼 간 簷 : 처마 첨 頭 : 머리 두 點 : 점 점 滴 : 물방울 적 差 : 어긋날 차 移 : 옮길 이

정기편正己篇

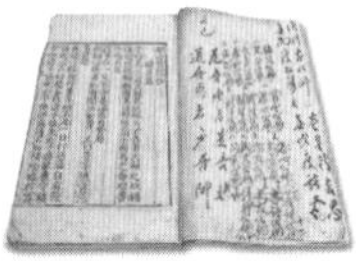

25 性理書에 云見人之善而尋己之善하고 見人之惡而
성리서 운견인지선이심기지선 견인지악이

尋己之惡이니 如此면 方是有益이니라.
심기지악 여차 방시유익

〔해설〕 성리서에 이르기를, "남의 착함을 보고서 나의 착함을 찾고 남의 악함을 보고서 나의 악함을 찾을 것이니, 이와 같이 하면 바야흐로 유익하리라." 고 하였다.

〔출전〕 《주자어류朱子語類》

에세이

이 세상에는 다양한 사람들이 살아간다. 요즘은 직업도 다양하여 노동부에서 운영하는 워크넷에 등록된 직업이 무려 13,000여 개나 존재한다고 한다. 먹고사는 직업이 이렇게 많으니 그 사람들의 사고도 다양할 수밖에 없는 것이다.

그러나 선과 악은 딱 둘로 나뉘어져 있어서 바뀔 수가 없는 것인데, 《성리서》에서는 "남이 착한 일을 하는 것을 보거든 나도 저렇게 착한 일을 하는가를 찾아보고, 남이 추악한 일을 하거든 나도 저렇게 추악한 일을 한 적이 있는가를 찾아보아서 다음부터는 그런 추악한 일을 하지 않는다면 나에게 유익이 있을 것이다."라고 말한 것이다.

정기正己라는 말은 몸을 바르게 세운다는 말로, 나의 몸을 바로 세워서 바르게 행동하고 남을 속인다거나 사기를 친다거나 남을 억압하는 행위 등을 하지 않는 것을 말하니, 오직 바른 마음과 바른 행동만을 하는 것을 말한다. 즉 의義로운 행위를 말하는 것이고 착하게 사는 것을 말하는 것이다.

나에게 유익하다는 말은 바르게 행동하면 남들이 항상 "저 사람은 몸가짐이 바르고 착한 사람이야"라고 할 것이니, 주위에 있는 많은 사람들이 벗을 삼으려고 달려올 것이고, 도와주려는 마음이 항상 마음속에 남아 있어서 혹 좋은 일이 있으면 우선적으로 먼저 알려줄 것이니, 유익이 생기지 않겠는가!

그뿐인가! 하늘도 무심하지 않아서, 공자의 말씀처럼 "적선지가 필유여경積善之家必有餘慶 : 착함을 많이 쌓은 집에는 반드시 남은 경사가 있다." 고 하여, 후일에 경사가 넘치지 않겠는가!《성리서》에서는 바로 이런 말씀을 한 것이 아닌가 한다.

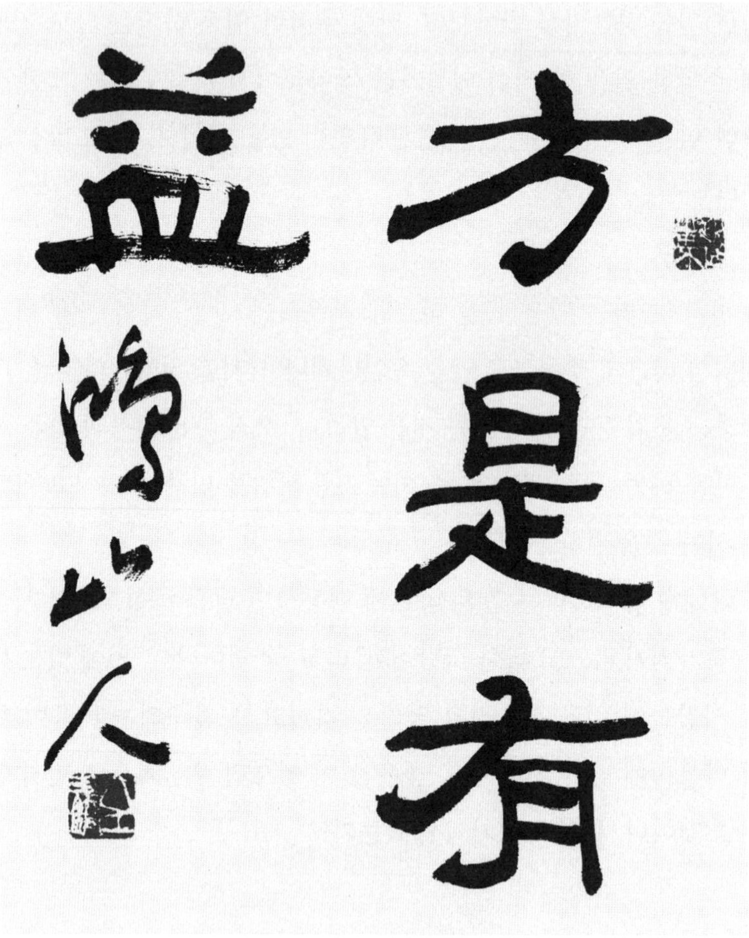

性 : 성품 성 理 : 이치 리 尋 : 찾을 심 惡 : 악할 악 是 : 이 시 益 : 더할 익

26 景行錄에 云大丈夫 當容人이언정 無爲人所容이니라.
경행록 운대장부 당용인 무위인소용

〖해설〗 경행록에서 말하기를, "대장부는 마땅히 남을 용납해 줄지언정 남에게 용서를 받는 사람이 되지 말지라." 고 하였다.

〖출전〗《명심보감》

에세이

이곳의 대장부大丈夫는 남자를 말한다. 옛적 농경農耕사회에서는 남자가 농사하는 일을 다 했으므로, 집에서는 항상 힘들여서 일을 하는 사람을 우선시하였던 것이다.

본문에서 '남을 용납한다.' 는 말은 '남을 용서하여 받아들인다.' 의 말씀과 같은 말이다. 그러므로 한 집안의 주인이 되는 대장부는 부인의 말도 수용하고 자식들의 말도 수용하여 집안을 잘 다스려야 한다는 말씀이다.

그리고 대장부는 결코 "남의 용납함을 받는 사람이 되어서는 안 된다." 고 하였으니, 이는 남에게 신세를 지어서 용납을 받는 사람으로 전락해서는 안 된다는 말이다.

이 세상에는 대장부만 있는 것은 아니다. 남자보다 배포도 크고 의기 넘치는 여장부도 많다는 것을 알아야 한다. 이런 여장부는 많은 숫자는 아니지만 이따금 보이는데, 남을 용납하고 받아들이는 것을 보면 존경심이 저절로 난다.

景 : 클 경 錄 : 기록할 록 當 : 마땅 당 容 : 용납할 용

27 太公이 曰勿以貴己而賤人하고 勿以自大而蔑小하며
태공 왈물이귀기이천인 물이자대이멸소

勿以恃勇而輕敵이니라.
물이시용이경적

〖해설〗 태공이 말하기를, "자신이 귀하다고 해서 남을 천시하지 말고, 자신이 크다고 해서 남의 작음을 멸시하지 말며, 자신의 용맹을 믿고 적을 가볍게 여기지 말지니라." 고 하였다.

〖출전〗 무지無知

에세이

"내가 귀하게 되었다고 해서 남을 천시하지는 말고, 내가 큰 사람이 되었다고 해서 한미한 사람을 멸시하지 말며, 나의 용맹을 믿고 적을 경시해서는 안 된다."라는 말씀이다.

부귀富貴라고 해서 부자와 귀인은 같이 붙어 다니는 어구語句이니, 돈이 많으면 자연히 권력이 생기는 것이고 귀한 사람에게는 돈과 권력이 자연적으로 생기는 것이니, 이런 사람은 한미한 일반 평민을 하시下視하거나 멸시해서는 안 된다는 말씀이고, 세 번째의 말씀인 '나의 용맹을 믿고 적을 경시하지 말라.〔勿以恃勇而輕敵.〕' 는 것은 국가를 보위하는 군대를 놓고 말한 말씀이 아닌가 한다.

태공은 병서兵書 《육도六韜》(6권)을 저술한 사람으로, 태공이 살던 주周나라 시절은 국가의 보위가 가장 시급하고 중요한 사항이었으므로, 병서를 써서 이런 말씀을 하지 않았나 하는 생각이 든다.

전쟁은 '나의 나라가 살고 너의 나라는 죽는다.' 라는 의미의 전쟁이니, 이보다 더 중요한 일은 없는 것이다. 우리가 이기면 우리나라 백성이 모두 잘 사는 것이고, 우리가 지면 우리나라 백성이 모두 승전국勝戰國의 종이 되는 것이니, 절대로 나의 강함을 믿고 적군을 경시하지는 말라는 말씀이다.

태공은 모든 학문에 능한 사람이고, 특히 주역에도 능한 사람으로 성인으로 추앙을 받는 사람이지만, 적도敵徒를 보면 그들이 더 성장하여 더 많은 악행을 저지르기 전에 미리 잘라내야 한다고 생각하였다. 그렇기에 병서를 써서 후세에 남기었고, 선한 우리가 항상 승리하여 우리의 선한 백성이 잘 살기를 바랐던 것은 아닌가 생각한다.

勿 : 말 물 貴 : 귀할 귀 賤 : 천할 천 蔑 : 멸시할 멸 恃 : 믿을 시 勇 : 용맹 용 輕 : 가벼울 경 敵 : 대적 적

28 馬援이 曰聞人之過失이어든 如聞父母之名하고 耳
마 원 왈 문 인 지 과 실 여 문 부 모 지 명 이

可得聞이언정 口不可言也니라.
가 득 문 구 불 가 언 야

〔해설〕 마원이 말하기를, "남의 허물을 듣거든 부모님의 이름을 들은 것 같이 해서 귀로는 들을지언정 입으로는 말하지 말지니라."고 하였다.

〔출전〕 《금루자金樓子》 권 2.

에세이

맹자는 "세상에는 죄가 삼천 가지나 되지만 불효하는 것이 가장 크다."고 하였으니, 유가儒家의 근간은 충효이다. 집에 있을 때에는 효도를 해야 하고 국가에 벼슬을 하면 충성을 해야 하는 것이다. 그러므로 집에서는 어버이가 가장 어른이고, 국가에는 임금이 최고로 높은 사람이기에 백성들이 왕의 이름을 함부로 부르지 못하게 하였고, 집에서는 아버지의 이름을 신성시하여 함부로 부르지 못하고 자字나 호號로 통용하였다.

그렇기에 본문에서 마원장군이 "남의 과실을 듣거든 부모님의 이름을 듣는 것처럼 싫어하라."고 하였던 것이다. 부언하면 남이 부모님의 이름을 함부로 부르는 것을 들으면 내가 듣기 싫은 것처럼 싫어하라는 것이고, 그리고 귀로는 들을지언정 입으로는 말하지 말라는 말씀이다.

중국신화에 항아姮娥라는 선녀가 있는데, 《회남자淮南子 남명훈南冥訓》에는 항아는 원래 제곡帝嚳의 딸이고 예羿의 아내인데, 예羿가 서왕모에게서 불사약을 얻어왔는데, 항아가 이를 훔쳐 먹고 달나라로 달아났다고 하여 항아를 월자月姊라고 하는데, 이 항아姮娥를 항아嫦娥로 부르기도 하니, 왜 항姮을 항嫦자로 부르는가 하면, 옛적에 어떤 제왕의 이름에 항姮자가 들어갔는데, 그때부터 이를 피휘避諱하여 항아姮娥로 부르지 못하고 항아嫦娥로 고쳐서 불렀다고 한다. 이런 것을 피휘한다고 하는데, 옛적에는 제왕의 이름이 들어가는 글자는 백성이 함부로 쓰지 못하게 하였다.

중국은 2010년까지 유인 우주선을 달에 착륙시키려는 계획을 세웠는데, 그 이름을 이 신화에서 인용하여 항아공정嫦娥工程이라고 명명하였으니, 예전에는 달은 곧 항아姮娥가 사는 곳이었으므로, 시인 묵객이 시를 짓고 글을 지을 때에 달이 들어가는 곳에는 반드시 항아姮娥가 등장하니, 이는 이런 연유가 있기 때문이다.

援 : 이끌 원 聞 : 들을 문 過 : 허물 과 失 : 잃을 실 名 : 이름 명

29 康節邵先生曰 樂見善人하며 樂聞善事하고 樂道善言하며 樂行善意하고 聞人之惡이어든 如負芒棘하고 聞人之善이러든 如佩蘭蕙이니라.
강절소선생왈 낙견선인 낙문선사 낙도선언 낙행선의 문인지악 여부망극 문인지선 여패난혜

〖해설〗 강절소 선생께서 말하기를, "착한 사람 보는 것을 즐거워하며, 착한 일 듣기를 즐거워하고, 착한 말 말하기를 즐거워하며, 착한 뜻 행하기를 즐거워하고, 남의 악함을 듣거든 가시를 진 것처럼 싫어하고, 남의 착함을 듣거든 향기로운 난초와 혜초를 찬 것처럼 할지니라." 고 하였다.

〖출전〗《성리대전서》

에세이

옛적 성인 군자들의 말은 모두 선善에 방점을 찍었으니, 이는 착해야만 세상을 잘 살아가는 것이기 때문이다.

해가 아침에 동쪽에서 나와서 하루 종일 따뜻하게 비추는 것은 만물을 살리려는 뜻이 있으니, 이런 행위가 모두 착한 것이고 잘하는 것이다. 만약 햇볕이 비추지 않는다면 지구의 생명은 모두 죽고 만다. 그렇기에 예부터 해는 정시에 나와서 정시에 넘어가는데, 이는 세상을 살리려는 착한 뜻이 있기 때문이다.

그래서 사람도 해를 중심한 천지자연의 운행함을 본받아서 살아간다면 착하게 잘 사는 것이다. 이를 거역하는 것은 죽음을 향해 달려가

는 것이니, 그러므로 그러한 악한 행위는 하지 말라고 하였던 것이다.

본문에 "남의 악함을 듣거든 가시를 진 것처럼 싫어하고, 남의 착함을 듣거든 향기로운 난초와 혜초를 찬 것처럼 하라."고 하였는데, 이 말씀은 많은 인구人口에 회자되는 유명한 말씀이다.

남의 악함을 들으면 가시를 진 것처럼 하라고 하였는데, 가시덩굴을 등에 지면 가시가 등에 찔려서 도저히 질 수가 없을 것이고, 남의 착함을 들으면 난초와 혜초를 찬 것처럼 하라고 하였는데, 난초를 차면 아름다운 향기가 코로 솔솔 들어올 것이니, 얼마나 좋겠는가! 이렇게 악함을 싫어하고 착함을 좋아하라는 말씀이다.

康 : 편안 강 邵 : 언덕 소 負 : 질 부 芒 : 가시 망 棘 : 가시 극 佩 : 찰 패 蘭 : 난초 난 蕙 : 혜초 혜

30 道吾善者는 是吾賊이오 道吾惡者는 是吾師니라.
도 오 선 자　시 오 적　도 오 악 자　시 오 사

〖해설〗 "나보고 착하다고 말하는 자는 이 사람이 나의 도적이고, 나의 좋지 못한 것을 말해주는 자는 이 사람이 나의 스승이니라."라고 하였다.

〖출전〗《맹자孟子》

에세이

《맹자》에 보면, "어떤 사람이 있는데, 나보고 착하다고 하는 자는 이 사람이 나의 도적이고, 나의 좋지 못한 것을 말해주는 자는 이 사람이 나의 스승이니라.〔有人, 道我善者, 是吾賊也, 道吾惡者, 是吾師也.〕"라고 하여, 도오선자道吾善者가 도아선자道我善者로 바뀌었을 뿐 모두 같은 내용인데, 명심보감의 작자는 어찌하여 맹자왈孟子曰로 시작하지 않았는지 모를 일이다.

필자는 어려서부터 이 말씀을 참으로 훌륭한 말씀이라고 생각했다. 왜냐면 요즘 세상은 '남에게 칭찬만 하고 단점을 말하지 말라.'고 가르친다. 어떤 사람이든 간에 자신을 추켜주는 사람은 좋아하고 자기의 단점을 말해주는 사람은 싫어한다. 그런데 맹자께서는 지금으로부터 약 2300년 전에 이러한 인간관계의 오묘한 이치를 깨닫고 말씀하셨으니, 선각자이고 대 철인이며 유가儒家의 대성인이시다.

필자는 바른 말을 잘하는 사람이다. 필자가 바른 말을 하는 것은 저 사람이 그것 하나만 고치면 아주 좋을 것이라 생각하고 하기 싫은 말을 억지로 꺼내서 해주는 것인데, 듣는 사람은 '고맙다.' 고 하기는커녕 기분 나빠하고 아무개는 단점만 파내는 사람으로 인식하니 정말 화날 노릇이었다. 사실 이런 바른 말을 잘 해서 나의 인생에 많은 손해가 왔음은 물론이다.

그런데 맹자께서는 단점을 말하는 자가 나의 스승이라고 하였으니, 필자의 삶이 꼭 나쁜 것만은 아니니, 이 말씀으로 위로를 삼아야겠다.

이 말씀은 누구나 다 외워서 응용하여 써먹는 문장이니, 독자 여러분은 필히 외워서 내 것으로 삼을 일이다.

道 : 말할 도 吾 : 나 오 善 : 착할 선 賊 : 도덕 적 惡 : 악할 악 師 : 스승 사

31 太公이 曰勤爲無價之寶요 愼是護身之符니라
태공 왈근위무가지보 신시호신지부

〖해설〗 태공이 말하기를, "부지런함은 값으로 따질 수 없는 보배가 되고, 조심스러운 행동은 자신을 보호하는 병부가 된다."고 하였다.

〖출전〗 무지無知

에세이

《논어》에서 공자는, "작은 부자는 부지런하면 되고 큰 부자는 하늘에서 낸다.〔小富由勤大富由天.〕"고 하였는데, 이 말씀과 부합하는 말씀이다.

사람은 누구나 부자가 되고 싶어 한다. 그러므로 열심히 일을 하는 사람이 있는가 하면, 사람이 게을러서 열심히 일하지 못하는 사람도 많다.

필자는 참으로 부지런한 사람이었다. 어려서부터 지금까지 새벽 5시면 일어나서 일을 하던지, 책을 읽던지 하였는데 부자가 되지 못했다. 왜냐면 삶에 굴곡이 있었기 때문이다. 하지만 부모님 밑에서 초등학교만 나와서 사회에 진출하여 주야독경하여 중고교를 검정고시로 통과하고 대학을 나오고 대학원까지 나왔으니, 필자는 이렇게 공부하는데 많은 시간과 공력을 할애했다고 봐야 한다.

그리고 본문 하구下句의 문장 '조심스러운 행동은 자신을 보호하는 병부가 된다.〔愼是護身之符.〕' 의 말씀도 명문장이니, 세상을 살아가면서 모든 일에 조심하는 것이 나를 보호하는 병부가 된다는 말씀이다.

전에 어떤 국무총리는 모씨가 '삼천만 원을 주었다.' 라는 말 한마디에 직위도 떨어지고 명예도 떨어져서 지금 재판을 받고 있으니, 사실 관계는 법원에서 판결할 문제지만, 사람이 세상을 살아갈 때에 조심하고 조심하는 것은 기본적인 문제이다.

그리고 '병부兵符'[12]는 무엇인가 하면, 왕이 지방에 관리를 파견할 때에 신표를 만들어 하나는 왕이 보존하고, 하나는 지방관에게 주어서 그 신표를 맞추어보아 확인을 하는 신표를 말한다. 그러므로 조심스럽게 세상을 사는 것은 나를 보호하는 신표가 된다는 말이다.

勤 : 부지런할 근 價 : 값 가 寶 : 보배 보 愼 : 삼갈 신 護 : 보호 호 符 : 병부 부

12 병부兵符 : 예전에, 군사를 일으키는 일을 신중하고 확실하게 하기 위하여 왕과 지방관 사이에 미리 나눠 갖는 신표信標를 이르던 말.

32 景行錄에 曰保生者는 寡慾하고 保身者는 避名이니
경 행 록 왈 보 생 자 과 욕 보 신 자 피 명

無慾은 易나 無名은 難이니라.
무 욕 이 무 명 난

〖해설〗 경행록에서 말하기를, "삶을 안정하게 보호하려는 사람은 욕심을 적게 하고 몸을 보호하려는 사람은 명예를 피하나니, 욕심을 없애는 것은 쉬우나 명예를 없애는 것은 어려우니라." 고 하였다.

〖출전〗《성심잡언省心雜言》

에세이

예부터 '탐욕貪慾'을 부리는 것이 화禍를 부르는 문이었으니, 욕심을 부리다 보면 더 큰 욕심이 생기고 그리고 많은 돈을 벌면, 또 그보다 더 많은 돈을 벌려고 야단을 친다. 그러다 보면 법을 어기게 되고, 법을 어기면 도망자가 되기도 하고 영어의 몸이 되기도 한다.

우리나라의 돈 많은 사람들이 감옥에 들락날락하는 것은 모두 법을 어기고 탐욕을 벌였기 때문이다. 그리고 돈을 많이 벌면 권세가 생기므로, 법을 우습게 여기고 그 법을 어기는 일이 많다. 그러니 재수가 없으면 법망에 걸리는 것이다.

몸을 보호하려면 명예를 피하라고 하였으니, 이는 명예가 생겨서 이름이 세상에 둥둥하면 반드시 시기하는 사람이 생기는 것이고, 그리고 그 사람의 일거수일투족을 바라보는 사람들이 많다. 그렇기

에 행여 잘못된 행위를 하면 즉시 세상에 알려져서 명예도 떨어지고 처벌도 받게 되는 것이다.

그런데 욕심을 적게 갖기는 쉬우나 명예를 없게 하는 것은 어렵다고 했으니, 아마도 경행록에서는 명예를 돈보다 더 중요하게 본 듯싶다.

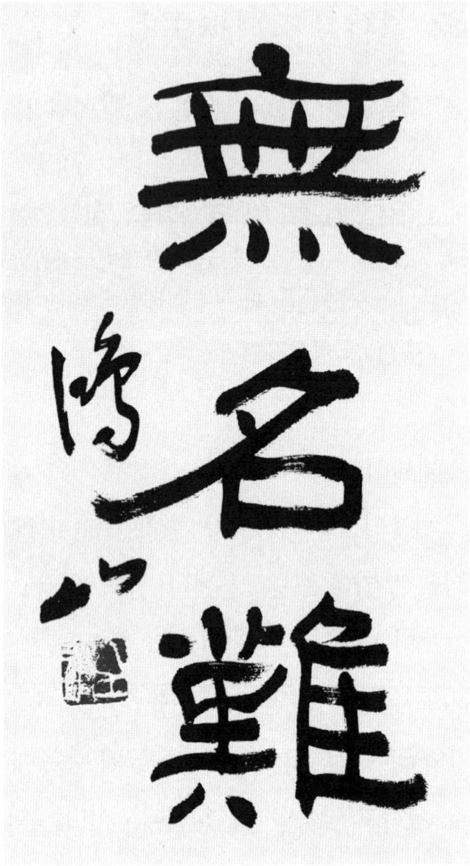

保 : 보전할 보 寡 : 적을 과 慾 : 욕심 욕 避 : 피할 피 易 : 쉬울 이 難 : 어려울 난

33 子曰 君子有三戒하니 少之時에는 血氣未定이라 戒
자 왈 군 자 유 삼 계 소 지 시 혈 기 미 정 계

之在色이요 及其壯也하야는 血氣方剛이라 戒之在
지 재 색 급 기 장 야 혈 기 방 강 계 지 재

鬪요 及其老也하야는 血氣旣衰라 戒之在得이니라.
투 급 기 노 야 혈 기 기 쇠 계 지 재 득

〖해설〗 공자께서 말씀하셨다. "군자君子에게 세 가지 경계함이 있으니, 어렸을 때에는 혈기가 진정되지 않았으므로 경계함이 여색女色에 있고, 장성해서는 혈기가 한창 강하므로 경계함이 싸움에 있고 늙어서는 혈기가 이미 쇠한지라 경계함이 탐내어 얻음에 있다."고 하였다.

〖출전〗 《논어》 계씨季氏

에세이

본문의 '소지시少之時'는 아마도 15-16세의 나이가 아닌가 한다. 이때는 한창 자라는 때이기에 여색을 조심하라 한 것이고, 20살이 넘은 나이인 장성해서는 혈기가 최고조에 이르기 때문에 무서운 것이 없는 시기이므로 싸움을 조심하라 한 것이고, 늙어서는 기력이 이미 쇠한지라 욕심을 내어서 무엇을 얻으려고 하는 것을 경계한 것이다.

'혈기가 진정되지 않았다.'라는 말은 '혈기가 충천하여 진정이 되지 않는다.'라는 말씀으로 해석이 되니, 이 시기는 무한대로 혈기가 충천하므로 경계할 것은 여색에 있다는 말씀이다. 사실 남자의 일생을 좌우하는 것은 여색에 있다 해도 과언이 아니니, 이 여색을 적당히 안배하여 멀리한 자는 성공하고 이를 멀리하지 못하고 여색에서 빠져서 나오지 못한 자는 일생을 망치는 것이다. 왜냐면 이 시기가 공부하는데 가장 중요한 시기이므로, 오직 공부에만 정신을 쏟아야 하는데, 그렇지 못하고 왔다갔다 갈지자를 그리면 공부하는 시기를 놓쳐서 인생을 망치는 것이다.

노인이 되면 혈기가 이미 쇠하여 의지가 약해지는데, 마음만은 젊은이와 똑같으므로 돈을 벌려고 노력하는 사람을 많이 보는데, 대체로 말해서 돈도 젊은이를 따르는 것이지 노인을 따르는 것은 아니다.

우리 주위에 수없이 많이 보이는 나무들을 보라. 봄에는 푸른 잎이 나오고 꽃을 피워서 열매를 맺으려고 많은 노력을 하지만 가을(노인)이 되면 일단 성장을 멈추고 추운 겨울을 지날 준비를 한다. 노인도 매한가지니, 백발이 성성한 노인이 되면 일단 욕심을 없애고 노년을 어떻게 지낼 가를 생각해야 한다. 그러므로 공자께서는 경계함이 얻음에 있다고 말씀한 것이 아닌가!

戒 : 경계 계 少 : 젊을 소 血 : 피 혈 氣 : 기운 기 定 : 정할 정 色 : 빛 색 及 : 미칠 급 壯 : 굳셀 장 剛 : 굳셀 강 鬪 : 싸움 투 老 : 늙을 로 旣 : 이미 기 衰 : 쇠할 쇠 得 : 얻을 득

34 孫眞人養生銘에 云怒甚偏傷氣오 思多太損神이라
손 진 인 양 생 명 　 운 노 심 편 상 기 　 사 다 태 손 신

神疲心易役이오 氣弱病相因이라 勿使悲歡極하고
신 피 심 이 역 　 기 약 병 상 인 　 물 사 비 환 극

當令飮食均하며 再三防夜醉하고 第一戒晨嗔하라.
당 령 음 식 균 　 재 삼 방 야 취 　 제 일 계 신 진

〔해설〕 손진인[13] 양생명에서 이르기를, "심하게 진노하는 것은 기운이 많이 상하고 지나친 사고思考는 정신을 크게 손상하는지라. 정신이 피로하면 마음은 골몰하기 쉽고 기氣가 약하면 병을 부르게 된다. 너무 슬퍼하고 기뻐하지 말고 음식을 고르게 먹으며 두 번 세 번 말하노니, 밤에 취하지 말고 새벽에 성내는 것을 제일로 경계하라." 고 하였다.

〔출전〕《의설醫說》

에세이

손진인孫眞人은 당대唐代의 이름난 의학자이다. 경조京兆 화원華

13 손진인孫眞人 : 손사막孫思邈을 말하니, 중국, 초당의 도사, 의가. 처음에 태백산에서 도술을 수행했다. 그후 태종, 고종에게 계속 부름을 받아 수도에 살면서 당시 유명한 문인들과 교유를 맺었는데, 평생 관직에는 오르지 않았다. 그는 도유불 삼교일치의 입장에 서서, 『노자』, 『장자』의 주석을 저술하는 한편, 율종의 고승 도선과도 친해서, 특히 『화엄경』을 중시했다. 또한 도술과 불가분의 관계에 있는 의약학에 특히 깊은 조예를 가져서 『천금요방』, 『천금익방』 등의 의서를 저술하고, 중국 의약학 사상 불후의 명작을 남기고 있다. 그의 의약학은 중국고전의 약학의 기반 위에, 양의 도홍경 이후의 초목약 중시의 방침을 답습·추진하고, 나아가서 도교적 양생술이나 금주禁呪, 서역계 약학 등을 망라·종합한 것에 특징이 있다. 후세에 손사막은 민간에게서 〈약상진인藥上眞人〉으로서 존경받고 약왕묘에 의신으로서 받들어지는 동시에 도가에서는 선인으로서의 전승이 많이 남아 있다.

原(지금의 섬서성陝西省 요현耀縣) 사람이다. 그는 당唐나라 태종太宗 등이 예를 갖추어 초빙하여 국자박사國子博士로 앉히려고 하는 것을 마다하고 향리에 오랫동안 머물러 살았는데, 소박하게 살면서 약재를 채취하고 의학을 연구하여 사람들의 병을 고쳐 주고 책을 지어 의학 이론을 세웠다.

당唐나라 이전의 중국 의학 발전에 대한 풍부한 경험을 체계적으로 총결하고 개인의 80년간의 임상 경험을 결합하여 두 권의 유명한 의학책을 지었는데 《천금요방千金要方》 30권과 《천금익방千金翼方》 30권이다.

자신의 주관이 얼마나 확고했으면 제왕이 불러도 나가지 않았는지, 그것만 보아도 고개가 숙여진다. 그리고 여기에서 한발 더 나아가 약초와 의학을 연구하면서 당唐나라 이전의 경험으로 얻은 의학을 서적으로 총 정리하여 출판하여 후세인이 이를 보고 병을 고치도록 하였으니, 의학자로서는 최고의 경지에서 사신 사람으로 평가할 수 있다.

손진인은 양생養生에도 풍부한 견식을 가진 사람이라는 것을 본서를 통하여 알 수가 있다. 본문은 사람의 기氣와 신神을 잘 길러야 함을 본문에 열거하였으니, 이를 읽은 독자도 이 말씀을 따라 산다면 무리 없이 훌륭한 노년을 보낼 것이다.

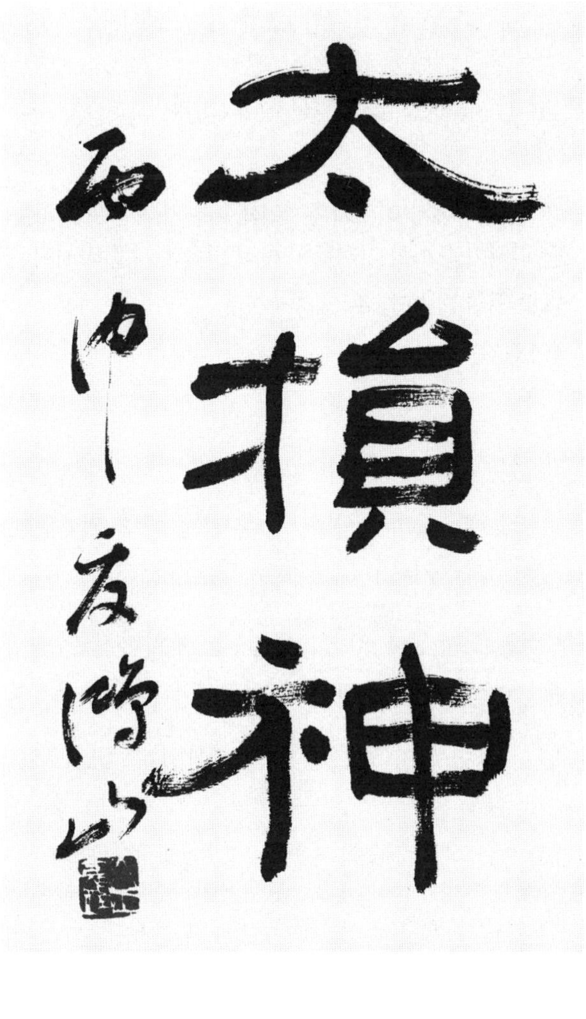

孫 : 손자 손 眞 : 참 진 養 : 기를 양 銘 : 새길 명 怒 : 성낼 노 甚 : 심할 심 偏 : 편벽될 편 傷 : 상할 상 損 : 덜 손 疲 : 피곤할 피 役 : 일할 역 弱 : 약할 약 使 : 하여금 사 悲 : 슬플 비 歡 : 기쁠 환 極 : 지극할 극 當 : 마땅 당 飮 : 마실 음 均 : 고를 균 再: 두 재 防 : 막을 방 夜 : 밤 야 醉 : 취할 취 第 : 차례 제 晨 : 새벽 신 嗔 : 성낼 진

35 夷堅志에 云避色을 如避讐하고 避風을 如避箭하며
이견지 운피색 여피수 피풍 여피전

莫喫空心茶하고 少食中夜飯하라.
막끽공심다 소식중야반

〔해설〕《이견지》[14]에서 이르기를, "여색 피하기를 원수 피하듯이 하고 바람 피하기를 화살 피하듯이 하며 빈속에 차를 마시지 말고 밤중에 밥을 적게 먹어라." 고 하였다.

〔출전〕《이견지》

에세이

《이견지》는 홍매洪邁의 저술이니, 홍매는 이 외에 《용재수필》 16권, 《속필續筆》 16권, 《삼필三筆》 16권, 《사필四筆》 16권, 《오필五筆》 10권인 5부작으로 구성하였다. 《오필》을 제외하고는 매 편마다 서문이 있는데 《사필》의 서문에서 "처음 내가 《용재수필》을 썼을 때는 장장 18년이 걸렸고, 《이필》은 13년, 《삼필》은 5년, 《사필》은 1년

14 《이견지》는 송宋나라 홍매洪邁의 저작이니, 홍매의 양력은 다음과 같다. 남송 요주饒州 파양鄱陽 사람. 자는 경려景廬고, 호는 용재容齋다. 홍호洪皓의 아들이다. 고종高宗 소흥紹興 15년(1145) 박학굉사과博學宏詞科에 합격했다. 거듭 승진해서 중서사인中書舍人과 직학사원直學士院, 동수국사同修國史를 지냈다. 금나라에 사신을 다녀온 뒤 공주지주贛州知州가 되고, 무주지주婺州知州로 옮겼다. 효종孝宗 순희淳熙 13년(1186) 한림학사翰林學士가 되어 『사조국사四朝國史』를 지어 올렸다. 영종寧宗 때 단명전학사端明殿學士로 치사致仕했다. 만년에는 향리에 머물면서 저술에만 전념했다. 시호는 문민文敏이다. 학식도 풍부했고 저술도 방대했는데, 특히 송나라의 전장제도典章制度에 밝았다. 저서에 『용재수필容齋隨筆』과 『이견지夷堅志』, 『야처유고野處類稿』, 『사기법어史記法語』, 『만수당인절구萬首唐人絶句』 등이 있다.

도 채 걸리지 않았다"고 했다. 이와 《오필》을 합쳐 본다면 홍매는 근 40년의 세월을 《용재수필》과 함께한 셈이다. 총 1229조목에 달하는 분량은 개인의 필기로는 보기 드문 것으로 여기에는 홍매 일생의 모든 학식이 오롯이 담겨 있다고 하겠다.

우리들이 생활하면서 가장 조심해야 할 것이 주색酒色 즉 술과 여색인데, 주색에 한 번 빠지면 인생을 망치고 말기 때문이다. 그러므로 이견지에도 여색 피하기를 원수 피하듯이 하라고 하였고, 그리고 바람피우는 것 피하기를 화살 피하듯이 하라고 하였으니, 지금으로 말하면 '총알 피하듯이 하라' 고 해야 할 것이다.

그리고 '공심空心에 차를 마시지 말라' 고 하였는데, 이는 중국에서는 녹차를 많이 마시는데, 녹차는 성질이 차기 때문에 빈속에 차가운 녹차를 마시지 말라는 뜻이고, 야반에 밥을 많이 먹고 자면 위장은 밤새 쉬지 않고 일을 해야 하므로, 자고 일어나면 몸이 피곤하다. 왜냐면 나의 몸의 일부인 위장이 밤새 일을 하기 때문에 몸이 나른하고 피곤한 것이니, 이런 행위를 하지 말아야 건강을 유지한다는 말씀이다.

夷 : 오랑캐 이 堅 : 굳을 견 志 : 기록할지 避 : 피할 피 色 : 빛 색 讐 : 원수 수 箭 : 살 전 莫 : 말 막 喫 : 마실 끽 空 : 빌 공 茶 : 차 다 夜 : 밤 야 飯 : 밥 반

36 荀子 曰無用之辯과 不急之察을 棄而勿治니라.
순자 왈무용지변 불급지찰 기이물치

〖해설〗 순자荀子[15]가 말하기를, "쓸모없는 쟁론과 시급하지 않은 시찰視察은 버리고 하지 말라." 고 하였다.

〖출전〗《순자荀子》

에세이

옛말에 "말 한마디에 천 냥 빚을 갚는다." 고 했으니, 말을 잘해야 주위의 인정도 받고 내가 하는 일도 잘 될 것은 불문가지不問可知이다.

15 순자荀子 : 중국 주나라 말기 전국시대의 유물론적 경향의 유가儒家. 맹자의 성선설性善說에 대하여 성악설性惡說을 주장한 것으로 잘 알려져 있다. 그 시대는 전국의 7대 강국이 중국의 천하 통일을 지향하면서 격렬하게 대립하고, 그 와중에서 진秦이 통일 사업을 강력히 추진하였던 시대였다. 그는 객관적 조건이 무르익고 있던 중국 통일의 과제에 몰두하여 '군거화일群居和一' 이라고 하는 질서를 지향하고 '예의禮義' 라는 수단을 제기하였다. '군거화일' 이란 천자, 제후, 사대부, 관인백리官人百吏, 서민이 직분에 따라 일을 하고 각각 그 '직분職分' 에 만족하는 질서를 일컫는다.' 예의' 는 이 '분分' 을 결정하는 기준(귀천지등貴賤之等, 장환지차長幼之差, 지우능부능지분知愚能不能之分)이며, 선왕先王(성인聖人)의 제작制作에 따른 것이다. 이 '예의' 의 '분' 은 '천인天人의 분分' 을 전제로 하고 있고, 인간의 자연에 대한 공통성이 이것에 의해 크게 발휘될 수 있다고 하였다. 이리하여 부국강병의 문제도, 인재를 양성하는 문제도, 모두 '예의' 에 의거하여 해결된다고 하였다. 그러나 그의 '예의' 는 법가의 '법法' 에 접근하고 있고, 인식론상으로는 도가의 영향이 농후하다. 그는 유가의 입장을 지키면서, 진秦의 입장에 서서 제가諸家의 사상을 비판적으로 흡수하여 선진사상先秦思想의 집대성자라는 역할도 수행하였다. 『순자』는 그의 언론言論을 모은 것이다.

그런데 해도 그만, 안 해도 그만인 말을 지껄이는 사람들이 많다. 순자는 이런 사람을 향하여 위의 본문에서 '쓸모없는 쟁론을 하지 말라.' 고 했으니, 사실 사람은 말을 많이 하면 안 된다. 왜냐면 옛말에 "말을 많이 하면 여러 사람이 싫어한다.〔多言衆所忌.〕"라고 하였으니, 말을 많이 하다 보면 반드시 실수를 하게 되므로, 실수를 하면 말을 안 한 것만 못한 것이다. 그리고 급하지 않은 시찰은, 상대를 불편하고 성가시게 할뿐 하나도 본인이나 상대에게 유익이 되지 않는다. 이런 것은 모두 버리고 해서는 안 된다는 말씀이다.

순자는 공자의 제자인 자하의 제자로 알려진 사람이다. 맹자는 '성선설性善說' 을 주장한 반면 순자는 '성악설性惡說' 을 주장하였다. 그리고 예禮로 통치함을 주장하여 그의 제자 중에 법가가 나오니 한비자韓非子와 이사李斯가 그 사람들이다. 결국 이사는 법가로 진시황을 도와서 천하를 통일하는데 중대한 역할을 하였고, 이로 인해 도량度量을 통일하고 언어를 통일하여 명실공히 천하를 통일하였던 것이다.

荀 : 성 순 用 : 쓸 용 辯 : 말씀 변 急 : 급할 급 察 : 살필 찰 棄 : 버릴 기 治 : 다스릴 치

37 子曰 衆이 好之라도 必察焉하며 衆이 惡之라도 必察
자왈 중 호지 필찰언 중 오지 필찰

焉이니라.
언

〖해설〗 공자께서 말씀하셨다. "많은 사람들이 좋아하더라도 반드시 살피며, 많은 사람들이 미워하더라도 반드시 살필 것이니라." 고 하였다.

〖출전〗《논어전해論語全解》

● 에세이

이 말씀은 여러 사람이 모두 옳다고 해도 판단하는 자는 반드시 더 살펴보아 결정을 하고 여러 사람이 미워하더라도 판단하는 사람은 반드시 더 살펴보아 판단을 하라는 말씀이다.

요즘 세상은 재물이나 이해관계를 가지고 송사를 하는 일이 비일비재하다. 부자는 돈을 많이 주고 일류 변호사를 사서 재판을 하지만 돈이 없는 자는 돈이 없으니 변호사를 살 수가 없다. 그리고 재판을 할 때에 돈이 많은 자는 돈을 많이 주고 담당판사를 잘 아는 전관예우 변호사를 사서 재판을 하는 경우가 많은데, 이는 돈이 많이 들기 때문에 돈이 없는 사람은 도저히 많은 돈을 주고 전관예우 변호사를 사지 못하니, 돈이 많은 자를 당해내지 못한다.

공자의 말씀은 이럴 때에 담당 판사에게 하는 말씀일 것이다. '아무리 유능한 변호사가 변호를 잘 해도 양측 상대방을 더 잘 살펴서 공정하게 재판을 해야 담당 판사의 공직에 누가 되지 않는다는 말씀이니, 사실 몇 마디 말씀에 불과하지만 자칫 잘못 판결하여 죄가 있는 자는 무죄가 되고 죄가 없는 자는 유죄가 된다면 그 죄는 모두 판결하는 자에게 돌아가는 것이니, 얼마나 무서운 말씀인가!

많은 사람들이 어떤 사람을 나쁜 사람이라 지목하여 말해도 판결하는 자는 더욱 잘 살펴서 정말 나쁜 짓을 한 사람인가! 아니면 누명을 써서 나쁜 사람이 되었는가를 잘 살펴서 판결을 해야 판결 자에게 누가 되지 않는 것이다.

衆 : 무리 중 好 : 좋을 호 察 : 살필 찰 焉 : 이끼 언 惡 : 미워할 오

38 太公이 曰欲量他人인댄 先須自量하라 傷人之語는
태 공 왈 욕 량 타 인 선 수 자 량 상 인 지 어

還是自傷이니 含血噴人이면 先汚其口니라.
환 시 자 상 함 혈 분 인 선 오 기 구

〖해설〗 태공이 말하기를, "남을 헤아려 알려고 하면 먼저 자신을 헤아려 보아라 남을 해치는 말은 돌아와서 자신을 상하게 하나니, 피를 입에 물고 남에게 뿜으면 먼저 그 입이 더러워지느니라." 고 하였다.

〖출전〗 무지無知

에세이

'남을 헤아려 알려고 하면 먼저 자신을 헤아려보아라' 고 한 말씀은 소크라테스의 '너 자신을 알라.' 와 유사한 말씀이다. 그리고 '남을 해치는 말은 돌아와서 자신을 상하게 하나니,' 라고 했는데, 이를 증명하는 말이 바로 뒤에 나온다. '피를 입에 머금어 남에게 뿜으면 먼저 그 입이 더러워지느니라.' 고 해서 피를 머금으면 내 입이 먼저 더러워진다는 말씀이다.

옛날에도 남과 싸우다가 얻어맞아서 코가 깨지고 입에 피가 고이면 그 피를 상대에게 뿜었던 모양이다. 그러니 지금으로부터 약 2800년 전에 살던 태공도 이런 말씀을 하지 않는가!

필자가 어렸을 때인 50, 60년대에도 시골에서 싸움을 하다 코피가 나서 입에 피가 고이면 그 피를 상대에게 후하고 뿜어대는 것을 본 일이 있다. 그렇게 되면 온 몸이 피투성이가 되어 싸우니, 참으로 목불인견目不忍見이다.

본문의 핵심 내용은 남을 해하려고 하지 말라는 말씀이니, 남을 해하려고 하면 먼저 내가 상한다는 것을 강조하여 싸우지 말고 사이좋게 살아야 한다는 말씀이다.

欲 : 하고자 할 욕 量 : 헤아릴 량 他 : 다를 타 須 : 모름지기 수 傷 : 상할 상 語 : 말씀 어 還 : 도로 환 含 : 머금을 함 血 : 피 혈 噴 : 뿜을 분 汚 : 더러울 오

39 太公이 曰瓜田에 不納履하고 李下에 不整冠이니라.
태공 왈과전 불납리 이하 부정관

〖해설〗 태공이 말하기를, "외밭에 발을 들여놓지 말고 오얏나무 아래서 갓을 바르게 고치지 말지니라." 고 하였다.

〖출전〗《예기집설》

● 에세이

이 말씀은 우리 속담에도 잘 알려진 유명한 말씀인데, 이 말씀도 약 3000년 전에 이미 사용하던 말씀이다.

요즘 필자의 고향에는 산과 밭에 밤나무를 많이 심어서 가을이 되면 모두 밤 줍기에 바쁘다. 우리 밭으로 가는 길 가에도 모두 밤나무뿐으로, 길을 가다보면 커다란 밤알이 땅에 떨어져 있는 것을 볼 수가 있는데, 이때에 이 밤을 주우면 절대로 안 된다. 혹 허리를 땅에 굽혀도 안 된다. 왜냐면 보는 눈이 많아서 '아무개가 시골에 와서 남의 밤을 주워갔다.' 고 소문이 금방 나기 때문이다.

우리 속담에 '까마귀 날자 배 떨어진다.' 라는 말이 있는데, 이 말도 본문과 유사한 말씀이다. 까마귀가 어찌 배를 떨어뜨리겠는가! 요행히도 까마귀가 나니 배가 떨어졌을 뿐인데, 그 배를 떨어뜨린 까마귀가 되었으니, 까마귀는 억울할 수밖에 없는 것이다.

우리가 세상을 살아갈 때에 이런 유의 일들이 비일비재하니, 항

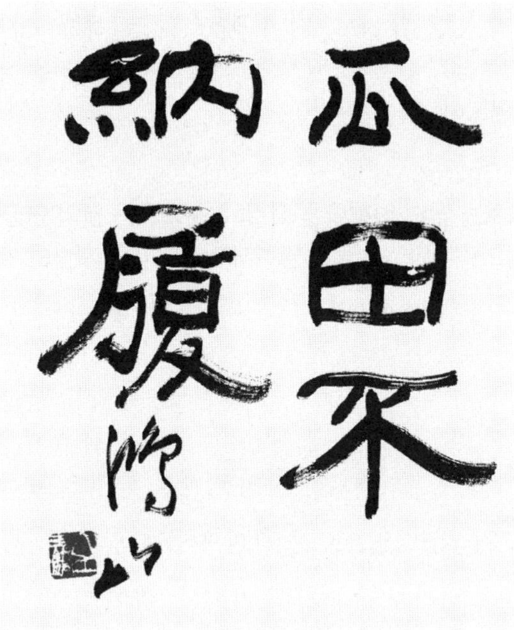

상 조심하며 살아야 함을 경계한 말씀이 아닌가 한다.

지금은 과일도 품질이 매우 좋아져서 사람들은 외나 오얏은 따먹지 않는다. 그보다 더욱 달고 맛이 좋은 과일이 많으므로 하는 말이지만, 옛날에는 오얏이 상당히 맛있는 과실이었던가 보다.

필자가 10여 년 전에 중국 섬서성에 있는 태백산에 갔는데, 이곳은 시골 중의 시골인지라 노점에서 머리가 하얀 노파가 노란 오얏을 파는 것을 본 일이 있으니, 필자는 생각하기를 '요즘 세상에서도 오얏을 사 먹는구나!' 고 하였다.

瓜: 외 과 納 : 드릴 납 履 : 신 리 李 : 오얏 리 整 : 정제할 정 冠 : 갓 관

40 耳不聞人之非하고 目不視人之短하고 口不言人之過라야 庶幾君子니라.

이불문인지비 목불시인지단 구불언인지과 서기군자

〔해설〕 귀로는 남의 비행을 듣지 말고 눈으로는 남의 단점을 보지 말고 입으로는 남의 허물을 말하지 않아야 이런 사람이 거의 군자니라.

〔출전〕《성심잡언省心雜言》

에세이

옛적에 군자君子[16]는 귀로는 남의 비행을 듣지 말고, 눈으로는 남의 단점을 보지 말고, 입으로는 남의 허물을 말하지 않으면서 오르지 선善한 곳을 바라보고 행하여 가면서, 행여 남의 비행非行을 들으면 듣지 않은 것처럼 생각하고, 행여 남의 단점을 보면 보지 않은 것처럼 생각하였으며, 또한 입으로는 남의 허물을 말하지 않았다고 한다.

현대에 살아가면서 이렇게 행동하기는 매우 어려운 일이다. 그러나 그렇게 하려고 노력은 해야 한다. 필자는 총각 때에 시골에서 길을 가는데 그때 돈 1000원짜리가 길거리에 떨어져 있었는데 이것을 줍지 않았다. 왜냐면 남이 흘린 것은 내가 피땀 흘려 번 돈이 아니므로 내 것이 아니니 줍지 않은 것이다. 그런데 군대생활 중에 버스 안

16 군자君子 : 학식이 높고 행실이 어진 사람.

에서 100,000원짜리 수표를 주웠는데, 이를 신고하지 않고 쓴 일이 있다. 군대에서는 돈이 궁한지라 그랬는지는 모르지만, 지금 생각하면 잘한 일은 아닌 듯싶다.

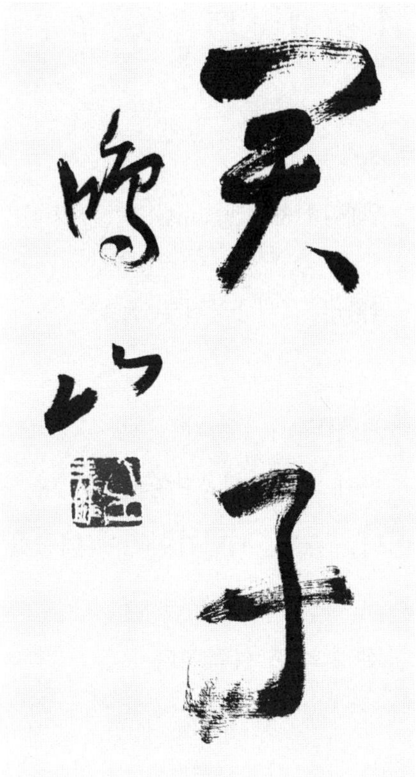

그러므로 명明나라 때의 원황은 공과격功過格을 만들어서 매일매일 행한 공과功過를 기록하였다고 한다. 왜 이런 행위를 하는가 하면 선善을 행하기 위함이니, 한 달의 공과격功過格을 그려놓고 매일 착한 일을 했으면 착한 곳에 표시하고 나쁜 일을 했으면 나쁜 곳에 표시하여 한 달의 공과를 따져봤다고 하니, 참으로 가상한 일이 아닌가 한다.

耳 : 귀 이 聞 : 들을 문 非 : 비행 비 視 : 볼 시 短 : 짧을 단 過 : 허물 과 庶 : 거의 서 幾 : 거의 기

41 蔡伯皆 曰喜怒는 在心하고 言出於口하나니 不可不愼이니라.

채백개 왈희노 재심 언출어구 불가불신

〔해설〕 채백개蔡伯皆[17]가 말하기를, "기쁨과 성냄은 마음에 있고 말은 입에서 나오나니, 삼가지 않을 수 없느니라." 고 하였다.

〔출전〕 《채중랑집蔡中郎集》

에세이

백개伯喈는 채옹蔡邕의 자이다. 채옹은 서법가로 잘 알려진 사람이니, 필자는 서법가이기에 채옹을 일찍부터 잘 알고 있었다. 그런데 그가 경사經史와 문학 그리고 음악까지 정통했다고 하니, 그는 천재 중의 한 사람이다.

그런데 《삼국지연의》에 나오는 동탁董卓에 중용되어서 벼슬이 좨주祭酒, 시어사侍御史, 치서어사治書御史, 상서尙書, 파군태수巴郡

17 채백개蔡伯皆 : 이름은 채옹蔡邕이니, 진류陳留 어圉 사람으로, 자는 백개伯喈이다. 동한東漢 시기의 관리이자 문학가, 서법가書法家로 채문희蔡文姬의 부친이다. 벼슬은 하평장河平長, 낭중郎中, 의랑議郎 등을 지냈다. 일찍이 희평석경熹平石經을 각인刻印할 때와 《동관한기東觀漢記》를 베낄 때 참여했다. 직언直言 때문에 환관宦官들의 무고를 받아 삭방朔方으로 유배되었다가 동탁董卓이 집정할 때 다시 중용되었다. 후에 벼슬은 좨주祭酒, 시어사侍御史, 치서어사治書御史, 상서尙書, 파군태수巴郡太守, 시중侍中, 중랑장中郎將 등을 역임하고, 고양향후高陽鄕侯로 봉해졌다. 그러나 동탁이 피살된 후 하옥되어 감옥에서 죽었다. 경사經史와 문학, 음률音律 등에 정통하고 서법書法에 조예가 깊었다. 저서로 《채중랑집蔡中郎集》이 있다.

太守, 시중侍中, 중랑장中郎將 등을 역임하고, 고양향후高陽鄕侯로 봉해졌다고 한다. 그러나 동탁이 여포에게 피살된 뒤에 하옥되어 감옥에서 죽었다고 하니, 사람은 때를 잘 만나야 한다는 말이 맞는 것 같다.

사람의 기쁨과 성냄이 모두 마음에서 우러나오는 것이고 말은 입을 통하여 나오는 마음의 표현이니, 이러한 말을 삼가야 한다고 하였다.

필자는 성격이 급해서 화가 나면 금방 표출하는 성격이므로, 세상을 살아가는데 매우 좋지 않은 성품이다. 이 본성은 본인이 참으려고 노력해도 나도 모르게 삐져나와서 난처한 때가 많았다. 필자의 이런 성품은 부친께 받은 성품인데, 참으려고 노력을 많이 한다. 그러나 좋은 점도 있으니, 이렇게 화를 내지만 뒤끝은 없다. 그때 지나면 언제 그랬냐 하고 평온으로 돌아가니 화로 인한 병은 오지 않는다.

채옹 선생도 이러한 성냄과 좋지 않은 말이 밖으로 표출될까봐 무척이나 고민한 듯한 느낌이 든다.

蔡 : 거북 채 伯 : 맏 백 皆 : 다 개 喜 : 기쁠 희 怒 : 성낼 노 出 : 날 출 愼 : 삼갈 신

42 宰予晝寢이어늘 子曰 朽木은 不可雕也요 糞土之墻
재여주침 자왈 후목 불가조야 분토지장

은 不可杇也니라.
불가오야

〖해설〗 재여宰予가 낮잠을 자자, 공자께서 말씀하셨다. "썩은 나무는 조각할 수 없고, 거름흙으로 쌓은 담장은 흙손질할 수가 없다."고 하였다.

〖출전〗《논어》 공야장公冶長

에세이

재여宰予는 공자의 제자이니, 도道에 정진해야할 사람이 낮에 한가롭게 잠을 자므로 공자께서 심히 질책을 한 것이다.

옛날에는 전기가 없었다. 그러므로 밤에는 기름을 넣은 등잔에 불을 켜야 하는데, 비싼 기름을 밤중까지 켜놓을 수는 없기 때문에 일찍 잠을 자고 일찍 일어났다. 그렇기에 밤에 잠은 많이 잤을 것이니, 낮에 다시 잘 필요는 없었을 것이다. 그러나 재여는 마음이 한가하고 게을러서 낮에 잠을 잔 것이니, 이에 스승인 공자께서는 믿는 제자가 낮에 잠만 자고 있으므로 크게 꾸짖었을 것이다.

요즘은 옛날과 달리 전기가 있어서 밤에도 낮처럼 밝으므로, 늦은 밤까지 텔레비전도 보고 책도 보고 공부도 한다. 그렇기에 늦게 자고 늦게 일어나도 잠은 부족하여 낮에도 잠을 자는 사람이 많다. 이런 잠을 오수午睡라 하니, 이 오수午睡가 그렇게 꿀맛이라고 한다.

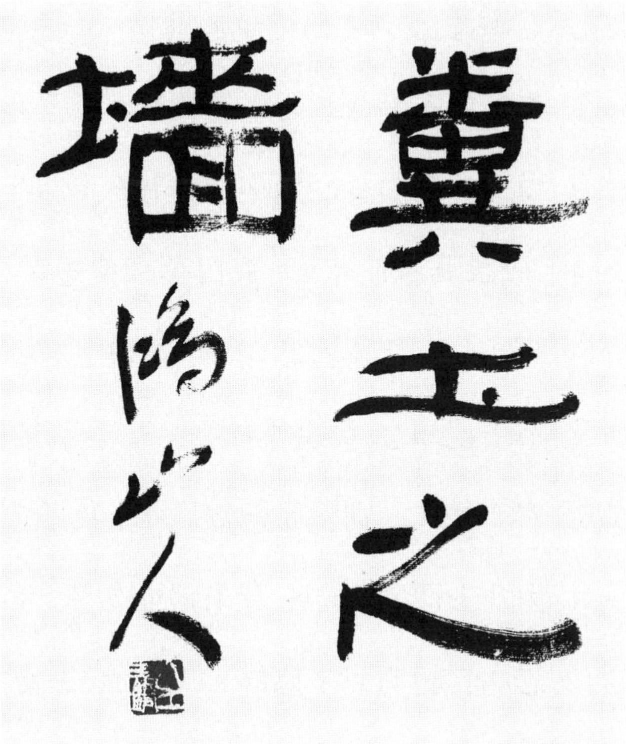

도道라는 것은 정신으로 하는 것이니, 정신이 희미해지면 도道는 이미 끝난 거나 매한가지이다. 믿는 제자가 수양修養에 진력하지 않고 잠이나 자고 있으니, 선생으로써 화가 나서 한 말씀이 아닌가 한다.

宰 : 재상 재 予 : 나 여 晝 : 낮 주 寢 : 잘 침 朽 : 썩을 후 雕 : 아로새길 조 糞 : 똥 분 墻 : 담 장 杇 : 흙손질할 오

43 紫虛元君誠諭心文에 曰福生於清儉하고 德生於卑
자허원군성유심문 왈복생어청검 덕생어비
退하고 道生於安靜하고 命生於和暢하고 憂生於多
퇴 도생어안정 명생어화창 우생어다
慾하고 禍生於多貪하고 過生於輕慢하고 罪生於不
욕 화생어다탐 과생어경만 죄생어불
仁이니라 戒眼莫看他非하고 戒口莫談他短하고 戒心
인 계안막간타비 계구막담타단 계심
莫自貪嗔하고 戒身莫隨惡伴하며 無益之言을 莫妄
막자탐진 계신막수악반 무익지언 막망
說하고 不干己事를 莫妄爲하며 尊君王孝父母하고
설 불간기사 막망위 존군왕효부모
敬尊長奉有德하고 別賢愚恕無識하며 物順來而勿
경존장봉유덕 별현우서무식 물순래이물
拒하고 物既去而勿追하며 身未遇而勿望하고 事已
거 물기거이물추 신미우이물망 사이
過而勿思하라 聰明도 多暗昧요 算計도 失便宜니라
과이물사 총명 다암매 계산 실편의
損人終自失이요 依勢禍相隨라 戒之在心하고 守之
손인종자실 의세화상수 계지재심 수지
在氣라 爲不節而亡家하고 因不廉而失位니라 勸君
재기 위불절이망가 인불렴이실위 권군
自警於平生하노니 可歎可驚而可畏니라 上臨之以
자경어평생 가탄가경이가외 상임지이
天神하고 下察之以地祇라 明有王法相繼하고 暗有
천신 하찰지이지기 명유왕법상계 암유
鬼神相隨라 惟正可守요 心不可欺니 戒之戒之하라.
귀신상수 유정가수 심불가기 계지계지

【해설】 자허원군[18]이 진심으로 깨우치는 심문心文에서 말하기를, "복은 청렴과 검소함에서 생기고 덕은 자기를 낮추고 물러서는 데서 생기며, 도는 안정함에서 생기고 생명은 화창함에서 생기고 근심은 욕심이 많음에서 생기며, 재앙은 탐욕이 많은 데서 생기고 과실은 경솔하고 교만한 데서 생기고 죄악은 어질지 못한 데서 생긴다. 눈을 경계하여 다른 사람의 그릇된 것을 보지 말고 입을 경계하여 다른 사람의 결점을 말하지 말며, 마음을 경계하여 스스로 탐내고 성내지 말고 몸을 경계하여 나쁜 친구를 따르지 말며, 유익하지 않은 말은 함부로 하지 말고 나에게 관련 없는 일은 함부로 하지 말라. 임금을 높이고 부모에게 효도하며, 어른을 존경하고 덕이 있는 사람을 받들며, 어진 사람과 어리석은 사람을 분별하고 무식한 사람을 용서하라. 재물이 순리로 오거든 물리치지 말고 재물이 이미 지나갔거든 뒤쫓지 말며, 몸이 아직 때를 만나지 않았거든 원망하지 말고 일이 이미 지나갔거든 생각하지 마라. 총명한 사람도 어리석은 때가 많고 계산을 잘 하는 사람도 편의를 잃는 수가 있다. 남을 손상하면 마침내 자기도 손실을 입을 것이요 세력에 의존하면 재앙이 서로 따른다. 경계할 것은 마음에 있고 지킬 것은 기운에 있다. 절약하지 않음으로써 집을 망치고 청렴하지 않음 때문에 지위를 잃는다. 그대에게 평생을 두고 스스로 경계할 것을 권고하노니 감탄하고 경계하고 또 생각하라. 위에는 하늘의 눈이 그대를 굽어보고 아래에는 땅의 신령이 그대를 살피고 있다. 밝은 곳에는 삼법三法이 서로 이어져 있고 어두운 곳에는 귀신이 서로 따르고 있다. 오직 바른 것을 지켜야 하고 마음을 속여서는 안 되니 경계하고 경계하라.

【출전】《준생팔전遵生八牋》

18 자허원군 : 도가道家에서 받드는 여자 신선을 말한다.

에세이

본문은 너무 길어서 에세이는 생략하여 짧게 쓴다. 마음을 다스리는데 매우 좋은 글이므로 정독하길 부탁한다. 다만 복은 청빈함에서 생기고, 덕은 겸손함에서 생기고, 도는 고요함에서 생기고, 명命은 화창함에서 생기고, 근심은 욕심이 많은데서 생기고, 재앙은 많이 탐내는데서 생기며, 허물은 가벼운데서 생기고, 죄는 어질지 않은데서 생긴다는 말씀이 마음에 와 닿는다. 이하의 문장도 모두 수양에 유익한 말씀이다.

紫 : 붉을 자 諭 : 효유할 유 儉 : 검소할 검 退 : 물러갈 퇴 靜 : 고요 정 暢 : 화창할 창 憂 : 근심 우 慾 : 욕심 욕 貪 : 탐할 탐 過 : 허물 과 慢 : 거만할 만 眼 : 눈 안 戒 : 경계 계 短 : 짧을 단 嗔 : 성낼 진 隨 : 따를 수 伴 : 짝 반 妄 : 망령들 망 說 : 말씀 설 干 : 간여할 간 尊 : 높을 존 奉 : 받들 봉 愚 : 어리석을 우 恕 : 용서 서 識 : 알 식 拒 : 막을 거 旣 : 이미 기 追 : 쫓을 추 望 : 바랄 망 聽 : 귀밝을 총 暗 : 어둘 암 昧 : 어둘 매 損 : 잃을 손 勢 : 권세 세 隨 : 따를 수 節 : 절개 절 勸 : 권할 권 警 : 경계할 경 歎 : 탄식할 탄 畏 : 두려울 외 臨 : 임할 임 察 : 살필 찰 祇 : 땅귀신 기 繼 : 이을 계 鬼 : 귀신 귀 欺 : 속일 기

안분편安分篇

44 知足者는 貧賤도 亦樂이오 不知足者는 富貴도 亦憂니라.
지족자 빈천 역락 부지족자 부귀 역우

〔해설〕 만족함을 아는 자는 빈천하여도 또한 만족하고 만족을 알지 못하는 자는 부귀하여도 또한 걱정하느니라.

〔출전〕《성심잡언省心雜言》

● 에세이

세상을 살아감에 있어서 만족함을 아는 것은 매우 중요한 것이다. 욕심을 빼면 가난하고 천해도 즐겁게 사는 것이니, 이는 내가 사는 이 세상이 너무 아름답고 희망으로 차 있는 것을 알기 때문이다.

요즘 필자가 사는 의정부에도 벚꽃이 활짝 피어서 그 멋진 자태를 드러내고 있다. 이러한 초목도 때가 되면 꽃을 피우고 잎을 피우고 열매를 맺는다. 이는 자연에 순응하면서 때가 되면 자신을 뽐내기도 하고 때가 되면 열매를 맺을 줄을 안다.

그러나 사람은 욕심이 많아서 주위에서 모두 축복해주는데도 이를 알지 못하고 오직 돈돈 돈만 하고 사니 만족함이 있을 턱이 없다.

공자의 제자 안회顔回가 한 그릇의 도시락과 물 한 병의 음료를 먹으면서 하류층이 사는 누항陋巷(시골)에 있으면서도 편안한 마음으로 그곳의 생활을 즐기니, 공자께서, "어질다. 안회顔回여! 한 대그릇의 밥과 한 표주박의 음료로 누추한 시골에 있는 것을 다른 사람들은 견디지 못하는데, 안회는 그 즐거움을 변하지 않으니, 어질다. 안회여!"라고 칭찬한 문장이 《논어》 옹야雍也에 있다.

중요한 것은 욕심이니, 욕심을 빼면 죄를 짓지 않는 것이고, 가난함도 관계하지 않는 것이니, 바꾸어 말해서 욕심이 많으면 부귀해도 행복하지 않는 것이다. 왜냐면 욕심이 더 많은 부귀를 요구하기에 항상 갈구하는 사람이 되는 것이다. 이렇게 욕심을 부리다 보면 죄를 지어서 혹 영어囹圄의 몸이 되는 것이다.

知 : 알 지 足 : 만족할 족 貧 : 가난 빈 賤 : 천할 천 亦 : 또 역 樂 : 즐거울 낙 憂 : 근심 우

45 濫想은 徒傷神이오 妄動은 反致禍니라.
남상 도상신 망동 반치화

〖해설〗 지나치게 생각하는 것은 단지 정신을 상하게 하고 망령된 행위는 도리어 화를 부른다.

〖출전〗 부지不知함

에세이

본문의 출전이 어딘지는 모르나 필자가 생각하기에는 이치에 딱 들어맞는 말씀이다. 필자가 어렸을 적 60년대는 모두 궁핍한 시절이었으니, 너나없이 지게를 지고 산에 가서 나무하고 내에 가서 고기를 잡아서 근근이 연명하던 시절이었는데, 우리 마을에 젊은 남녀 두 명이 실성失性(미친 것)하였었다.

남자는 고등학교는 어렵게 나왔는데 대학에 들어가지 못하였으므로, 너무 많은 생각(濫想)을 하여 정신이 상(傷神)해서 미친 것이었다. 그리고 처녀 한 명은 왜 실성을 하였는지를 잘 알지 못한다. 이들 실성失性한 사람을 위해서 굿도 하고 약도 쓰고 별의별 치료를 다한 것으로 안다. 다행히 모두 나중에는 쾌차하여 장가를 들고 시집을 갔다.

그리고 망동妄動이 도리어 화를 부른다.〔反致禍.〕라는 말도 대단히 이치에 부합하는 말씀이니, 옛말에 "망둥어처럼 뛴다."라는 말이 있으니, 이는 물색 모르고 이리 뛰고 저리 뛰는 사람을 말한다.

이런 사람은 주위에서 알아주지 않을 뿐만 아니라 요주의 인물이 되기 때문에 하는 일에 힘을 받지 못한다.

요즘 주부들 중에 우울증이 많다고 하는데, 이는 부부사이에 말할 수 없는 갈등이 요인이며 여성은 성격이 호탕하지 못하고 이를 너무 지나치게 생각하여(濫想) 병이 되는 것이다. 그러므로 남상濫想은 의학적으로도 증명이 된 병증이니, 이렇게 하면 안 된다는 말씀이다.

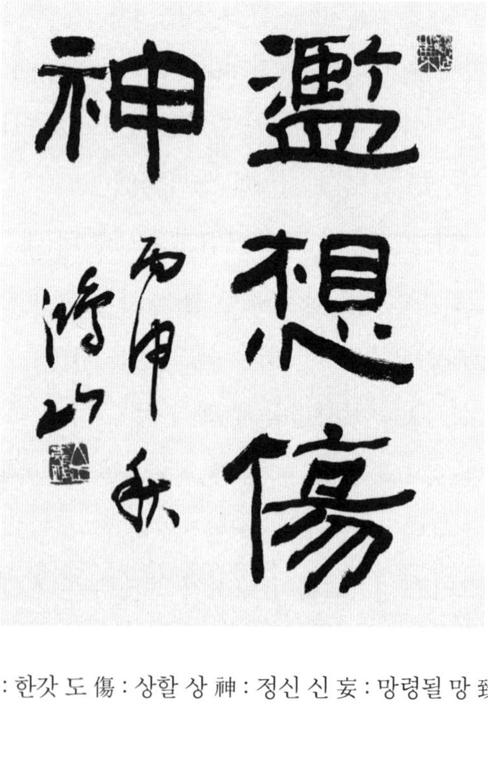

濫 : 넘칠 남 想 : 생각 상 徒 : 한갓 도 傷 : 상할 상 神 : 정신 신 妄 : 망령될 망 致 : 이를 치 禍 : 재앙 화

46 知足常足이면 終身不辱하고 知止常止면 終身無恥
지족상족 종신불욕 지지상지 종신무치

니라.

〖해설〗 만족함을 알아서 항상 만족하게 여기면 종신토록 욕되지 않고 그칠 줄을 알아서 항상 그쳐있으면 종신토록 부끄러움이 없다.

〖출전〗《경행록景行錄》

● 에세이

사람은 나가고 물러남이 분명해야 한다. 나갈 때를 알아 나가고 물러날 때가 되면 물러나는 것이 선비가 할 행위이다. 물러날 때가 되었는데도 자리에 연연하여 물러나지 않으면 주위의 눈총을 받고, 그리고 본인이 물러나야 후배가 올라오는데, 이를 방해하는 사람이 되므로 옛적 우리 선인들은 벼슬하다가도 미련 없이 물러 나와서 산수를 벗 삼아서 유유자적하였다.

본문의 요지는 '만족함을 아는 것과 그칠 때에 그쳐야 한다.' 는 말씀이니, 사람은 자신의 신분을 알아서 만족함을 알아야 한다. 만약 만족함을 모르고 더욱 부자가 되려고 하거나 진급을 하여 높은 자리에 오르려고 욕심을 부리면 도리어 화가 되어 본인에게 돌아오는 경우가 있다.

그리고 그친다는 지止자는 딱 그 자리에 그쳐야 함을 뜻하는 글

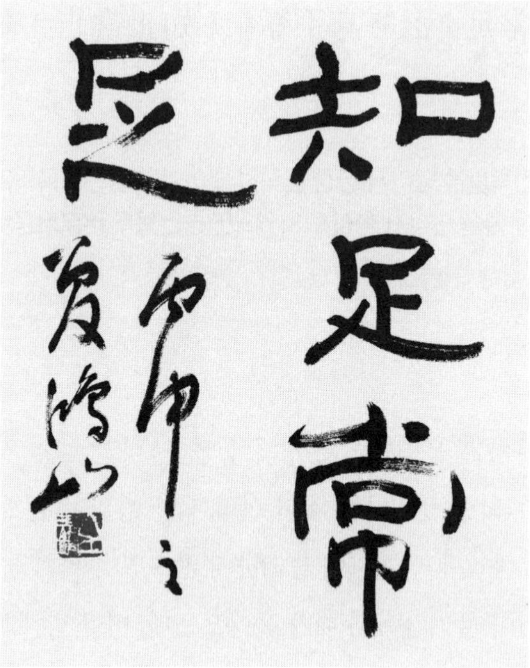

자로, 이곳에서 더 지나면 과過가 되고 이곳에 미치지 못하면 불급不及이 되는 것이다. 우리가 밥을 먹을 때에도 나의 배에 알맞게 적당히 먹어야 하는데, 이를 초과하면 병이 되거나 그렇지 않으면 이를 소화시키기 위해 위장이 많은 부담을 느끼게 되는 것이고, 혹 불급不及하여 배를 채우지 못하면 나중에 배가 고파서 또 밥을 먹어야 하는 불편이 따르는 것이다. 그러므로 그칠 데서 그쳐야 종신토록 부끄러움이 없는 것이다.

足 : 만족할 족 常 : 항상 상 終 : 마침 종 辱 : 욕될 욕 止 : 그칠 지 恥 : 부끄러울 치

47 書에 曰滿招損하고 謙受益이니라.
서 왈만초손 겸수익

〖해설〗 서경에서 말하기를, "가득히 차면 덞을 초래하고 겸손하면 더하여 받는다."고 하였다.

〖출전〗《서경書經》

에세이

본문은《주역》겸괘謙卦의 말씀이니, 괘상卦象은 평평한 땅이 위에 있고 높이 솟은 산이 땅 밑에 있는 형상이니, 존귀한 산이 겸손한 자세를 취한 것이다.

하늘에 뜬 달이 초하루부터는 점차 커가고 보름이 되면 점차 줄어드는 것을, 가득하면 덞을 초래하고 겸손하면 더함을 받는다."고 하였으니, 둥근 보름달이 둥글게 가득 차면 더 받을 수 없으니 다음부터는 조금씩 줄어듦으로 손실을 초래한다고 한 것이고, 초승달은 매일 조금씩 커져서 보름까지 크는 것이니, 겸손하면 유익함을 받는다고 한 것이다.

우리의 인생사도 이와 똑같아서 어떤 사람이 존귀하게 되면, 그 존귀함이 영원토록 가는 것이 아니고 '만초손滿招損' 이 되어서 차츰 줄어드는 것이고, 반대로 초승달처럼 작게 줄어든 사람은 점차 발전하여 존귀하게 되는 것이니, 인생사도 이렇게 순환하는 것이다.

뉴스에 보면 어떤 회장님은 자기 직원들에게 욕하고 때리며 부려먹는다고 하는데, 그렇다면 이 회장님의 생각은 자기가 영원히 회장을 하고 직원은 영원히 직원으로 남을 것으로 알고 그렇게 막가는 것인데, 이는 천리天理를 몰라서 하는 소인적 행위로 빨리 각성하여야 한다.

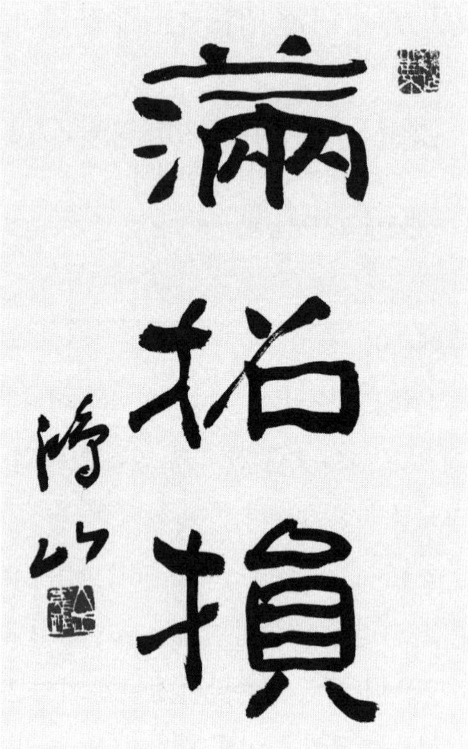

본문의 이 말씀은 너무나 유명한 말씀으로 독자는 반드시 외워두어야 한다. 그리고 천리天理가 그 안에 있으니, 사람은 언제나 겸손을 취하여 유익함을 받아야 한다. 가득 찬 사람은 더욱 겸손하여 자신을 낮추면 그 존귀함이 오래 가는 것이다.

書 : 책 서 滿 : 가득할 만 招 : 부를 초 損 : 덜 손 謙 : 겸손 겸 受 : 받을 수 益 : 더할 익

48 安分吟에 曰安分身無辱이오 知幾心自閒이니 雖居
안분음 왈안분신무욕 지기심자한 수거

人世上이나 却是出人間이니라.
인세상 각시출인간

〖해설〗 안분음에서 말하기를, "본분을 편안히 지키면 몸이 욕됨이 없을 것이요, 세상 돌아감을 먼저 알면 마음이 편안할 것이니, 이런 사람은 비록 인간의 세상에 사나 문득 인간의 세상을 벗어난 것이니라." 고 하였다.

〖출전〗《성리군서구해性理群書句解》 소옹邵雍의 시.

에세이

'안분安分' 은 자신의 본분을 편안하게 지키는 것으로, 이렇게 본분을 지키는 사람은 욕됨이 없다는 것이고, '지기知幾' 는 세상 돌아가는 미세한 기미를 안다는 것으로, 이는 매우 중요한 말씀이니, 소옹邵雍처럼 깨달은 자라야 아는 것이다. 우리같이 욕심이 많은 속인俗人은 세상 돌아가는 기미가 도대체 보이지 않는 것이니, 그렇기에 더욱 욕심을 부리는 것이다.

자신의 본분을 알고 세상 돌아가는 조짐을 아는 사람은 비록 사람이 사는 세상에 살아도 문득 사람이 사는 속세를 벗어난 신선과 같은 사람이라는 것이다.

맹자께서는 호연지기浩然之氣를 '인욕人慾을 막고 마음에 천리天

理를 갖는 것'으로 정의했으니, 미래를 볼 수 있는 마음을 갖으려면 반드시 욕심을 떨어내고 천리에 순응해야 하는 것이다.

소옹邵雍은 범양范陽 사람으로, 자는 요부堯夫이다. 북송北宋 시대의 철학자로 젊어서 큰 뜻을 품고 각고의 노력을 기울여 공부를 했고, 더불어 천하를 돌아다니면서 견문을 쌓았다. 뒤에 이정李挺에게 《하도河圖》, 《낙서洛書》와 복희팔괘伏羲八卦를 배우고, 마침내 스스로 일가를 이룰 정도가 되었다. 저서로는 《황극경세皇極經世》, 《관물내외편觀物內外篇》, 《선천도先天圖》, 《어초문대漁樵問對》, 《이천격양집伊川擊壤集》, 《매화시梅花詩》 등이 있다.

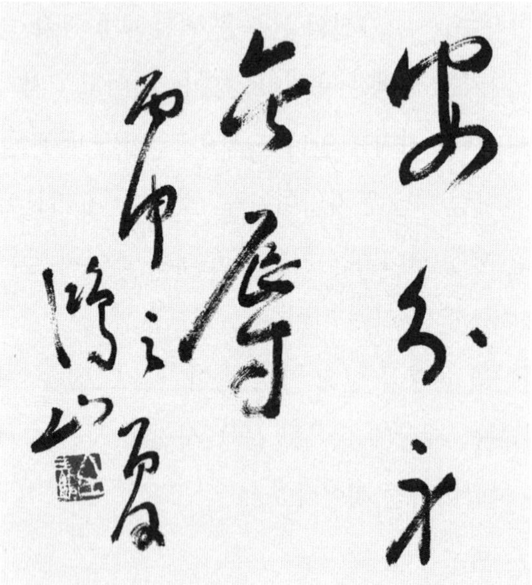

吟 : 읊을 음 辱 : 욕될 욕 幾 : 기미 기 閒 : 한가 한 雖 : 비록 수 却 : 문득 각

존심편存心篇

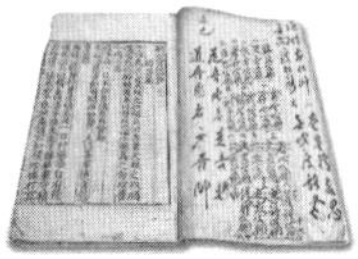

49 景行錄에 云坐密室을 如通衢하고 馭寸心을 如六馬
경행록 운좌밀실 여통구 어촌심 여육마

하면 可免過니라.
가면과

〖해설〗 경행록에서 말하기를, "밀실에 앉아있는 것을 네거리를 다니는 것 같이하고 촌심寸心(마음) 어거하기를 여섯 말을 부리는 것 같이 하면 허물을 면할 것이다." 고 하였다.

〖출전〗《성심잡언省心雜言》

에세이

'신독愼獨' 이라는 말이 있으니, 이는 '홀로 있을 때에 더욱 삼간다.' 는 말씀으로, 예부터 도학군자道學君子들이 수행하던 방법이었다.

본문에 "밀실에 앉아있는 것을 네거리를 다니는 것 같이하라."는 말씀은 위에서 말한 '신독愼獨' 과 뜻을 같이하는 말이니, 사람이 대략 혼자 방 안에 있으면 옷을 훌렁 벗어던지고 활보할 수도 있고, 혹 음란한 행위를 할 수가 있는데, 그러지 말고 사통팔달하여 사람들이 많이 지나다니는 곳에 있는 것처럼 조심하라는 말이고, 다음 문장의 '촌심寸心' 은 마음이라는 뜻이니, 그 마음 쓰는 것을 여섯 말을 부리는 것처럼 하라는 것이다. 사실 육마六馬를 어거하여 마차를 달리려면 숙달된 사람이 아니고는 할 수가 없는 것이니, 자신의 마음 어거하기를 이렇게 조심스럽게 해야 허물이 없다는 말씀이다.

경서에 "깊은 연못에 이른 것 같이 하고 엷은 얼음을 밟은 것 같이 하라.〔臨深履薄.〕"라는 말이 있으니, 이는 한마디로 말해서 조심하고 또 조심하라는 말씀으로, 본문의 말씀과 일맥상통하는 말씀이다. 그러므로 사람이 세상을 살아가는 데는 반드시 조심하며 걸어가야 되는 것이다.

坐 : 앉을 좌 密 : 빽빽할 밀 室 : 집 실 衢 : 거리 구 馭 : 어거할 어 免 : 면할 면 過 : 허물 과

50 擊壤詩에 云富貴를 如將智力求인댄 仲尼도 年少合
격양시 운부귀 여장지력구 중니 연소합

封侯라 世人不解靑天意하고 空使身心半夜愁니라.
봉후 세인불해청천의 공사신심반야수

〖해설〗 격양시擊壤詩에서 이르기를, "부귀를 지혜로 구할 것 같으면 중니仲尼(공자)는 나이 젊어서 제후에 봉해졌을 것이다. 세상 사람들은 하늘의 뜻을 이해하지 못하고 부질없이 신심身心을 한밤중에 걱정하게 하느니라." 고 하였다.

〖출전〗 《이천격양시집伊川擊壤詩集》

에세이

《이천격양시집伊川擊壤詩集》는 소옹邵雍의 저술이니, 그러므로 소옹 선생이 지은 시이다. 만약 부귀를 지혜로 구할 수 있다면 공자는 나이 어려서 벌써 제후에 봉해졌을 것이라는 말이니, 왜 이런 말씀을 했을까! 유사 이래 공자만큼 지혜가 좋은 사람이 없으므로 한 말일 것이다.

그러므로 세상 사람들은 푸른 하늘의 뜻을 이해하지 못하고 공연히 야반夜半에 앉아서 수심에 젖어있다는 말이다.

그럼 무엇으로 부귀를 얻는다는 말씀인가! 그것은 두말할 것 없이 덕을 쌓아야 된다는 말씀이다. 이는 공자께서도 이미 '주역' 곤괘坤卦의 문언文言에서 "적선지가필유여경積善之家必有餘慶 : 착함을 많이 쌓은 집에는 반드시 남은 경사가 있다." 고 하였으니, 누구든지 착하게 살면 음덕蔭德이 쌓여서 그 자손이 복을 받아 부귀하게 된다는 것이다.

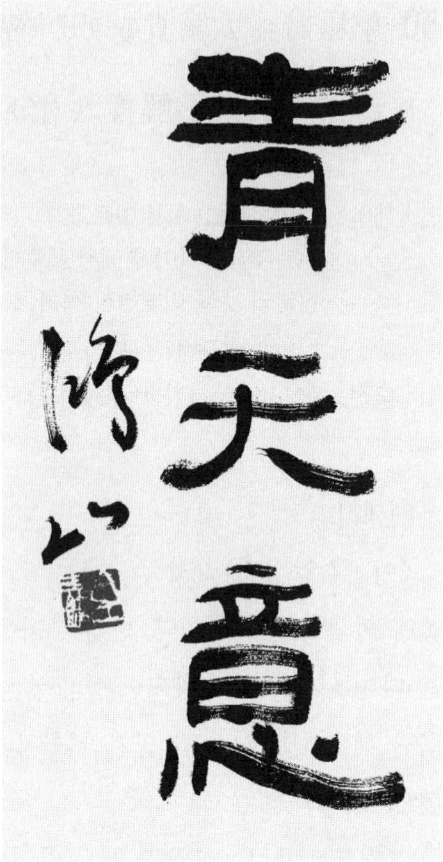

그러므로 푸른 하늘의 뜻이 어디에 있는가를 이해하여 그 하늘의 뜻에 따라 세상을 살라는 것이니, 이는 즉 천리天理를 따라 살면 잘 된다는 말과 부합한다. 이에 공자께서는 '천리를 따르는 자는 살고 천리를 거역하는 자는 죽는다.(順天者存, 逆天者亡.)' 고 말씀하였다.

擊 : 칠 격 壤 : 흙덩이 양 將 : 장차 장 智 : 지혜 지 尼 : 중 니 封 : 봉할 봉 侯 : 제후 후 解 : 풀 해 空 : 빌 공 使 : 하여금 사 愁 : 근심 수

51 范忠宣公이 戒子弟曰 人雖至愚나 責人則明하고 雖有聰明이나 恕己則昏이니 爾曹는 但當以責人之心으로 責己하고 恕己之心으로 恕人則不患不到聖賢地位也니라.

범충선공 계자제왈 인수지우 책인칙명 수 유총명 서사칙혼 이조 단당이책인지심 책기 서기지심 서인즉불환부도성현 지위야

〖해설〗 범충선공[19]이 자제子弟를 경계하여 말하기를, "지극히 어리석은 사람도 남의 허물을 꾸짖는 데는 밝고 사람이 비록 총명하더라도 자기를 용서하는 것에는 어두우니, 너희들은 단지 남을 꾸짖는 마음으로 자신을 꾸짖고, 자신을 용서하는 마음으로 남을 용서한다면 성현의 지위에 이르지 못함을 걱정하지 않을 것이다."고 하였다.

〖출전〗《송사宋史》

19 범충선공范忠宣公 : 범순인范純仁을 말하니, 북송 소주蘇州 오현吳縣(강소성 蘇州市) 사람. 자는 요부堯夫고, 범중엄范仲淹의 둘째 아들이다. 인종仁宗 황우皇祐 원년(1049) 진사가 되었다. 아버지가 돌아가신 뒤 출사出仕하여 양성지현襄城知縣이 되었다. 이후 시어사侍御史와 동지간원同知諫院을 지냈다. 왕안석王安石 변법變法의 부당성에 대해 격렬하게 비판하다가 하중부지주河中府知州로 쫓겨났다. 성도로전운사成都路轉運使로 옮겼는데, 신법新法이 불편하다 하여 주현州縣이 급격하게 시행하지 못하도록 경계했다. 철종哲宗 때 급사중給事中이 되었다. 원우元祐 원년(1086) 동지추밀원사同知樞密院事에 올랐다. 나중에 재상이 되었고, 철종이 친정親政하자 영주안치永州安置로 폄적되었다. 휘종徽宗이 즉위한 뒤 관문전대학사觀文殿大學士에 임명되어 즉시 입궐하여 뵈라고 재촉했지만 눈병 때문에 귀향을 청했다. 가학家學을 이어받고 호원胡瑗, 손복孫復의 학문을 계승했다. 학문은 충신忠信을 체體로 삼고 육경六經을 공功으로 삼았고, 충서忠恕를 중시했다. 시호는 충선忠宣이다. 저서에 『범충선문집范忠宣文集』이 있다.

● 에세이

지극히 어리석은 사람일지라도 남의 단점을 꾸짖는 데는 밝고, 지극히 총명한 사람도 자기를 용서함에는 어둡다고 했으니, 무슨 말인가! 자신의 잘못이 있으면 과감하게 자신을 질책해야 하는데, 자신을 용서하니, 어리석은 행위라는 말씀이다.

그러므로 너희들은 남을 책망하는 마음으로 나를 책망하고 나를 용서하는 마음으로 남을 용서한다면 모두 성현의 지위에 이를 수 있다는 말씀이다.

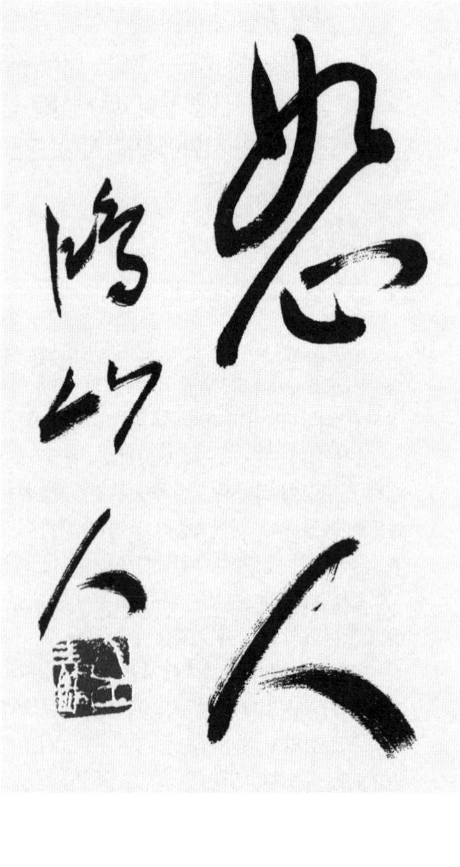

사실 세상을 살다보면 눈살을 찌푸리게 하는 일이 비일비재하다. 그것을 하나하나 질책을 한다면 아마도 그 일로 인해 다른 일은 손도 대지 못할 것이다. 그렇기에 남을 꾸짖는 마음으로 대신 자신을 꾸짖으라고 한 것이다. 그리고 누구든 간에 자신의 잘못에는 너그러워서 '사람이 뭐 그럴 수도 있지' 하고 용서를 하는데, 이런 마음으로 남을 용서해야 한다는 것이다.

범순인의 학문은 충서忠恕로 가름했으니, 충忠은 자기의 마음을 다하는 것이고, 서恕는 자기 마음을 미루어서 사물을 사랑으로 대하는 것이다.

그러므로 천리天理는 오직 해야 할 바를 하는 것이고 가야할 방향으로 가는 것이며, 사람은 이를 본받아서 자신의 마음을 다해서 세상을 살고 또 이 마음을 미루어서 사물을 대하는 것이니, 이러므로 증자는 '부자夫子(공자)의 도는 충서忠恕일 뿐이다.〔夫子之道, 忠恕已而矣.〕' 라고 한 것이다.

충忠은 나의 모든 역량을 다하여 국가와 사회를 위해서 일을 하는 것이고, 서恕는 나의 인후仁厚한 너그러운 마음으로 남에게 베푸는 것이니, 이 둘이 세상을 살아가는 도道가 된다는 것이다. 이를 부자께서는 '나의 도는 하나로써 꿴다.〔吾道一以貫之.〕' 라고 했던 것이다. 이 충서忠恕에서 본문의 말씀이 나왔지 않았는가 생각한다.

范 : 성 범 忠 : 충성 충 宣 : 베풀 선 雖 : 비록 수 愚 : 어리석을 우 責 : 꾸짖을 책 聰 : 귀 밝을 총 恕 : 용서 서 昏 : 어둘 혼 爾 : 너 이 曹 : 무리 조 但 : 다만 단 當 : 마땅 당 患 : 근심 환 到 : 이를 도 聖 : 성인 성 賢 : 어질 현 位 : 자리 위

52 子曰 聽明睿智라도 守之以愚하고 功被天下라도 守之以讓하고 勇力振世라도 守之以怯하고 富有四海라도 守之以謙이니라.
자왈 총명예지 수지이우 공피천하 수지이양 용력진세 수지이겁 부유사해 수지이겸

〖해설〗 공자께서 말씀하셨다. "총명하고 슬기롭더라도 어리석은 듯이 하여 나를 지키고, 공을 천하에 입혔더라도 양보하는 마음으로 나를 지키고, 용력이 세상에 진동하더라도 겁쟁이 같은 마음으로 나를 지키고, 부유함이 사해四海를 다 가질지라도 겸손한 마음으로 나를 지켜야 한다." 고 하였다.

〖출전〗《공자가어孔子家語》

에세이

이 문장은 아무리 지혜가 총명하더라도 남 앞에서는 항상 어리석은 듯이 하라는 것이고, 자기가 이룬 공功이 천하를 덮을지라도 사양하여 남에게 미루는 겸양을 취하라는 것이며, 용맹이 세상에 진동하더라도 겁쟁이 인듯하여 나를 지켜야하고, 부유함이 사해四海를 다 가질지라도 겸손을 취하라는 공자님의 말씀이다.

사실 재주가 총명한 사람은 그 재주만 믿고 가볍게 행동하기 때문에 덕이 부족한 사람이 많다. 사람은 재주도 물론 좋아야하지만 우선 덕을 많이 쌓아야하는 것이니, 이런 행위가 따뜻한 해가 하루 종일 지상을 비추어서 모든 생물에게 밝은 빛을 주고 따듯함을 주

어서 살 수 있는 여건을 만들어주는 것과 같은 것이다.

우리 유학은 다른 종교와 다른 점이 있으니, 바로 수신제가치국평천하修身齊家治國平天下의 원리이다. 처음에는 자신을 수양하는 것으로 시작하지만 나중에는 나라를 다스리고 천하를 편안하게 다스려서 천하의 모든 국민이 편안히 잘 사는 세상을 만드는 것이 목표이다.

그래서 본문도 천하가 나오고 사해가 나오는 것이니, 유학은 천하가 한 형제라는 것을 지금으로부터 5000년 전에 이미 말씀한 것이다. 나만 좋은 세상에 사는 것이 아니고 남들과 더불어 아름다운 세상에 같이 살아야 한다는 주의이니 얼마나 좋은 말씀인가! 이를 '백성과 더불어 즐거워한다.〔與民同樂.〕' 이라고 하는 것이다.

聰 : 귀 밝을 총 睿 : 슬기 예 智 : 지혜 지 愚 : 어리석을 우 功 : 공 공 被 : 입을 피
讓 : 사양 양 勇 : 용맹 용 振 : 떨친 진 怯 : 겁낼 겁 海 : 바다 해 謙 : 겸손 겸

53 素書에 云薄施厚望者는 不報하고 貴而忘賤者는 不久니라.
소서 운박시후망자 불보 귀이망천자 불구

〖해설〗 소서素書[20]에서 이르기를, "조금 베풀고 두텁게 바라는 자에게는 (하늘이) 갚아주지 않고 귀하게 되어서 천할 때를 잊은 자는 오래 가지 못하느니라." 고 하였다.

〖출전〗《소서素書》

에세이

소서素書는 병법서로, 황석공黃石公[21]이 장량에게 전수한 책이니, 장량은 이 병서를 읽고 유방을 도와 한漢나라를 건설하는 위업을 달

20 소서素書 : 소서는 진秦나라 말기末期에 황석공黃石公이 지은 책으로 1권으로 되어있는 병법서兵法書이다. 원시장原始章, 정도장正道章, 구인지지장求人之志章, 복덕종도장本德宗道章, 준의장遵義章, 안예장安禮章의 모두 6장으로 구성되어 있다. 황석공 소서 6편을 상고해 보면 전한열전前漢列傳에서 온 것이다. 황석공이 이교圯橋에서 자방子房(張良)에게 전수한 책자가 바로 이것이다. 이후 장량은 그 전할 자가 없어 그대로 매장한 것인데, 그 후 500여 년 만에 도적들에 의해 발굴되어 세상에 알려지게 되었다. 소서는 세상 사람들이 대개 삼략三略으로 알고 있다. 하지만 그것은 잘못 전해진 것이다.

21 황석공黃石公 : 진秦나라 말기 은사隱士. 군사이론가. 장량張良이 진시황을 암살하려다 실패한 뒤 하비下邳를 떠돌아다니다가 이교圯橋에서 노인 한 사람을 만났다. 신발을 일부러 강물에 떨어뜨린 뒤 장량에게 주워오도록 하고 그에게 병법서 『태공병법太公兵法(황석공삼략黃石公三略)』을 전해 주었다고 한다. 그리고 "13년 뒤에 곡성산穀城山 아래 황석黃石을 보면 그게 나인 줄 알라." 고 말했다. 장량이 그 책을 읽고 유방劉邦이 천하를 차지하도록 도왔다. 제북濟北 곡성을 지나가다가 황석을 보고는 제사를 지냈다.

성했다. 그럼 장량은 누구인가! 지금도 인구에 회자되는 '장자방' 이라는 사람이니, 전한 패군沛郡 성보城父 사람으로 자는 자방子房이고, 시호는 문성文成이다. 할아버지와 아버지가 연이어 한韓나라의 재상을 지냈다. 진秦나라가 조국 한나라를 멸망시키자 자객을 시켜 박랑사博浪沙에서 진시황을 암살하려 했지만 실패했다. 그 후 성명을 고치고 하비下邳 땅으로 달아나 살았는데, 흙다리 위에서 황석공黃石公이란 노인을 만나 태공망太公望의 병서兵書『태공병법太公兵法』을 전수받았고, 나중에 유방劉邦의 모신謀臣이 된 사람이다.

이런 병법서에도 본문과 같은 "조금 베풀고 두텁게 바라는 자에게는 (하늘이) 갚아주지 않고, 귀하게 되어서 천할 때를 잊은 자는

오래가지 못하느니라." 고 하였으니, 이는 착하게 살아 덕을 많이 쌓으라는 말씀이다. 왜 병법서에 '착하게 살라' 는 말씀이 있을까! 이는 사람을 죽여서 이겨야 하는 병법도 결국에는 사람을 살리는 병법이기 때문이다. 어떻게 사람을 살리는가! 이는 폭정을 일삼는 하걸夏桀과 은주殷紂 같은 폭군을 제거하고 그 백성을 폭압에서 살려내려는 싸움이기에 그런 것이다. 이런 싸움은 의義의 싸움이 된다. 결론적으로 말하면 사람을 죽여야 하는 병서도 결국은 사람을 살리는 병서가 되기에 본문과 같이 '덕을 쌓으라.' 는 말씀이 실려 있는 것이다.

이는 착한 일은 끝없이 해야 하는 것이 사람의 본분이고, 그리고 혹 귀하게 되었으면 절대로 천하게 지내던 시절을 잊지 말고 못나고 천한 사람을 도와주어야 한다는 말씀이니, 우리들이 세상을 살아가는데 절대로 유익한 말씀이다.

素 : 흴 소 薄 : 엷을 박 施 : 베풀 시 厚 : 두터울 후 望 : 바랄 망 報 : 갚을 보 忘 : 잊을 망 賤 : 천할 천 久 : 오랠 구

54 孫思邈이 曰膽欲大而心欲小하고 智欲圓而行欲方이니라.
손사막 왈담욕대이심욕소 지욕원이행욕방

〖해설〗 손사막이 말하기를, "담膽은 담대해야 하고 마음은 작아야 하며, 지혜는 둥글어야 하고 행동은 방정해야 한다." 고 하였다.

〖출전〗《근사록近思錄》

에세이

담대하면 무슨 일을 할 때에 과감하게 되고, 마음이 작으면 천리를 살핌이 세밀하며, 지혜가 둥글면 통하여 막히지 않고, 행위가 방정하면 바르고 흐르지 않는다.

주자朱子[22]는 말했다. "담이 크지 않으면 비루하고 마음이 작지

22 주자朱子 : 중국 남송의 유학자. 이름은 희熹, 자는 원회元晦, 호는 회암晦庵. 주자는 존칭이다. 신안(안휘성) 사람. 주자학을 집대성하였다. 19세에 진사에 합격하여 관계官界에 들어갔으며 그 전후에 도학 외에 불교, 도교도 공부하였다. 24세에 이연평李延平과 만나 그의 영향 하에서 정씨학程氏學에 몰두하고 다음에 주염계, 장횡거張橫渠, 이정자二程子의 설을 종합 정리하여 주자학으로 집대성하였다. 주자의 학문은 이기설理氣說(존재론), 성즉리性卽理의 설(윤리학), 격물규리格物窺理와 거경居敬의 설(방법론), 경전의 주석이나 역사서의 저술, 구체적인 정책론으로 되어 있고, 그 모두에 중세 봉건사회의 근간인 신분혈연적 계급질서의 관점이 관철되고 있다. 그의 업적은 '군신君臣·부자父子·부부夫婦의 도'(三綱)와 '인의예지신仁義禮智信(오상五常)'을 영원불변의 '인리천리人理天理의 지至'로 보는 입장에 서서 그것을 초월적 또는 내재적으로 이론화한 것이다. 주자의 학문과 그 실제 정책은 모두 봉건 사회의 질서원리가 관철되고 있으며 철학적으로 강고하게 체계화시켰던 것으로 주자학은 봉건 사회의 이데올로기로서 오랫동안 군림하였다.

않으면 광망狂妄하며, 둥글고 모나지 않으면 교활하고 방정하고 원만하지 않으면 막혀서 통하지 않는다."고 하였다.

필자는 어려서 본문을 배우면서 '담膽은 크려고 한다.'는 말씀은 이해를 잘 했지만 '마음은 작아지려고 한다.'라는 말씀을 이해하지 못했고, 그 의문은 지금까지 계속되었는데, 막상 책을 쓰려니 이를 해결해야 하므로 '사고전서'에 있는 주註를 살펴보고 즉시 해결할 수가 있었다. 공연히 마음만 커지면 허황하게 되어 공허한 것을 찾아 헤매므로 '마음은 작아야 한다.'고 하였다는 것을 알았다.

한의학적으로 보면 담膽이 큰 사람이 있고 작은 사람이 있는데, 담이 크면 담대해져서 큰일을 할 수 있다. 체질적으로 보면 태음체가 담이 큰 사람이니(肝大脾小), 이런 사람이어야 사업을 할 수 있는 것이다. 왜냐면 큰돈을 투자할 적에 담이 작은 사람은 조마조마해서 밤잠을 설치므로 일을 제대로 하지 못하지만, 반대로 담이 큰 사람은 많은 돈을 투자해도 마음에 조바심이 없고 덤덤하다. 그렇기에 태음체의 사람이 큰 회사를 거느린 사람이 많다.

孫 : 손자 손 邈 : 멀 막 膽 : 쓸개 담 欲 : 하고자 할 욕 智 : 지혜 지 圓 : 둥글 원

55 朱文公이 曰守口如甁하고 防意如城하라.
주문공 왈수구여병 방의여성

〔해설〕 주문공(朱子)이 말하기를, "입(말)을 지키기를 병과 같이하고 뜻을 막기를 성城을 지키는 것 같이 할지니라." 고 하였다.

〔출전〕《성리군서구해性理群書句解》

에세이

'수구여병守口如甁' 은 현대에도 많은 인구에 회자되는 문구이니, 결론적으로 말하면 말을 조심해야 한다는 말씀이다. 병은 언제나 물을 담아서 새지 않는 물건이므로 병과 같이 말을 함부로 흘리거나 새지 말아야 한다는 것이고, '방의여성防意如城' 은 사사로운 뜻 막기를 성城이 구적寇賊을 막듯이 하라는 말이니, 구적寇賊을 막으려면 아주 세밀한 계획을 세우고 성채에 혹 허점虛點이 있지는 않은지를 세밀하게 살펴야 하는 것이다.

필자는 이 말씀을 배울 때에 문득 안방 벽에 걸린 석유병을 생각했는데, 이 석유병은 입이 꼭 닫힌 채로 언제나 그곳에 있으면서 입을 굳게 닫고 있다. 그렇기에 언화言禍를 발하는 일이 없다. 그러나 필자는 70년 일생을 살아오면서 구화口禍를 입은 적이 몇 번 있었다. 큰 사건은 아니지만 하지 않아도 될 말을 하여 공격을 받은 일도 있었고, 필자가 하지 않은 일을 무함誣陷하는 가까운 친척도 있었으니, 여하튼 말을 조심하며 살아야 한다.

아무리 나와 가깝게 지내는 사람이라도 조심해야 한다. 가깝다고 해서 비밀을 말해버리면 그 사람이 또 자기와 가까운 사람에게 말하는 것이니, 그러므로 '입(말)을 지키기를 병과 같이한다.' 고 했던 것이다.

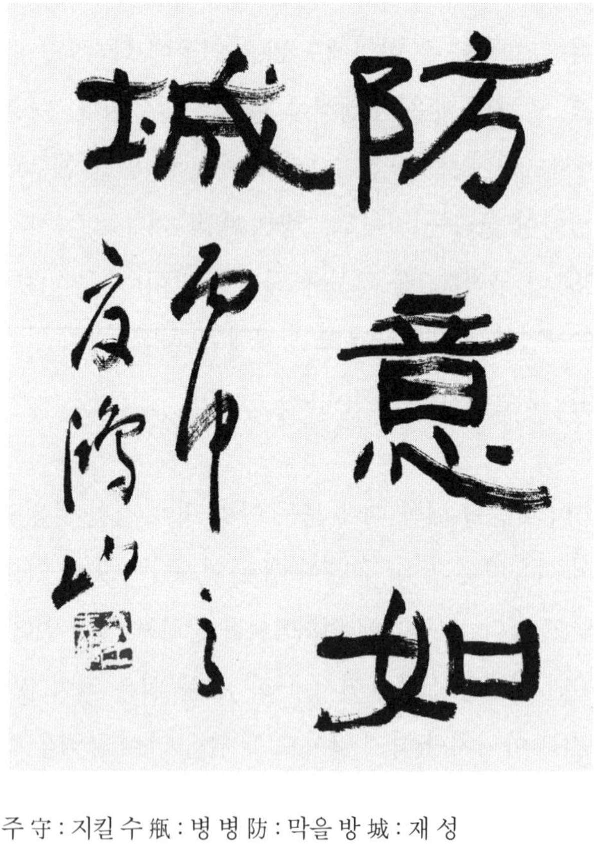

朱 : 붉을 주 守 : 지킬 수 甁 : 병 병 防 : 막을 방 城 : 재 성

56 寇萊公六悔銘에 云官行私曲失時悔요 富不儉用貧時悔요 藝不少學過時悔요 見事不學用時悔요 醉後狂言醒時悔요 安不將息病時悔니라.

구래공육회명 운관행사곡실시회 부불검용빈시회 예불소학과시회 견사불학용시회 취후광언성시회 안불장식병시회

〔해설〕 구래공〔寇準〕[23]의 여섯 가지 뉘우치는 명銘에 이르기를, "관리가 되어서 사사롭게 일을 하면 관직을 잃었을 때에 뉘우치고, 부자가 되어서 검소하게 쓰지 않으면 가난하게 되었을 때에 뉘우치고, 육예六藝를 어려서 배우지 않으면 장성했을 때에 뉘우치고, 일을 보고 배우지 않으면 쓸 때에 뉘우치고, 술 취한 뒤의 광언狂言은 깼

23 구준寇準 : 북송 초기 화주華州 하규下邽 사람. 자는 평중平仲이다. 태종 태평흥국太平興國 5년(980) 진사에 급제했다. 대리평사大理評事와 파동지현巴東知縣을 지냈다. 운주통판鄆州通判을 거쳐 추밀원직학사樞密院直學士와 판이부전判吏部銓에 발탁되었다. 자주 직언을 해 태종에게 위징魏徵에 비유되었다. 순화淳化 초에 밀직부사密直副使가 되었다가 일에 연좌되어 청주지주青州知州로 쫓겨났다. 5년(994) 참지정사에 임명되고 급사중이 더해졌지만, 다시 일에 연좌되어 등주지주鄧州知州로 쫓겨났다. 이렇게 태종의 두터운 신임을 받았지만 지나치게 강직해 자주 지방으로 좌천되었다. 진종眞宗이 즉위하자 개봉부開封府를 맡아 다스리면서 삼사사三司使가 되었다. 경덕景德 원년(1004) 재상이 되었다. 당시 요遼나라 군대가 대대적으로 쳐들어와 다들 공포에 떨었는데, 그가 중론을 과감하게 물리치고 황제의 친정親征을 요청했다. 이에 황제가 단주澶州까지 이르러 화의를 하고 돌아왔다. 왕흠약王欽若의 참언을 받아 파직되어 섬주지주陝州知州로 나갔다. 천희天禧 3년(1019) 다시 재상이 되었는데, 진종이 병이 들자 비밀리에 태자에게 국정을 맡길 것을 건의했는데, 일이 새어나가 파직되고 내국공萊國公에 봉해졌다. 그래서 구래공寇萊公이라고도 부른다. 정위丁謂가 이 틈을 타 모함하여 뇌주사마참군雷州司馬參軍으로 유배가고, 유배지에서 죽었다. 인종仁宗 때 충민忠愍이라 추시追諡되었다. 시인으로서 당시 고관들 사이에서 유행하던 서곤체西崑體와는 약간 다른 시풍을 보여주었고, 자연의 애수를 읊은 시가 많았다. 저서에 『구충민공시집寇忠愍公詩集』과 『구래공집寇萊公集』이 있다.

을 때에 뉘우치고, 편안할 때에 쉬지 않으면 병들었을 때에 뉘우치느니라." 고 하였다.

〖출전〗《순정몽구純正蒙求》

에세이

이는 칠언七言을 빌어서 쓴 육회잠명六悔箴銘이라 해야 옳을 듯싶다. 사실 관리가 되어서 사사롭게 자신의 이익을 위해 일을 하면 그 벼슬자리를 잃었을 때에 뉘우치고, 부자가 되어서 검소하게 쓰지 않고 돈을 펑펑 쓰면 가난하게 되니 뉘우친다는 말씀이고, 육예六藝는 군자가 반드시 갖추어야 할 덕목인데, 이를 어려서 배우지 않으면 공부하는 시기가 지나갔을 때에 뉘우치는 것이고, 일하는 것을 보고 그 방법을 배우지 않으면 그 일을 쓸 때가 되었을 때에 뉘우치고, 술에 취하여 있는 말 없는 말을 늘어놓았으면 술이 깼을 때에 뉘우치는 것이고, 편안히 살 때에 적당히 쉬면서 몸을 관리하지 않으면 병이 들었을 때에 뉘우친다는 말씀이다.

중국 송宋나라는 문文을 숭상한 나라였으므로 훌륭한 인재가 많이 나타났다. 우리의 조선도 송나라와 같이 문文을 숭상한 나라였기에 학문을 잘하고 절의節義가 있는 선비를 많이 배출했다. 우리 조선처럼 문학으로 나라를 다스린 나라는 세계에서 그 유래를 찾을 수가 없다.

그래서 조선에서는 수많은 문집을 발행되었으니, 조선의 선비들은 관직에 나갔건 나가지 않았건 평생을 통하여 쓴 자신의 문학서를 책으로 남기는 것을 하나의 관행으로 여겼으니, 이렇기에 각 문중마다 수많은 문집을 수장하고 있다.

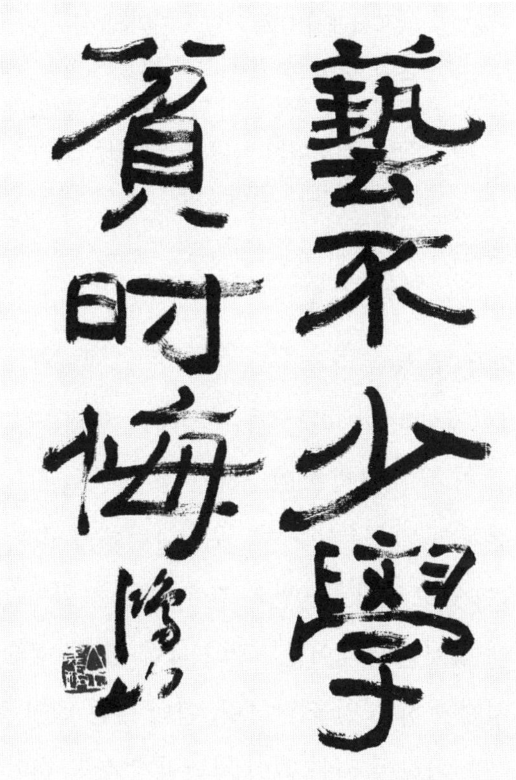

寇 : 도적 구 萊 : 쑥 래 悔 : 뉘우칠 회 銘 : 새길 명 私 : 사사 사 曲 : 굽을 곡 失 : 잃을 실 儉 : 검소할 검 貧 : 가난 빈 藝 : 재주 예 過 : 지날 과 學 : 배울 학 醉 : 취할 취 狂 : 미칠 광 醒 : 깰 성 將 : 장차 장

57 益智書에 云寧無事而家貧이언정 莫有事而家富요
익 지 서 운 영 무 사 이 가 빈 막 유 사 이 가 부

寧無事而住茅屋이언정 不有事而住金屋이요 寧無
영 무 사 이 주 모 옥 불 유 사 이 주 금 옥 영 무

病而食麤飯이언정 不有病而服良藥이니라.
병 이 식 추 반 불 유 병 이 복 량 약

〖해설〗 익지서에서 이르기를, "차라리 아무 일 없이 집이 가난할지언정 일이 있으면서 부자가 되지 말 것이요, 차라리 아무런 일 없이 초가에 살지언정 일이 있으면서 금옥金屋에 살지 말 것이요, 차라리 질병 없이 거친 밥을 먹을지언정 병이 있어서 양약良藥을 먹지는 말아야 한다." 고 하였다.

〖출전〗 무지無知

에세이

《익지서益智書》라는 책은 지혜를 더해주는 책이라는 뜻인데, 실제로 이 책이 언제 쓰였는지는 알 수가 없다.

본문의 말씀은 예부터 우리나라에서 많이 사용하던 말씀이다. '일이 있고 없다.' 는 말은 집에 안 좋은 일이 있다는 것이니, 일례로 집에 장애인이 태어났다거나 차량사고로 불구가 되는 등 인력으로 고치지 못하는 일을 말하니, 이런 나쁜 일이 있으면서 부자로 살기보다는 차라리 일이 없이 가난하게 사는 것이 낫다는 말씀이고, 일이 있으면서 고대광실에 살기보다는 차라리 일이 없이 초가집에 사는 것이 낫다는 말씀이며, 병이 있어서 매일 약을 달고 살기보다는

병이 없이 거친 밥을 먹고 사는 것이 낫다는 말씀이다.

필자가 어렸을 때인 1950~1960년대에는 거의 모든 국민이 보리밥을 먹고 살았다고 해도 과언이 아니다. 쌀은 비싸고 귀해서 가난한 사람은 여간 먹기가 어려웠으니, 우리 집도 100호 마을에서 비교적 잘 사는 집이었지만, 식구가 10명도 넘었으니 굶지 않고 사는 것이 다행이었다.

그래서 우리 집은 할아버지가 잡수실 진지에만 쌀을 절반 정도 섞어서 올렸고, 그 외에는 모두 보리밥에 약간의 쌀을 섞어서 먹었을 뿐이었다. 어떤 때는 감자를 넣어서 밥을 짓기도 하고 고구마를 섞어서 밥을 짓기도 하였으니 이런 밥이나마 먹고 사는 것이 다행이었다.

요즘은 '잡곡을 먹어야 건강에 좋다' 고 하면서 비싼 잡곡밥을 해서 먹는데, 사실 잡곡을 섞어서 먹는 것이 건강에는 매우 좋다고 생각한다. 그리고 요즘은 시골에 사는 사람들도 고기보다는 산나물이 좋다고 하면서 나물을 먹으라고 권하는 것을 많이 보았다. 이러므로 매일 기름진 고기를 먹기보다는 거친 잡곡과 채소가 사람에게는 더욱 좋다는 것이니, 이렇게 좀 못사는 사람처럼 먹고 사는 것이 실은 건강식이 된다.

益 : 더할 익 智 : 지혜 지 書 : 책 서 寧 : 차라리 영 貧 : 가난 빈 莫 : 말 막 住 : 머무를 주 茅 : 띠 모 屋 : 집 옥 病 : 병 병 麤 : 거칠 추 飯 : 밥 반 服 : 복용할 복 藥 : 약 약

58 景行錄에 云責人者는 不全交요 自恕者는 不改過니라.
경행록 운책인자 부전교 자서서 불개과

〖해설〗 경행록에서 말하기를, "남을 꾸짖는 자는 벗을 사귐이 온전하지 못하고 자신을 용서하는 자는 허물을 고치지 못하느니라." 고 하였다.

〖출전〗《성심잡언省心雜言》

에세이

맹자는 '붕우朋友는 책선責善' 이라 하여, '벗이 비행을 저지르면 착한 곳으로 갈 수 있도록 꾸짖는다.' 고 하였는데, 본문에서는 '남을 꾸짖는 자는 벗을 사귐이 온전하지 못하다.' 고 하였으니, 말씀이 통일되지 못하였다. 그러나 맹자는 절친한 벗을 놓고 한 말씀이고, 이곳 본문은 일반적인 사람을 지칭하는 것이니, 모두 맞는 말씀이다.

그리고 '자신을 용서하는 자는 허물을 고치지 못한다.' 고 하였으니, 참으로 좋은 말씀이다. 자신이 잘못한 일이 있으면 이를 통렬히 비판하고 고쳐야 하는데, '어! 그럴 수도 있지' 라고 하면서 자신의 허물을 스스로 용서하면 나중에 또 그런 일이 생기면 용서할 것이 아닌가!

사실 필자는 목형木型의 체體로 의義가 강한 사람이기 때문에 남이 잘못한 것은 반드시 시정을 해주어야 직성이 풀리는 사람이라 언제나 주위의 사람이 잘못된 것이 있으면 '이렇게 했으면 좋겠다.' 고 하는데, 어떤 사람은 진심으로 잘 받아들이는 자가 있는가 하면, 어떤 사람은 '제가 알면 얼마나 안다고 나를 가르치려 들어!' 고 한다. 결론적으로 이는 필자에게 마이너스가 많다는 것이니, 본문의 말씀대로이다. 그러므로 맹자의 말씀은 친한 벗에 대한 말씀이고, 본문은 일반적인 남을 말하는 것이니, 이는 근본적으로 상황이 다르다.

그리고 '개과천선改過遷善' 이라는 말이 있으니, 자신의 잘못된 것을 알면 반드시 고치려고 노력해야 한다. 그런데 자신의 허물은 용서하고 남의 허물은 낱낱이 지적하면 개과천선도 안될 뿐 아니라 벗도 사귀지 못하게 된다.

景 : 클 경 錄 : 기록 록 責 : 꾸짖을 책 交 : 사귈 교 恕 : 용서 서 過 : 허물 과

59 以愛妻子之心으로 事親則曲盡其孝요 以保富貴之
이 애 처 자 지 심 사 친 즉 곡 진 기 효 이 보 부 귀 지

心으로 奉君則無往不忠이오 以責人之心으로 責己
심 봉 군 즉 무 왕 불 충 이 책 인 지 심 책 기

則寡過요 以恕己之心으로 恕人則全交니라.
즉 과 과 이 서 기 지 심 서 인 즉 전 교

〖해설〗 처자를 사랑하는 마음을 가지고 어버이를 섬기면 그 효도가 곡진할 것이고, 부귀를 보전하는 마음을 가지고 임금을 섬기면 하는 일마다 충성 아닌 것이 없을 것이며, 남을 꾸짖는 마음을 가지고 자신을 꾸짖으면 허물이 적을 것이고, 자신을 용서하는 마음을 가지고 남을 용서하면 교제가 온전할 것이다.

〖출전〗《성심잡언省心雜言》

● 에세이

이 세상을 지탱하는 글자를 단 두 글자로 말하면, '충서忠恕'이다. 효孝가 일백 행실의 근본이 되어 충효忠孝라고 하지만, 이 효孝는 충忠자 속에 녹아있으므로 충서忠恕로 대별하는 것이다.

그러면 충忠은 무엇인가! "진기지위충盡己之爲忠(자기의 할 바를 다하는 것을 충忠이라 한다.)"이라 했으니, 나의 있는 힘을 다하여 주인을 섬기는 것을 충忠이라고 하는 것이다. 언뜻 생각하면 충忠은 임금께만 하는 것으로 착각할 수가 있다. 필자도 한때는 그렇게 생각하였는데, 그런 것이 아니고 일반 회사에 들어가서 열심히 일하는 것도 그 사주에게 충성하는 것이다.

'서恕' 는 남을 용납하는 것을 말한다. 그러므로 서恕는 남이 한 일을 너그럽게 용납하는 것이니, 즉 너그러운 마음이고 사랑하는 마음인 것이다.

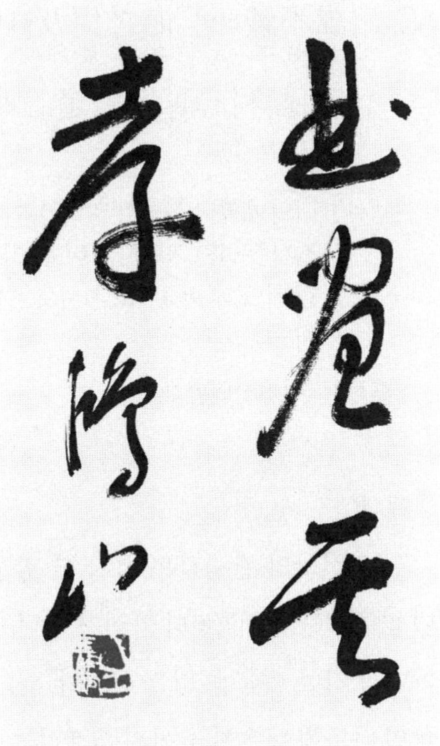

그러므로 처자를 사랑하는 마음으로 어버이를 섬기고, 부귀를 보존하는 마음으로 임금을 받들고, 남을 꾸짖는 마음으로 나를 꾸짖고, 자신을 용서하는 마음으로 남을 용서하면 행실이 완벽한 사람이 되는 것이다.

愛 : 사랑 애 妻 : 아내 처 事 : 섬길 사 親 : 어버이 친 曲 : 곡진할 곡 盡 : 다할 진
奉 : 받들 봉 往 : 갈 왕 責 : 꾸짖을 책 寡 : 적을 과 過 : 허물 과 恕 : 용서 서

60 爾謀不臧이면 悔之何及이며 爾見不長이면 教之何
　　이모불장　　회지하급　　이견불장　　교지하

益이리요 利心專則背道요 私意確則滅公이니라.
익　　이심전즉배도　사의확즉멸공

〖해설〗 너의 계획이 착하지 않으면 후회한들 어디에 미치며 너의 식견이 길지 못하면 가르친들 어찌 보탬이 되겠는가! 자기 이익만 생각하면 참 도에 어긋나고 사사로운 뜻이 확고하면 공적인 마음은 없어지느니라.

〖출전〗 《성심잡언省心雜言》

● 에세이

원래 선악의 갈림길은 백지 한 장 차이처럼 작지만 점차 벌어지면 나중에는 천지天地의 차이가 난다. 그러므로 사람이 세상을 살아가면서 착한 마음을 먹고 살아야 하는데, 착하지 않은 쪽으로 살다보면 나중에 뉘우친들 어찌 되겠냐는 말씀이다.

요즘은 사기꾼들이 많다. 그중에 '보이스피싱' 으로 몰래 남의 은행계좌에서 돈을 꺼내 쓰는 사기꾼이 있는데, 이런 자들은 아주 질이 나쁜 악당들이다. 그런데 돈 몇 푼의 일당을 받고 이들의 사기를 돕는 젊은이들이 이따금 경찰에 잡히는 경우를 볼 수가 있는데, 이는 악행을 돕는 행위로 해서는 안 되는 것이다.

그리고 이견대인利見大人은 식견이 길지 못하면 아무리 좋은 말씀을 가르쳐도 알아듣지를 못한다는 말씀이니, 한마디로 말해서 말을 알아듣지 못하니 무슨 말을 해줄 수 있냐는 말씀이다.

중국 송나라의 저명한 문학가 소동파가 어려서 선생님 아래서 공부를 한 뒤에 중국 천하를 유람하면서 돌아보니, 자기가 배운 학식의 10배가 늘었다는 말이 있는데, 식견이 부족한 사람은 아무리 좋은 말을 들어도 알아듣지를 못하니, 우선 식견을 넓히라는 말씀이다.

다음은 마음에 나의 사사로운 이익만 생각하면 천리天理에 어긋난다는 말씀이고, 자신의 사사로운 뜻이 확고하면 공적인 마음이 소멸된다는 말씀이니, 요는 공적인 자리에 앉은 사람은 항상 공명정대하게 일을 해야지 사적인 감정을 가지고 공적인 일을 하면 안 된다는 말씀이다.

爾 : 너 이 謀 : 꾀 모 臧 : 착할 장 悔 : 뉘우칠 회 何 : 어찌 하 益 : 더할 익 利 : 이로울 리 專 : 오로지 전 背 : 등 배 道 : 길 도 私 : 사사 사 意 : 뜻 의 確 : 확실 확 滅 : 멸할 멸

계성편戒性篇

61 景行錄에 云人性이 如水하야 水一傾則不可復이오
경행록 운인성 여수 수일경즉불가복
性一縱則不可反이니 制水者는 必以隄防하고 制性
성일종즉불가반 제수자 필이제방 제성
者는 必以禮法이니라.
자 필이예법

【해설】 경행록에서 이르기를, "사람의 성품은 물과 같아서 물이 한 번 기울어지면 다시 회복하지 못하고 성품을 한 번 놓으면 다시 돌이키지 못하니, 물을 제어하려면 반드시 제방을 쌓고 성품을 제어하려면 반드시 예법으로 막아야 하느니라." 고 하였다.

【출전】《성심잡언省心雜言》

에세이

사람의 성품은 어머니의 뱃속에서 태어날 때에 하늘에서 부여받은 마음을 말하니, 맹자는 사람의 본래 마음은 '착하다' 고 하였고, 순자는 '악하다' 고 하였는데, 맹자나 순자나 모두 노나라 사람으로 공자의 학문을 받은 제자의 제자들이다. 그런데 왜 이렇게 천지의 차이로 벌어졌을까! 이는 맹자는 선천先天의 마음, 즉 태어날 때 부여받은 마음을 착하게 본 것이고, 순자는 후천後天적인 마음, 즉 사람이 세상을 살아가면서 사익私益을 챙기는 사사로운 마음을 악하게 본 것이다.

이런 마음은 흐르는 물과 같아서 본래 받은 착한 마음을 놓아버리면, 다시 회복하지 못한다는 말씀이다.

흐르는 물을 막으려면 반드시 제방을 쌓아야 하듯이 착한 성품을 놓지 않으려면 반드시 예법을 지키는 것으로 한다는 것이다. 그러므로 '극기복례克己復禮' 하는 것이 처음의 착한 성품으로 돌이키는 것이라고 맹자는 말씀했던 것이다. 그럼 극기복례克己復禮는 무엇인가! 나의 사사로운 마음을 이기고 천리天理의 마음으로 회복하는 것을 말한다.〔遏人慾存天理.〕

性 : 성품 성 傾 : 기울 경 復 : 회복할 복 縱 : 놓을 종 反 : 돌이킬 반 制 : 지을 제 隄 : 둑 제 防 : 막을 방 禮 : 예도 예

62 忍一時之忿이면 免百日之憂니라.
인일시지분 면백일지우

〖해설〗 한때의 분한 마음을 참으면 백일의 걱정을 면하느니라.

〖출전〗 무지無知

에세이

이 말씀은 한문을 좀 한다는 사람은 모두 외우고 써먹는 말씀이니, 즉 퍽 많이 인구에 회자되는 말씀 중의 한 문구이다.

사실 말하기는 쉬워도 화를 참는다는 것이 그렇게 쉬운 일은 아니다. 필자도 다혈질의 성품으로 툭하면 화를 잘 내는 사람 중의 한 사람이지만, 화가 날 때에 이 말씀이 번쩍하고 생각이 나야 하는데 그렇지 않을 때가 많다.

'백일의 근심을 면한다.' 라는 말씀은 꼭 백일이 아니고 '후일의 근심을 면한다.' 라는 말과 같은 말이니, 옛적의 말씀 중에 '구중궁궐九重宮闕' 이라 함은 아홉 개의 문이 겹겹이 있는 문이라는 뜻인데, 이 때의 아홉은 '수 없이 많은 수' 로 보면 된다. 그러므로 본문에서의 백일은 수없이 많은 날을 숫자를 빌어 말씀한 것이다.

당唐나라 고종이 태산泰山에 봉선례封禪禮를 지내고 오는 길에 9대가 함께 산다는 장공예張公藝의 집에 들렀다. 고종이 "3대代도 한

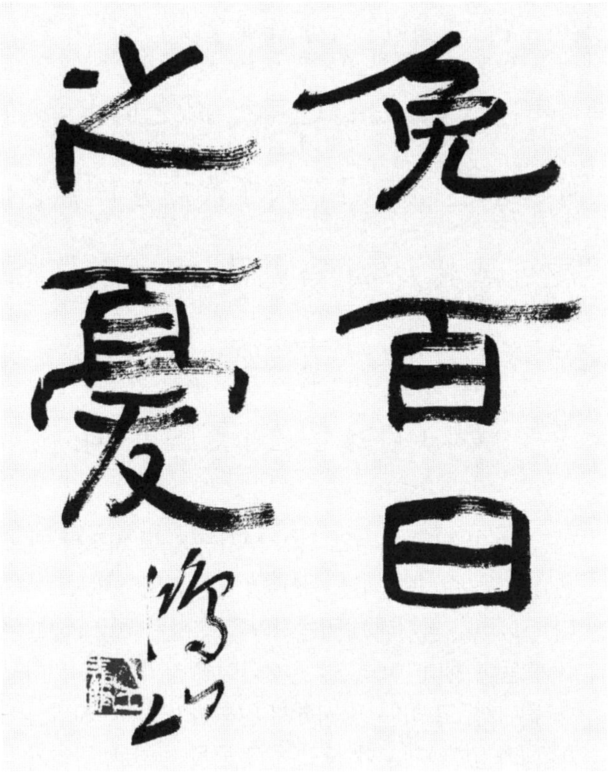

집에서 살기가 어려운데 어떻게 9대代를 한 집에서 살수가 있느냐?" 하고 묻자, 장공예는 지필묵을 준비하게 한 뒤에 '인忍자' 를 일백 여 자를 쓰고 난 뒤에 "이렇게 참고 또 참아야 합니다." 고 하니, 고종도 고개를 끄덕였다는 고사가 전한다. 이와 같이 참아야 훗날의 걱정을 면하게 되는 것이다.

忍 : 참을 인 忿 : 분낼 분 免 : 면할 면 憂 : 걱정 우

63 子張이 欲行에 辭於夫子할새 願賜一言이 爲修身之
자 장　욕 행　사 어 부 자　원 사 일 언　위 수 신 지

美하나이다. 子曰 百行之本이 忍之爲上이니라 子張
미　자 왈　백 행 지 본　인 지 위 상　자 장

曰 何爲忍之닛고 子曰 天子忍之면 國無害하고 諸
왈　하 위 인 지　자 왈　천 자 인 지　국 무 해　제

侯忍之면 成其大하고 官吏忍之면 進其位하고 兄弟
후 인 지　성 기 대　관 리 인 지　진 기 위　형 제

忍之면 家富貴하고 夫妻忍之면 終其世하고 朋友忍
인 지　가 부 귀　부 처 인 지　종 기 세　붕 우 인

之면 名不廢하고 自身忍之면 無禍害니라.
지　명 불 폐　자 신 인 지　무 화 해

〖해설〗 자장子張이 어딜 가려고 하여 부자(공자)를 하직할 때에 "원컨대 한 말씀을 주시면 제가 수신修身하는 아름다움으로 삼으려 합니다."고 하니, 공자께서 말씀하기를, "모든 행실의 근본은 참는 것이 으뜸이 된다."고 하였다. 자장이 말하기를, "어찌하면 참는 것이 됩니까!"고 하니, 공자께서 말씀하기를, "천자가 참으면 나라에 해가 없고, 제후가 참으면 그 큼을 이루고, 관리가 참으면 그 지위가 올라가고, 형제가 참으면 가문이 부귀하게 되고, 부부가 참으면 그 세상을 마치고, 벗이 참으면 이름이 폐하지 않고, 자신이 참으면 재앙이 없다."고 하였다.

〖출전〗 무지無知

에세이

이 문장의 출전을 《사고전서》를 통해 찾아봤지만 결국 찾지를 못했다. 본문의 말씀은 인忍을 위주로 한 말씀이니, 사람이 살아가는

행위 중에 참는 것이 가장 으뜸이 된다는 말씀이다.

인忍자를 자원字源으로 풀어보면 인刃과 심心의 합자니, 칼날(刃) 밑에 마음(心)이 눌려서 꼼짝하지 못하고 참는 글자이다.

자장이 어떻게 하는 것이 참는 것입니까! 하고 물으니, 공자께서 세상에서 가장 귀한 사람인 천자天子부터 시작하여 제후諸侯와 관리官吏, 그리고 한 집에 사는 형제와 부부간 그리고 벗과 자신까지 모두 말씀해 주셨다. 결론적으로 말하면 참아야 해가 없고 부귀하게 되기도 하고 진급도 하며 국가를 보존하고, 또한 제후는 국가를 크게 키울 수가 있다고 하였다.

공자께서 "70살이 되면 내가 하고 싶은 대로 해도 사회규범에 어긋나지 않는다.〔從心所慾不踰矩.〕"라고 했는데, 필자가 지금 망칠望七) 즉 한 살 부족한 70살인데, 역시 세상을 살아가는 데는 첫째도 참는 것이고, 둘째도 참는 것이며, 셋째도 참는 것임을 깨달았다. 오직 참는 것만이 덕을 쌓는 것이고 존귀하게 되는 길이라는 것임을 알았다.

欲 : 하고자 할 욕 辭 : 사양할 사 願 : 원할 원 賜 : 줄 사 修 : 닦을 수 忍 : 참을 인 害 : 해로울 해 吏 : 아전 리 妻 : 아내 처 終 : 마침 종 世 : 세상 세 友 廢 : 폐할 폐 禍 : 화 화

64 子張이 曰不忍則如何닛고 子曰 天子不忍이면 國空
자 장 왈 불 인 즉 여 하 자 왈 천 자 불 인 국 공
虛하고 諸侯不忍이면 喪其軀하고 官吏不忍이면 刑法
허 제 후 불 인 상 기 구 관 리 불 인 형 법
誅하고 兄弟不忍이면 各分居하고 夫妻不忍이면 令子
주 형 제 불 인 각 분 거 부 처 불 인 영 자
孤하고 朋友不忍이면 情意疎하고 自身이 不忍이면 患
고 붕 우 불 인 정 의 소 자 신 불 인 환
不除니라 子張曰 善哉善哉라 難忍難忍이여! 非人不
부 제 자 장 왈 선 재 선 재 난 인 난 인 비 인 불
忍이오 不忍非人이로다.
인 불 인 비 인

【해설】 자장子張이 말하기를, "참지 않으면 어찌됩니까!" 고 하니, 공자께서 말씀하셨다. "천자가 참지 않으면 나라가 텅 비고, 제후가 참지 않으면 그 몸을 잃고, 관리가 참지 않으면 법에 의해 죽고, 형제가 참지 않으면 각각 나뉘어 살고, 부부가 참지 않으면 자식이 외롭고, 벗이 참지 않으면 정의情意가 성글고, 자신이 참지 않으면 근심이 덜어지지 않느니라." 고 하시니, 자장이 말하기를, "참으로 좋은 말씀입니다. 참기가 어려움이여! 사람이 아니면 참지 못하고, 참지 못하면 사람이 아니로다." 고 하였다.

【출전】 무지無知

에세이

이 문장은 위의 문장을 이어서 자장이 공자께 참지 않으면 어떻게 되는 것입니까 하고 물으니, 공자께서 상세하게 말씀해 주신 말씀이다.

'천자가 참지 않으면 나라가 텅 빈다.' 고 하였는데, 무슨 말인가 하면, 천자가 참지 못하고 그 밑에 있는 관리들을 죽이고 벌을 주면 무서워서 그 밑에 있으려고 하지 않으니 나라가 텅 빈다는 말씀이다. 꼭 북한의 김정은에게 하신 말씀 같아서 마음이 씁쓸하다.

'제후가 참지 못하면 그 몸을 잃는다.' 라는 말은 무슨 말인가! 일례로 제후가 천자 앞에서 참지 못하고 화를 버럭버럭 내면 천자가 그 제후를 칠 것이니 죽임을 당한다는 말이다.

이렇게 순서대로 쭉 말씀하시니, 자장이 감탄하면서 '참기가 참으로 어려운 것이구나! 사람이 아니면 참지 못하고, 참지 않으면 사람이 아니로다.' 고 하였으니, 참아야 나를 보전하고, 참아야 환란이 생기지 않는다는 것을 가르친 말씀이다.

사실 공자께서는 제자가 무엇을 물으면, 그 제자가 부족한 면을 가려내어 말씀을 하셨다. 그러므로 자장은 성격이 괄괄하여 잘 참지 못하는 사람이 아니었나 하고 생각한다.

空 : 빌 공 虛 : 빌 허 諸 : 제후 제 侯 : 제후 후 喪 : 잃을 상 軀 : 몸 구 刑 : 형벌 형 誅 : 벨 주 孤 : 외로울 고 疎 : 성글 소 除 : 제할 제 哉 : 이끼 재 難 : 어려울 난

65 景行錄에 云屈己者는 能處衆하고 好勝者는 必遇敵이니라.

경행록 운굴기자 능처중 호승자 필우적

〖해설〗 경행록에서 이르기를, "자신을 굽히는 자는 능히 대중 속에 처하고 이기기를 좋아하는 자는 반드시 적을 만나느니라." 고 하였다.

〖출전〗《성심잡언省心雜言》

에세이

강한 나무와 유柔한 나무가 있으니, 대나무 같은 강한 나무는 꺾일지언정 휘어지지 않고 부드러운 버드나무는 휠지언정 꺾이지는 않는다. 두 나무 모두 장단점이 있으니, 우리나라 병자호란 때에 척화론자인 김상헌金尙憲과 삼학사三學士[24] 같은 사람들은 대나무처럼 강직한 사람이고, 주화론자인 지천遲川 최명길崔鳴吉[25] 같은 사람은 버들처럼 유柔한 사람이었다.

당시 조선은 전쟁의 준비가 하나도 안 된 상태였는데 청淸나라에서 외교관계를 맺자고 하니, 조선에서 반대하였으므로 청나라가 쳐들어왔고, 조선은 이를 막아내지 못하여 결국 인조는 삼전도에서

24 삼학사三學士 : 조선 시대, 병자호란丙子胡亂이 일어났을 때 중국 청나라에게 항복하는 것을 반대하다가 끝내 살해당한 세 사람의 학사 홍익한洪翼漢, 윤집尹集, 오달제吳達濟를 이른다.

25 최명길崔鳴吉 : 조선 중기의 문신(1586~1647) 자는 자겸子謙이고 호는 지천遲川이다 여러 관직을 거치며 이괄의 난, 정묘호란의 극복에 공헌하였고 병자호란 때에는 강화를 주장하였다.

청태조에게 항복을 하고 말았다. 이때에 주화파인 최명길의 말을 들었으면 전쟁은 일어나지도 않았을 뿐만이 아니고 백성이 어육魚肉이 되는 참상이 일어나지도 않았을 것이다. 왕이 공허한 척화파의 말을 듣고 외교관계를 잘 못해서 일생 씻을 수 없는 치욕을 당한 것이다. 이러므로 정치 지도자의 임무는 정말 대단히 중요한 것이니, 국민의 생사가 모두 지도자 한 사람에게 달려있는 것이다.

본문의 '몸을 굽히는 자는 능히 대중 속에 처한다.' 고 한 말씀은 사람이 유柔할 때는 유柔하게 하여야 대중과 함께 어울릴 수가 있다는 말씀이다. 그리고 '이기는 것을 좋아하는 자는 반드시 적敵을 만난다.' 라는 말씀은, 언제나 남을 이기려고 하면 대중은 나를 떠나고 그리고 반드시 적수를 만나서 곤경에 처한다는 말씀이다.

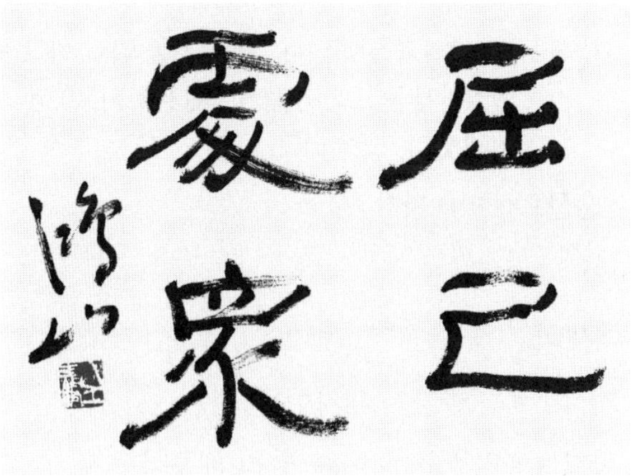

屈 : 굽힐 굴 能 : 능할 능 處 : 곳 처 衆 : 무리 중 好 : 좋을 호 勝 : 이길 승 遇 : 만날 우 敵 : 대적 적

근학편勤學篇

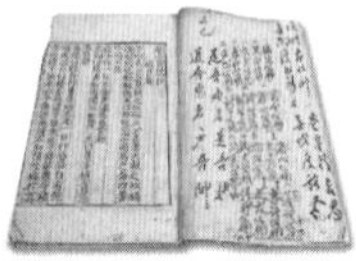

66 子夏曰 博學而篤志하며 切問而近思면 仁在其中矣니라.
자하왈 박학이독지 절문이근사 인재기중 의

〔해설〕 자하子夏가 말하였다. "배우기를 널리 하고 뜻을 독실하게 하며, 절실하게 묻고 가까이(현실에 필요한 것) 생각하면 인仁이 그 가운데에 있다." 고 하였다.

〔출전〕 《논어》 자장子張

에세이

자하子夏는 공자의 제자이다.

박학博學은 여러 분야를 널리 배운다는 말로, 경서經書와 제자백가諸子百家의 책과 사기史記 등을 널리 읽어서 다방면으로 능통해야 한다. 다만 말초신경을 자극하는 잡서雜書는 보지 않는 것이 좋다. 잡서를 읽고 이를 능히 취사선택取捨選擇을 할 수 있는 사람은 괜찮지만, 혹 그곳에 빠져서 헤어나지 못하면 인생을 망치고 마는 것이니 조심해야 한다.

인仁은 마음에 사심이 없고 공의公義로운 것을 말하니, 해와 달이 공정하게 비춰는 것처럼 인仁한 마음도 공정하니, 사심이 들어옴을 막아야 한다.

해가 아침이면 동쪽에서 떠서 저녁에는 서쪽으로 넘어가는데, 한 치도 그 궤도를 이탈하지 않는 것처럼 인仁도 항상 마음에서 이탈하지 않아야 한다.

자연의 초목은 모두 인仁한 마음처럼 공정하게 살면서 욕심을 부리지 않는데, 사람만이 욕심을 부리면서 인仁을 떠나는 것이다. 경계해야 한다.

夏 : 여름 하 博 : 넓을 박 學 : 배울 학 篤 : 도타울 독 志 : 뜻 지 切 : 간절 절 近 : 가까울 근

67 莊子 曰人之不學은 如登天而無術하고 學而智遠은 如披祥雲而覩靑天하고 登高山而望四海니라.

장자 왈인지불학 여등천이무술 학이지원 여피상운이도청천 등고산이망사해

〔해설〕 장자가 말했다. "사람이 배우지 않으면 하늘에 올라서 날 수 있는 기술이 없는 것 같고, 배워서 지혜가 깊어지면 구름을 헤치고 푸른 하늘을 보는 것 같고, 높은 산에 올라 사해四海를 바라보는 것과 같다." 고 하였다.

〔출전〕 무지無知

에세이

사람이 하늘에 오르는 것은 비행기를 타거나 낙하산 그리고 행글라이더를 타고 올라야 하는데, 하늘에 있으면서 낙하산 등 날아갈 수 있는 장비와 기술이 없으면 땅으로 떨어질 수밖에 없는데, 마치 배우지 않고 세상을 살아가는 것이 이와 같다는 말씀이다.

그리고 공부를 많이 해서 지혜가 깊어지면 상서로운 구름을 헤치고 푸른 하늘을 보는 것 같고 높은 산에 올라서 사해四海를 보는 것과 같다는 말씀이니, 이는 천지가 다 보인다는 말과 같은 말로, 세상을 살아가는데 있어서 장애물이 있으면 이를 쳐내어 지나가고, 개천이 있으면 다리를 찾아 건너며 바다가 나오면 배를 타고 건너니 무슨 어려움이 있겠는가! 그러므로 학문을 많이 하면 세상을 지혜롭게 잘 살 수 있다는 말씀이다.

필자는 중국의 태산을 두 번 등정했다. 태산은 비교적으로 평야 지대에 우뚝 솟은 산이기 때문에 천가天街를 지나 정상에 오르면 드넓은 평야가 한눈에 들어오는데, 이곳에서 옛적 오吳의 땅인 상해가 보인다고 한다. 이렇게 높은 산에 오르면 멀리도 다 보이는 것처럼 공부를 많이 하면 앞길이 환히 보이는 것이다.

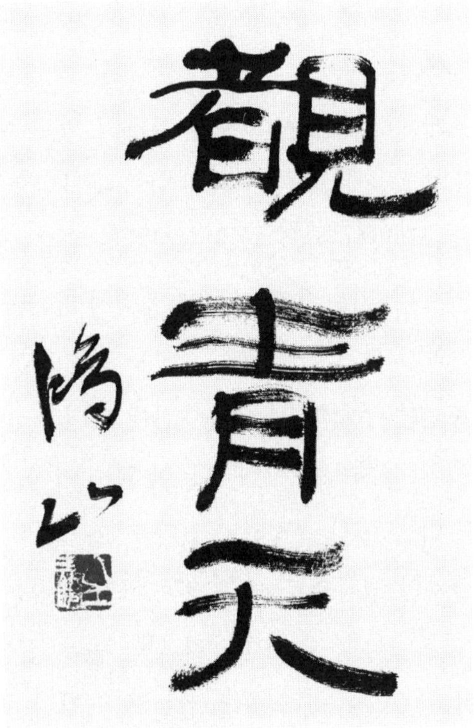

莊 : 장엄할 장 學 : 배울 학 登 : 오를 등 術 : 재주 술 智 : 지혜 지 遠 : 멀 원 披 : 헤칠 피 祥 : 상서 상 覩 : 볼 도 望 : 바랄 망 海 : 비다 해

68 禮記에 曰玉不琢이면 不成器요 人不學이면 不知道
예 기 왈옥불탁 불성기 인불학 부지도
니라.

〖해설〗 예기禮記에서 말하기를, "옥을 다듬지 않으면 좋은 옥을 만들지 못하고 사람이 배우지 않으면 도道를 알지 못하느니라." 고 하였다.

〖출전〗《예기禮記》

에세이

조개에서 나오는 진주가 아무리 커도 이를 잘 갈아서 정교하게 만들지 않으면 좋은 진주가 되지 못하니 높은 가격을 받을 수가 없고, 다이아몬드가 아무리 크더라도 이를 잘 다듬지 않으면 빛이 나지 않으니, 이도 높은 가격에 팔리지 않는다.

이와 매한가지로 사람도 배우지 않으면 도道를 알지 못한다. 그럼 도道는 무엇인가! 국어사전에 보면 도道는 '첫째 마땅히 지켜야 할 이치, 둘째 종교상의 근본이 되는 이치, 셋째 만물을 만드는 원리 또는 법칙' 이라 규정하고 있다.

필자의 생각으로는 '도道는 사람이 가는 길' 을 말한다. 이 세상에 태어나서 가장 사람답게 사는 옳은 길을 말하니, 즉 사랑(仁)을 실천하는 길이고, 의義를 실현하는 길이며, 예법을 실행하는 길이고, 천리天理를 따르는 슬기로운(智) 길이다.

송宋나라 성리학자 정호程顥가 호현鄠縣의 주부主簿로 있을 때 지은 〈추일우성秋日偶成〉이라는 시에 "만물은 고요히 관찰해 보면 모두가 자득하여, 사시의 아름다운 흥취가 사람과 똑같네.〔萬物靜觀皆自得, 四時佳興與人同.〕"라고 하였으니, 하나의 씨앗(仁)의 일생을 살펴보면 그 속에서 천리天理를 알

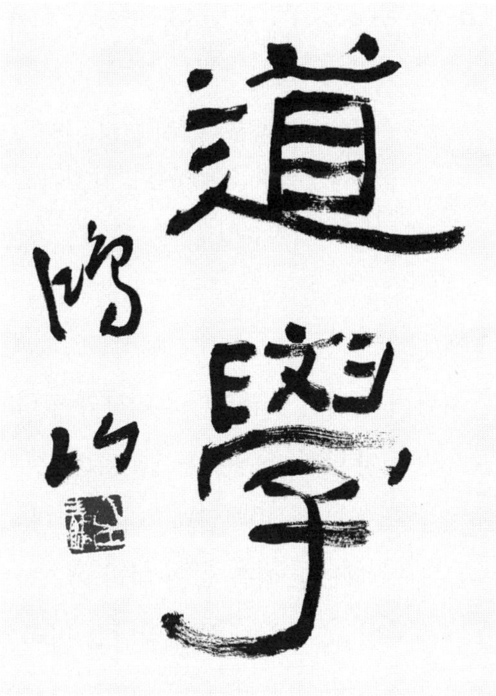

수가 있으니, 일례로 봄에 옥수수를 땅에 심으면 싹이 트고 자라서 꽃을 피우고 열매를 맺는다. 그 열매가 영글면 가을이 되고, 서리가 내리면 일생을 마친다. 그러므로 그 옥수수가 남긴 것은 열매에 붙어있는 씨앗이니, 그 씨가 다시 태어나서 또 열매를 맺는 것이며, 이런 과정을 천년이고 만년이고 계속하는 것이니, 이것이 천리天理이고 도道인 것이다.

禮 : 예도 예 記 : 기록할 기 琢 : 쫓을 탁 器 : 그릇 기 學 : 배울 학 知 : 알지 道 : 길 도

69 韓文公이 曰人不通古今이면 牛馬而襟裾니라.
한문공 왈인불통고금 우마이금거

〖해설〗 한문공(한유韓愈)[26]이 말하기를, "사람이 되어서 고금을 통하지 못하면 말과 소에 옷을 입힌 것과 같으니라." 고 하였다.

〖출전〗《고금사문유취古今事文類聚》

에세이

사람이 되어서 고금古今의 역사와 성현聖賢의 가르침을 통달하지 않으면 마치 말과 소에 옷을 입혀놓은 것과 같다는 말씀이다.

옛말에 '역사는 반복한다.' 라고 한다. 그렇기 때문에 옛날의 역사를 알면 앞으로 있을 일을 미리 예견한다고 한다. 이것이 예지叡智의 능력인 것이니, 이렇게 앞날을 미리 알고 가는 사람과 알지 못하고 가는 사람의 차이는 천양지차天壤之差가 될 것이다.

26 한유韓愈 : 중국 당나라의 문인이자 사상가이다. 자는 퇴지退之이며, 선조가 창려昌黎 출신이므로 한창려라고도 했다. 관료 집안에서 태어났으나 3세에 고아가 되어 형수의 손에서 자랐으며 어려운 환경에서 학문에 정진하여 유가를 비롯한 제자백가의 학문을 두루 섭렵했다. 25세에 진사시에 합격하고 경조윤 등 여러 벼슬을 거쳐 이부시랑에 이르렀으며 57세로 생을 마쳤다. 조정에서 예부상서의 관작과 함께 문文이라는 시호를 추증하여 한문공韓文公으로 불리기도 했다. 사상적으로는 도가와 불가를 배척하고 유가의 정통성을 적극 옹호 · 선양했다. 그의 시는 300여 수가 남아 있는데 독특한 표현을 추구하여 일가를 이루었으며 문장에 있어서는 유종원柳宗元과 함께 고문운동을 주도, 산문의 새로운 경지를 개척하여 당송팔대가唐宋八大家의 머리를 차지하였다. 사위이자 문인인 이한이 한유의 사후에 그의 시문을 모아 『창려선생집』을 간행한 것이 전해진다.

역사는 사람이 세상을 살아가는데 거울과 같은 것이니, 고금의 역사에 관통하면 앞으로 일어날 일을 미리 예견할 수도 있는 것이다. 그래서 옛 선인들은 역사를 배우라고 하였고, 필자가 어렸을 적에는 역사서인 《통감通鑑》을 많이 배웠던 것으로 안다. 그리고 역사서는 이야기로 엮어졌으므로 읽기도 편하고 이해하기도 편해서 좋다.

정철 선생의 시조에

"마을 사람들아 옳은 일 하자스라, 사람이 되어나서 옳지 못하면 마소를 갓 고깔 씌워 밥 먹이나 다르랴."

라고 하였으니, 이는 짐승 같은 사람이 되지 말고 정말 사람의 행동을 하는 올바른 사람이 되어야 한다는 말씀인데, 본문은 "사람이 되어서 고금을 통하지 못하면 말과 소에 옷을 입힌 것과 같으니라." 고 하였으니, 내가 살아가는 세상을 조망하며 살아가야 하는데, 마소와 같이 아무것도 모르고 살아가게 된다는 것이다.

韓 : 나라 한 通 : 통할 통 襟 : 옷깃 금 裾 : 입을 거

70 朱文公이 曰家若貧이라도 不可因貧而廢學이요 家
주문공 왈가약빈 불가인빈이폐학 가

若富라도 不可恃富而怠學이니 貧若勤學이면 可以
약부 불가시부이태학 빈약근학 가이

立身이요 富若勤學이면 名乃光榮이리니 惟見學者
입신 부약근학 명내광영 유견학자

顯達이요 不見學者無成이니라 學者는 乃身之寶요
현달 불견학자무성 학자 내신지보

學者는 乃世之珍이니라 是故로 學則乃爲君子요 不
학자 내세지진 시고 학즉내위군자 불

學則爲小人이니 後之學者는 宜各勉之니라.
학즉위소인 후지학자 의각면지

〖해설〗 주문공〔주희朱熹〕[27]이 말하기를, "만약 집이 가난하더라도 그 가난을 인해서 배움을 폐하지 말 것이요. 만약 집이 부자이더라도 그 부富를 믿고 배움을 게으르게 하지 말지니, 만약 가난하여도 부지런히 배우면 입신立身할 수가 있고, 만약 부富하여도 부지런히 배우면 이름이 바로 빛을 발하리니, 생각하면 배운 자라야 현달顯達한 것을 보았고 배우지 않은 자는 성공함을 보지 못했느니라. 배움은 바로 몸의 보배가 되고 배운 자는 바로 세상의 보배가 되느니라. 이렇기 때문에 배우면 바로 군자가 되고 배우지 않으면 소인이 되니, 뒤에 배우는 자는 마땅히 각각 힘쓸지니라." 고 하였다.

〖출전〗 주문공훈어朱文公訓語

27 주희朱熹 : ① [인명] 중국 남송南宋 때의 유학자(1130~1200). ② 호는 회암晦庵, 회옹晦翁, 운곡산인雲谷山人이고, 시호는 문공文公이다. ③ 주자학朱子學의 창시자이며 오경五經보다 사서四書, 곧 《논어》, 《맹자》, 《대학》, 《중용》을 더 중요시하였다.

주문공(주희)은 신유학新儒學을 제창한 사람이니, 이는 곧 성리학性理學이다. 남송에서 활동한 주자는 성리학으로 1000여 년 동안 동양의 사상을 지배하였고, 우리 조선도 주자의 성리학 이론으로 500년 동안 국가를 다스렸으며, 수많은 걸출한 유학자를 배출했다.

어떤 사람은 조선이 고루한 유학으로 망했다고 혹평을 하는데, 500년 동안 나라를 유지한 나라는 세계에서도 그 유래를 찾아보기 어려울 정도로 긴 세월을 유지 발전한 것이고, 특히 조선은 문학을 중시하여 지금도 각 가문마다 선조들이 남긴 수많은 문집을 보유하고 있으니, 이는 세계에서 그 유래를 찾기 어려운 쾌거가 아닐 수 없다.

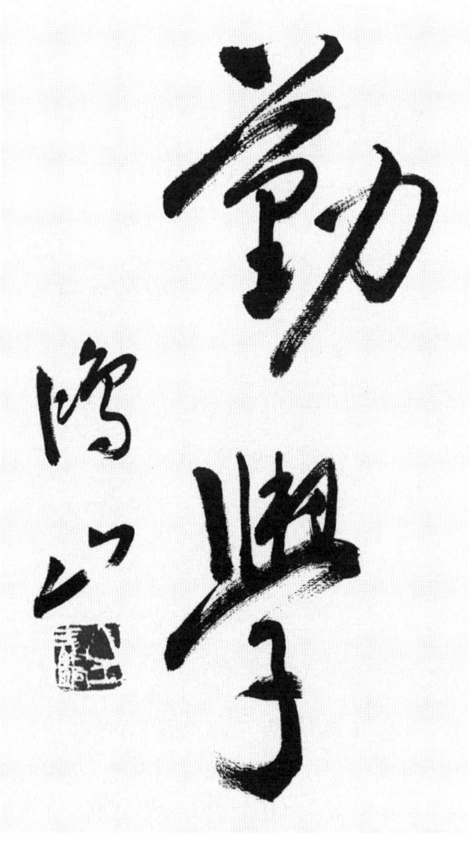

본문은 사람이 이 세상을 살아가는 데는 학문을 해야 본인도 입신양명立身揚名할 수가 있고 또한 부귀하게 잘 살 수 있다는 말씀이니, 집이 가난한 자가 공부를 부지런히 하면 입신立身할 수가 있고, 집이 부富한 사람이 부지런히 공부를 하면 그의 이름에 영광이 있을 것이라는 말씀이다.

일례로, 농부가 농사를 지으면서 부지런히 거름도 주고 김도 매어주고 해충도 잡아주면 많은 곡식을 수확할 수가 있는데 반해, 게을러서 제때에 거름도 주지 않고 김도 매주지 않으면 밭에는 잡초가 산을 이루어서 알곡은 하나도 보이지 않는 것이니, 사람이 학문을 하는 것도 이와 같은 것이다.

또한 공부를 많이 한 사람은 군자君子가 되어서 남을 위해 일하는 사람인데 반하여, 공부를 하지 않은 사람은 소인小人이 되어서 자기 한 사람 살기에도 어렵다는 말씀이니, 뒤에 배우는 자는 힘써서 공부하라는 요지의 말씀이다.

若 : 만일 약 廢 : 폐할 폐 富 : 부자 부 恃 : 믿을 시 怠 : 게으를 태 勤 : 부지런할 근 乃 : 이에 내 榮 : 영화 영 惟 : 생각할 유 顯 : 나타날 현 達 : 통달 달 寶 : 보배 보 珍 : 보배 진 故 : 연고 고 宜 : 마땅 의 勉 : 힘쓸 면

71 徽宗皇帝 曰學者는 如禾如稻하고 不學者는 如藁
휘종황제 왈학자 여화여도 불학자 여고
如草로다 如禾如稻兮여 國之精糧이요 世之大寶로다
여초 여화여도혜 국지정량 세지대보
如藁如草兮여 耕者憎嫌하고 鋤者煩惱니라 他日面
여고여초혜 경자증혐 서자번뇌 타일면
墻한들 悔之已老로다.
장 회지이로

〔해설〕 휘종황제[28]께서 말하기를, "배우는 자는 곡식과 같고 배우지 않는 자는 풀과 같도다. 곡식과 같음이여 나라의 정한 양식이요 세상의 커다란 보배로다. 풀과 같음이여 이를 쟁기로 가는 자는 혐오하고 호미로 매는 자는 번뇌하느니라. 타일에 면장面墻[29]하여 뉘우친들

28 휘종황제徽宗皇帝 : 중국 북송北宋 제8대 황제(재위 1100~25). 성명은 조길趙佶. 신종神宗의 제11째 아들로서 형인 철종이 사망하자 신종왕후의 지지로 즉위. 처음에는 신·구양법의 균형을 취한 정치를 했었으나 섭정인 상태후尙太后가 사망(1101)한 후에는 신법을 부활하고 채경菜京, 동관童貫 등에게 정치를 맡겨 실정이 많았음. 선화 7년(1125) 금나라 군이 남쪽으로 침공하자 황태자(흠종)에게 황제의 자리를 물려주었다. 하지만 금군의 재침입으로 흠종과 함께 포로가 되어 북만주 오국성에 억류생활 중 사망. 문예의 보호와 육성에 열성적이었으며 한림원의 서원, 화원제도를 정비하고 화가의 처우를 개선하였다. 숭녕 3년(1104)에는 서화학을 개설하기도 했는데, 입학시험을 직접 출제하고 제작을 지도할 정도로 열성적이었다고 함. 또한 『선화서보』, 『선화화보』, 『선화박고도博古圖』 등 고 미술품을 수집함. 다재다능하여 자신도 시, 서, 화에 뛰어난 재능을 보였고 음악을 애호하였음. 서는 수금체瘦金體라 불리우는 독특한 서풍을 창시하여 『신소옥청만수궁비神霄玉淸萬壽宮碑』 외 서화의 제지題識를 남김. 또한 그림은 북송화원에서 화조화에 새로운 기풍을 불어넣은 오원유에게 배워 치밀한 사생적 화조화를 장기로 함. 『도구도挑鳩圖』(일본 동경, 개인 소장)와 『오색앵무도권』 및 장훤張萱의 원본을 모방한 『도련도권搗練圖卷』(두 권 모두 보스턴 미술관 소장)이 유명함.

29 면장面墻 : 장면牆面과 같은 뜻으로, 이치를 몰라 담장을 마주하고 선 것처럼 앞이 캄

이미 늙었도다.

〖출전〗 무지無知

에세이

공부를 한다는 것이 즐거운 일이라는 것은《논어》에서 이미 언급했으니, “배우고 때때로 연습하면 또한 기쁘지 않겠는가! 벗이 먼 곳으로부터 찾아오면 또한 즐겁지 않은가! 남들은 나의 공부한 것을 알아주지 않으나, 그러나 나는 성내지 않으니, 이도 또한 군자君子가 아닌가!”라고 해서 학문함을 삼단의 논법으로 말씀했다.

이를 다시 풀어보면, 먼저 내가 공부를 많이 하여 천하의 돌아가는 이치를 알게 되면 나처럼 공부를 많이 한 벗이 먼 곳에서 진리를 논의하러 나를 찾아온다. 그리고 다음의 말씀은 남이 나를 알아주지 않으나 나는 화를 내지 않으니 이제는 군자가 되었다고 말씀했다.

본문의 휘종황제께서도 공부를 열심히 하는 자는 벼의 낱알과 같고 공부를 하지 않는 자는 잡초와 같으니, 벼의 낱알 즉 쌀은 사람이 살아가는데 필요한 주식이므로 국가의 정량精糧이 되고, 밭에 나는

캄한 것을 가리킨다. 공자가 아들 백어(伯魚)에게 “너는《시경》의 〈주남周南〉과 〈소남召南〉을 배웠느냐? 사람으로서 〈주남〉과 〈소남〉을 배우지 않으면 바로 담장을 마주하고 선 것과 같다.” 한 것에서 유래하였다.《論語 陽貨》

잡초는 이를 갈고 김매는 농부를 어렵게 할 뿐이다. 타일에 내가 담장을 보고 있는 것처럼 답답한 사람이 되었을 때에 후회한들 이미 늦었다고 하여, 어려서부터 공부를 열심히 해야 사회와 국가의 훌륭한 일원이 된다는 것을 말씀한 것이다.

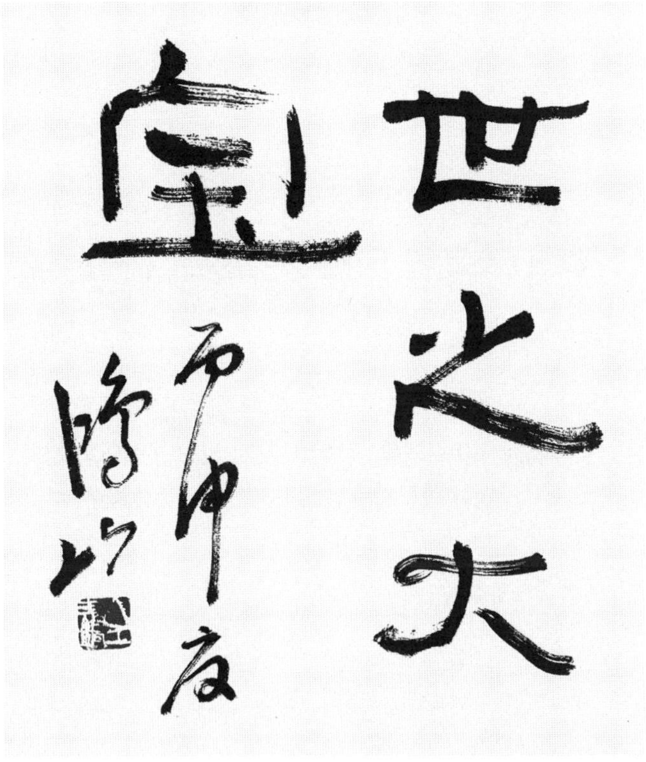

徽 : 빛날 휘 宗 : 마루 종 皇 : 임금 황 帝 : 임금 제 禾 : 벼 화 稻 : 벼 도 藁 : 쑥 고 精 : 정할 정 糧 : 양식 량 寶 : 보배 보 耕 : 갈 경 憎 : 미워할 증 嫌 : 혐의 혐 鋤 : 호미 서 煩 : 번거 번 惱 : 번뇌할 뇌 墻 : 담 장 悔 : 뉘우칠 회 已 : 그칠 이

훈자편訓子篇

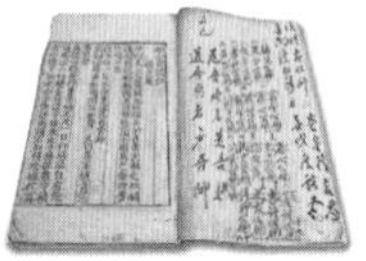

72 景行錄에 云賓客不來門戶俗하고 詩書無教子孫
경행록 운빈객불래문호속 시서무교자손

愚니라.
우

〔해설〕 경행록에서 이르기를, "손님이 오지 않으면 집안이 범속凡俗해지고, 시서詩書를 가르치지 않으면 자손이 어리석어지느니라." 고 하였다.

〔출전〕 《경행록景行錄》

에세이

손님이 찾아오지 않는 것은 내가 평범한 사람이기 때문이니, 만약 내가 현달하여 높은 관직에 있다면, 나에게 필요한 것이 많게 되어 찾아오는 사람이 많을 것이다. 혹 취직을 부탁하러 오는 사람도 있을 것이고, 또한 무엇을 문의하러 오는 사람 있을 것이며 금전적으로 어려워서 찾아오는 사람도 있을 것이니, 그 집에는 항상 손님이 끊어지지 않는다. 그러므로 손님이 찾아오지 않으면 그 집은 범속하여 쓸쓸한 집이 된다는 말씀이다.

시서詩書는 시경詩經과 서경書經을 말하니, 시경은 사람의 정서를 풍부하게 만들어서 인간다운 사람이 되게 하고, 서경은 정치를 배우는 책이므로 이를 배우고 벼슬을 하여 백성들이 편안히 살아가도록 도와주는 것이다. 원래 국가에 벼슬을 하여 근무하는 것은 백성을 위해 봉사하는 것이니, 봉사하는 삶이 인생에 있어서 최고의 삶이 되는 것이다. 그러므로 공부를 가르치지 않으면 자손이 어리석어진다고 하였다.

錄 : 기록 록 賓 : 손 빈 客 : 손 객 戶 : 집 호 俗 : 속될 속 詩 : 시 시 敎 : 가르칠 교
愚 : 어리석을 우

73 漢書(한서)에 云黃金滿籯(운황금만영)이 不如教子一經(불여교자일경)이오 賜子千金(사자천금)이 不如教子一藝(불여교자일예)니라.

〖해설〗 한서漢書에서 이르기를, "황금이 상자에 가득한 것이 자식에게 하나의 경서를 가르친 것만 못하고, 자식에게 천금千金을 주는 것이 자식에게 하나의 재주를 가르침만 못하느니라." 고 하였다.

〖출전〗 《한서漢書》

에세이

들리는 말에 의하면 요즘 젊은이들이 결혼하는 조건 중에 부모님의 재산을 가장 많이 본다고 한다. 그렇다 재산이 많은 것은 없는 것보다는 좀 나을 것이다. 그러나 그 돈이 정상적으로 번 돈인가, 아님 사기를 쳐서 번 돈인지, 사채놀이를 해서 번 돈인지, 노름을 해서 번 돈인지는 알아야 하지 않을까! 설사 돈이 많아도 부정하게 번 돈이면 집안에 전혀 도움이 되지 않는다. 왜 그런가 하면 돈을 물에 비유해 보면, 맑은 물은 사람에게 많은 도움을 주고 없어서는 안 될 물체이지만 더러운 물은 사람을 병들게 할 뿐이라는 것과 같은 이치이다.

그래서 본문은 돈이 상자에 가득한 것보다는 공부를 시키는 것이 낫고, 자식에게 천금을 물려주기보다는 하나의 재주를 가르치는 것이 낫다는 말씀이다.

그런데 자식을 가르치는 것도 부모가 지식이 풍부해야 좀 더 좋은 직장을 잡을 수 있도록 도와줄 수가 있다. 만약 부모님이 공부를 안 한 분이라면 자식이 갈 길을 제대로 안내해줄 수가 없으니, 그래서 자꾸 공부하라고 하는 것이다.

필자는 부모님의 유산을 많이 받지도 못했지만 고마운 것이 있으니, 부모님께서 '착하고 올곧게 세상을 사셨다.' 는 것이다. 그 덕분에 평생 건강하게 살면서 자식들 공부 잘해서 좋은 직장에서 아무 탈 없이 근무하고 또한 손자 손녀들도 건강하게 잘 자라고 있으니, 이보다 더 큰 축복은 없는 것이다. 만약 돈은 많이 벌었지만 불구의 자식을 두었다면, 이보다 더 불행은 없을 것이니 하는 말이다.

漢 : 나라 한 黃 : 누를 황 滿 : 가득할 만 籯 : 대바구니 영 教 : 가르칠 교 經 : 경서 경 賜 : 줄 사 藝 : 재주 예

74 呂滎公이 曰內無賢父兄하고 外無嚴師友而能有成者ㅣ鮮矣니라.
여영공 왈내무현부형 외무엄사우이능유 성자 선의

〖해설〗 여영공이 말하기를, "안으로 어진 부형이 없고 밖에 엄한 사우師友가 없고 일을 이루는 자는 적으니라."고 하였다.

〖출전〗《송명신언행록宋名臣言行錄》

에세이

본문은 가정교육을 말하는 것으로, 옛적 조선에서는 국가에는 성균관이라는 학교가 있었고 서울에는 사학四學[30]이라는 학교가 있었으며, 각 군이나 현에는 향교鄕校가 있고, 서원書院이라는 학교가 있어서 이곳에서 아이들의 교육을 담당했으니, 지금처럼 많은 학교가 있지는 않았다. 그리고 양반의 자제들만이 입학이 허용되었다.

상민의 자제들은 개인이 운영하는 서당書堂에 들어가서 공부를 하였는데, 이러한 개인의 서당에서도 많은 인재가 배출되었다. 이를 '개천에서 용이 났다.' 라고 하는 것이다. 그리고 노비의 자제는

30 사학四學 : ①[역사] 고려시대에 개경에 설치되었던 5부 학당을 조선이 계승하여 세운 교육 기관. ②처음에는 서울을 동서남북과 중앙의 5부로 나누어 여기에 학교를 각각 하나씩 설치하기로 하여 5부 학당五部學堂이라고 하였으나 북부 학당은 끝내 설치되지 못하고 1445(세종 27)년에 폐지되어 4부 학당四部學堂만이 존속하게 되어 동학東學, 서학西學, 중학中學, 남학南學을 통틀어 사학四學이라고 일컫게 되었다. ③서울에 사는 세가 양반 자제들이 8세가 되면 입학 자격을 부여했으며 주로 소학, 사서오경 등을 배웠다.

모두 노비가 되었으므로 공부를 할 수가 없었다.

인성교육은 부모님의 교육이 가장 좋으니, 부모님이 정말 바르고 반듯하게 세상을 살면 자식도 어느새 이를 쫓아서 바르고 반듯하게 세상을 사는 것이고, 부모님이 사기나 치고 노름이나 하면 자식도 어느새 이를 본받아 그렇게 살게 되는 것이다.

옛말에 '자식공부는 부모가 시키지 못한다.' 라는 말이 있어서, 옛적에도 자식공부는 꼭 외부에서 선생님을 모셔 와서 공부를 시켰다. 왜 그런가 하면 부모가 자식을 직접 가르칠 때에 자식이 뜻대로 따르지 못하면 그 부모는 화가 나서 자식을 심히 나무라게 되니, 어느새 부자 관계가 나빠지고 공부의 능률은 오르지 않기 때문이다.

본문에 '외부에 엄한 선생과 벗이 없고 성공하는 자는 지극히 적다.' 라고 했는데, 이는 너무나 중요한 말씀이다. 사람은 세상을 살아가면서 한사람만 잘 만나도 출세를 할 수도 있고 부귀를 누릴 수가 있는 것이다. 그러므로 결론적으로 말하면 인간관계가 좋아야 하는 것이니, 남을 도와줄 때에는 올곧고 믿음성이 있어야 도와주는 것이다. 사기성이 있고 도벽이 있으며 믿음을 주지 못하는 사람을 누가 도와주고 끌어주겠는가!

呂 : 성 여 榮 : 영화 영 賢 : 어질 현 嚴 : 엄할 엄 師 : 스승 사 能 : 능할 능 鮮 : 적을 선

75 太公이 曰男子失教면 長必頑愚하고 女子失教면 長必麤疎니라.
태공 왈남자실교 장필완우 여자실교 장필추소

〖해설〗 태공이 말하기를, "남자를 가르치지 않으면 장성하여 반드시 완악하고 어리석고, 여자를 가르치는 시기를 잃으면 장성하여 반드시 거칠어지느니라." 고 하였다.

〖출전〗 무지無知

에세이

본문의 실교失教는 가르치는 시기를 놓친 경우를 말하니, 사람이 이 세상을 살아가는 데는 반드시 시기가 있으니, 어려서는 공부를 해야 한다. 이 시기를 잃으면 공부할 시간적 여유가 없으니, 나이가 차면 결혼을 해야 하고 결혼을 하면 일을 해서 돈을 벌어 처자식을 부양하고, 그리고 자식의 공부를 가르쳐야하므로 자신이 공부할 여유가 없는 것이다.

이렇게 남자가 공부할 시기를 잃고 장성하면 완악하고 어리석은 사람이 되고, 여자가 공부할 시기를 놓치면 장성하여 반드시 거친 성품의 여인이 되어 환영받는 교양인이 되지 못한다는 말씀이다.

본문에 '추소麤疎' 하다는 것은 거칠고 찬찬하지 않은 뜻이니, 여자가 추소하면 일이 거칠고 세밀하지 않아서 여성스럽지 못하다.

여성의 본성은 음성陰性이므로, 유연하고 세심하고 가냘프고 연약함을 가지고 대별함으로, 이의 반대인 거칠고 세밀하지 못하면 아이를 낳아 기르고 가사家事를 하는 데는 매우 적합하지 못하므로 좋지 않다는 말씀이다.

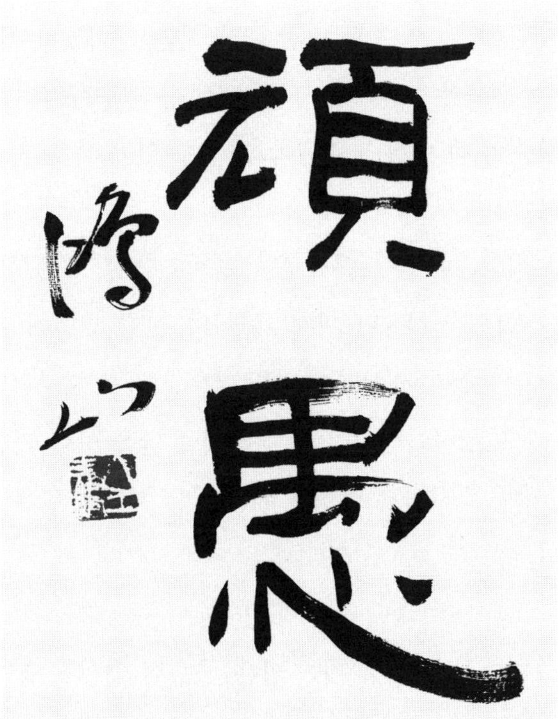

失 : 잃을 실 敎 : 가르칠 교 頑 : 완악할 완 愚 : 어리석을 우 麤 : 추할 추 疎 : 성글 소

76 人皆愛珠玉이나 我愛子孫賢이니라.
인 개 애 주 옥　　아 애 자 손 현

〖해설〗 사람들은 모두 주옥珠玉을 사랑하나 나는 자손이 어진이가 되는 것을 좋아하느니라.

〖출전〗《설파집雪坡集》

에세이

옛말에 "농사 중에 가장 큰 농사는 자식농사이다."라는 말이 있다. 논농사와 밭농사는 모두 1년에 풍작과 흉작이 결정되지만, 자식농사는 수십 년을 노력해야 얻을 수 있는 아주 지극히 어려운 농사이다.

유치원 2년, 초등학교 6년, 중학교 3년, 고등학교 3년, 대학교 4년, 대학원 석사 2년, 박사 2년이니, 도합 22년이 된다. 그런데 석·박사는 논문을 써야하므로 더 많은 시간을 요구한다. 정식교육기간만 해도 22년인데 거기에 더하여 유학을 하면 기간은 더욱 늘어난다. 이렇게 사람을 만드는 데는 많은 시간과 많은 돈이 투입되어야 한다.

그리고 '현자賢者' 라는 말은, 훌륭한 인품을 함양한 자를 말하니, 즉 재덕才德을 겸비한 자를 말한다. 만약 재주는 있으나 심덕心德이 부족하면 혹 돈은 많이 벌지만 타인을 위한 인의仁義의 마음과 수오

羞惡의 마음이 없어서 나 외에 타인을 멸시하고 박대하게 되니, 이런 사람은 자랑할 만한 것이 못된다.

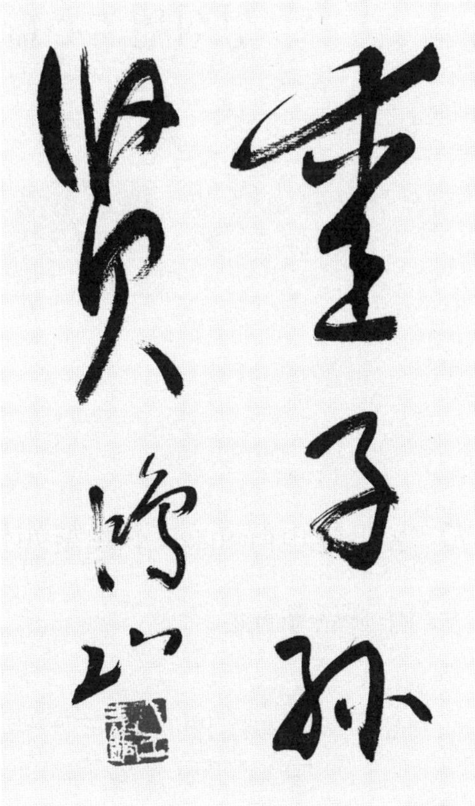

본문에 '남들은 모두 주옥珠玉을 사랑한다.' 고 했으니, 주옥은 곧 값이 많이 나가는 다이아몬드 같은 보배로운 것을 말한다. 사람들은 허영심이 많으니 값비싼 물건을 몸에 지니고 다니면서 돈이 많다는 것을 자랑하는 것을 좋아한다. 그러나 '나는 자손이 현명한 것을 좋아한다.' 고 했으니, 이 사람은 진정 재덕才德을 겸비한 사람이고 멀리 후대를 바라보는 포부가 원대한 사람임을 알 수가 있다.

皆 : 다 개 愛 : 사랑 애 珠 : 구슬 주 孫 : 손자 손 賢 : 어질 현

성심편省心篇 상上

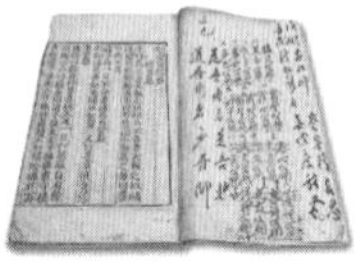

77 家和貧也好어니와 不義富如何오 但存一子孝면 何用子孫多리오.
가화빈야호 불의부여하 단존일자효 하용자손다

〖해설〗 집안이 화합하면 가난해도 좋거니와 의롭지 못하고 부자로 살면 무엇하리요, 다만 한 명의 효자가 있다면 자손이 많음을 무엇에 쓰리요.

〖출전〗 무지無知한 사람의 오언시五言詩이다.

● 에세이

이 시는 누구의 시인지 모른다. 만약 이 시가 송宋과 명明의 시였다면 반드시 사고전서四庫全書에 수록되어 있을 것인데, 그곳에 없으므로 하는 말이다.

몇 년 전에 모 제약회사의 사주 부자가 회사를 놓고 재판을 벌인 일이 있다. 결국 대법원에서 아버지의 승리로 끝났지만 당시 지면紙面에 오르내리는 부자 간의 송사訟事가 세인의 입방아에 오르는 일이 많아서 씁쓸하였던 기억이 있다. 그래서 본문의 시인은 '집안이 화합하면 가난해도 좋거니와 의롭지 못하고 부자로 살면 무엇하리요' 라고 한 것이 아닌가!

그리고 집안에 효도하는 아들 한 사람만 있으면 됐지, 많은 자손을 어디에 쓰겠는가! 라 하였으니, 효도하는 자식은 모든 부모들이 바라는 바인데, 그것이 마음대로 되지는 않는다.

효도라는 것은 부자父子가 있은 뒤부터 있었던 것인데,《예기》잡기에서 공자께서 "소련과 대련이 초상을 잘 치렀으니, 삼일을 게으르지 않고 석 달 동안 슬픔을 풀지 않았으며, 1년 동안 슬퍼하였고 3년을 근심스럽게 지냈으니 동이족의 사람이다.〔少連大連, 善居喪三日不怠, 三月不解, 期悲哀, 三年憂, 東夷之子也.〕" 고 하였으니, 이는 효가 서책에 기록된 처음의 사람이다. 그런데 그가 우리와 같은 민족인 동이족의 사람이라는 것이니, 이 얼마나 아름답고 대단한 말씀인가!

貧 : 가난 빈 好 : 좋을 호 但 : 다만 단 存 : 있을 존 用 : 쓸 용 多 : 많을 다

78 父不憂心因子孝요 夫無煩惱是妻賢이라 言多語
부 불 우 심 인 자 효　부 무 번 뇌 시 처 현　언 다 어

失皆因酒요 義斷親疎只爲錢이라.
실 개 인 주　의 단 친 소 지 위 전

〖해설〗 아버지가 걱정하지 않는 것은 자식의 효도를 인함이고, 남편이 번뇌하지 않는 것은 아내가 어질기 때문이다. 말을 많이 하고 말을 실수하는 것은 모두 술을 인함이고, 의가 끊어지고 친한 사람이 성글게 되는 것은 돈 때문이다.

〖출전〗 무지無知한 사람의 칠언시七言詩이다.

● 에세이

부모님의 걱정은 언제나 자식의 일 때문이니, 자식이 혹 하는 일이 잘 안 되어도 부모는 걱정하고 자식이 취직을 못해도, 자식이 결혼을 못해도, 자식이 사고를 당해도, 자식이 병에 들어도, 자식이 실직을 해도 모두 부모의 걱정거리가 된다.

남편이 번뇌하지 않는 것은 모두 아내가 현명하기 때문이니, 아내가 말썽을 부리면 결국 남편의 고민거리가 된다. 전에 이런 일이 있었으니, 우리나라가 잘 살지 못할 때의 일이다. 남편은 돈을 벌기 위해 중동에 파견되어서 열사熱沙와 싸우며 돈을 벌어서 아내에게 다달이 부쳐주었는데, 아내는 사랑하는 남편을 생각하여 그 부쳐온 돈을 알뜰하게 저축하여 후일을 기약해야 하는데, 불행히도 어떤 남성과 눈이 맞아서 그만 그곳에 돈을 다 쓰고 말았다고 한다. 남편이 고

국에 돌아와 보니 부쳐온 돈은 하나도 없고 아내는 바람이 나서 집안을 돌보지 않고 있었다고 하니, 남편이 어찌 고민하지 않겠는가!

말을 많이 하고 말을 실수하는 것은 모두 술을 많이 마셔서 정신이 혼몽하기 때문이고, 친척과 벗 사이에 의義가 끊어지고 멀어지는 것은 돈 때문이라는 말씀이니, 맞는 말씀이다. 가장 조심해야 할 것은 가까운 사이에는 절대로 돈을 꾸어주지도, 꾸어 쓰지도 말아야 하니, 돈을 잘못 꾸어주면 돈도 받지 못하고 친구도 잃는다는 말이 예부터 있었으니 조심할 일이다.

憂 : 근심 우 因 : 인할 인 煩 : 번거로울 번 惱 : 번뇌할 뇌 賢 : 어질 현 酒 : 술 주
斷 : 끊을 단 疎 : 성글 소 錢 : 돈 전

79 子曰 不觀高崖면 何以知顚墜之患이며 不臨深泉이면 何以知沒溺之患이며 不觀巨海면 何以知風波之患이리오.

자왈 불관고애 하이지전추지환 불임심천 하이지몰익지환 불관거해 하이지풍파지환

【해설】 공자께서 말씀했다. "높은 절벽을 보지 않으면 어찌 추락하는 걱정을 알며, 깊은 샘에 임하지 않으면 어찌 빠져 죽을 걱정을 알며, 큰 바다를 보지 않으면 어찌 풍파의 걱정을 알리요." 고 하였다.

【출전】《공자가어》

에세이

본문에서 공자께서는 '높은 절벽을 보지 않으면 추락하는 걱정을 모르고 깊은 샘에 임하지 않으면 빠져 죽을 걱정을 하지 않으며, 넓은 바다에 가보지 않으면 풍파의 근심을 알지 못한다.' 고 하였는데, 이는 결국 많은 체험을 해야 위험도 감지할 수가 있다는 것이다.

필자는 궁벽 진 산골 출신이라 어렸을 적에는 산의 높은 절벽은 잘 알지만 바다와는 거리가 멀어서 가보지도 않았고 배를 타보지도 않았으니, 험한 파도의 위험은 알지 못했다. 그리고 60~70년 대만 해도 깊은 샘에서 물을 떠와서 사용하였지만, 지금은 수도水道 시설이 다 잘 되어 있어서 집안에서도 수도꼭지만 틀면 물이 콸콸 나온다. 필자는 요즘도 화장실에 들어가서 수도를 틀면 물이 콸콸 나오고, 온수를 틀면 따뜻한 물이 나오는 것을 항상 고맙게 생각하며

'참 좋은 세상에 사는구나!' 하고 고맙게 생각한다.

우리나라는 샘이 비교적 깊지 않지만 중국의 평야지대에는 내가 많지 않아서 깊은 우물을 파야 물이 나왔으므로 잘못하여 그 우물에 빠지면 나올 수가 없었으니, 그러므로 공자께서는 특히 샘물을 경계하여 말씀한 것이다.

오늘날은 우리들이 편리하게 타고 다니는 자동차의 위험을 알아야 하고, 그리고 모든 사람이 애용하는 스마트폰의 전자파의 위험성을 알아야 한다. 이미 병을 얻은 뒤에는 완쾌하기가 어려운 것이니, 아무리 편리하고 좋은 물건이라도 그 이면에 있는 부작용을 항상 염두에 두고 살아야 한다.

觀 : 볼 관 高 : 높을 고 崖 : 언덕 애 顚 : 엎어질 전 墜 : 떨어질 추 患 : 근심 환 臨 : 임할 임 深 : 깊을 심 泉 : 샘 천 沒 : 빠질 몰 溺 : 빠질 익 波 : 물결 파

80 子曰 明鏡은 所以察形이오 往者는 所以知今이니라.
자왈 명경 소이찰형 왕자 소이지금

〖해설〗 공자께서 말씀했다. "밝은 거울은 이로써 형체를 살필 수 있고, 지난 과거는 이로써 오늘을 알 수가 있다." 고 하였다.

〖출전〗 《공자가어》

에세이

거울이 없을 옛적에는 '동경銅鏡' 이 있었으니, 이는 동銅을 갈아서 만든 거울이다. 지금같이 밝게는 보이지 않고 희미하게 보였다.

안경은 16세기에 중국에서 전한 물건으로, 그 이전에는 안경이 없었으므로 눈이 어둔 늙은 사람은 책을 볼 수가 없었다. 그래서 조선조에 만든 경서經書 원문의 활자는 대단히 크다. 필자는 어렸을 적에 한문을 배울 때에 '경서의 글씨가 왜 이렇게 큰가!' 하고 의아해 했는데, 지금 나이가 망칠望七이 되어서 눈이 어두워서 안경을 쓰고 보니, 경서의 큰 글씨를 이해할 수가 있었다.

그리고 '지난 과거는 이로써 오늘을 알 수가 있다.' 고 하였으니, 전일의 역사가 오늘에 반복되고, 오늘의 역사가 후일에 반복된다고 한다. 그렇기에 후세를 알려면 역사서를 읽어야 한다고 전현前賢들이 수없이 말을 했다.

1997년 11월 21일 우리나라가 IMF에 구제금융을 신청하였는데,

그때는 온 국민이 힘을 합쳐서 이를 극복하였다. 그러나 지도자가 경제정책을 잘못 이끌면 언제 또 IMF가 올지 모르는 것이다. 그러므로 "지난 과거는 이로써 오늘을 알 수가 있다."고 하였으니, 정신을 바싹 차리고 그런 일이 또 찾아오지 못하도록 해야 할 것이다.

鏡 : 거울 경 察 : 살필 찰 形 : 형상 형 知 : 알 지

81 景行錄에 云明朝之事를 薄暮에 不可必이요 薄暮之事를 晡時에 不可必이니라.
경행록 운명조지사 박모 불가필 박모지 사 포시 불가필

〖해설〗 경행록에서 이르기를, "명일 아침의 일을 저녁때에 기필하여 알지 못하고, 박모薄暮(해가 떨어질 때)의 일을 신시申時(오후 4시)에 기필하여 알지 못하느니라." 고 하였다.

〖출전〗 무지無知

에세이

사람이 내일의 일을 알면 흙을 밟고 다닐 필요가 없을 것이다. 왜냐면 내일의 주식의 시세를 알아 오를 종목에 투자하면 내일이 되면 그 주식이 올라 많은 돈을 벌수가 있기 때문이다. 또한 저녁의 일을 아침에 알면 이도 또한 많은 돈을 벌수가 있다. 그렇게 되면 일하는 사람은 하나도 없고 모두 주식으로 달려들 것이니, 누가 생산을 하고 누가 일을 하겠는가! 이러므로 혼란이 올 것은 뻔한 일이다.

이러므로 신접한 점쟁이에게 부탁하여 미래의 일을 점치는데, 이 점쟁이도 어떤 때는 잘 맞추기도 하고, 어떤 때는 잘 맞추지 못하니 믿을 수가 없는 것이다.

그리고 미래의 일은 하늘의 소관이므로 혹 알고 있다고 해도 함부로 발설해서는 안 되는 것이다. 미래의 일을 발설하면 이를 믿고

따르는 자가 생기니, 혹 발설한 말이 맞지 않으면 많은 사람에게 막대한 손해를 끼치게 되는 것이다. 그리고 천기를 함부로 발설하면 그 발설한 자에게 화가 따라오게 되므로, 혹 미래를 안다고 해도 함부로 발설을 해서는 안 되는 것이다.

그러므로 본문에서는 저녁때의 일을 오후 4시쯤에도 알지 못하고 내일 아침의 일을 전날 저녁에 알지 못한다고 했다.

景 : 클 경 錄 : 기록 록 朝 : 아침 조 事 : 일 사 薄 : 엷을 박 暮 : 저물 모 晡 : 신시 포

82 未歸三尺土하얀 難保百年身이오 已歸三尺土하얀
미 귀 삼 척 토 난 보 백 년 신 이 귀 삼 척 토

難保百年墳이니라.
난 보 백 년 분

〖해설〗 세 자의 흙 속에 돌아가지 않아서는 백 년 사는 자신을 보존하지 못하고, 이미 세 자 되는 흙 속에 들어가서는 백 년간 무덤을 보전하기 어려우니라.

〖출전〗《수동일기水東日記》

에세이

본문에서는 사람이 이 세상에서 100년을 사는 것으로 보고 말씀한 것이니, 즉 이 세상에 살아가면서 자신 한 사람을 지키기가 어렵다는 말씀이다.

사실 필자는 망칠望七의 나이가 되었지만, 자신의 명예를 지키기가 매우 어려운 것을 몸으로 체득한 사람이다. 필자는 서예가, 번역가, 저술가로 세상을 살아가는데, 서예가로서의 삶이 가장 어려웠다고 단언할 수가 있다. 서예는 공모전이라는 것이 있어서 이 공모전에서 10점을 따내면 소위 초대작가가 되는데, 이 10점을 따내는 과정에서 너무 많은 시험에 걸리게 된다. 국전의 공모전에는 응시하는 자가 많으므로 서로 입·특선을 하려고 줄을 댄다. 심사위원의 눈에 들어야 입선도 하고 특선도 하니, 이를 심사하는 과정에서 별의별 암거래가 횡행한다.

필자는 서예 스승인 여초 김응현 선생께서 평소에 국전의 폐해를 보시고 국전에 공모하지 말라고 하셨기에, 이 말씀을 따라 공모전에 응시하지 않고 순수하게 서예 연마만 한 순수한 서예가이다. 그러나 초대전을 중국의 서안과 성도에서 두 번 하고 국내에서 한 번 했으니 서예가가 되었다고 말할 수 있다.

이러한 공모전의 과정에서 엄청난 불법이 자행되기에, 이 세상을 살아가면서 자신 한 사람의 몸을 지키기가 어렵다는 것이다. 필자는 이런 어려운 과정에서의 불의와 싸우면서 그곳의 악습에 물들지 않고 지금까지 살아간다는 것을 매우 다행스럽게 생각한다. 그리고 무덤 속에 들어가서도 그 무덤을 100년간 지키기가 어렵다는 말씀이니, 우리에게 시사示唆하는 바가 큰 말씀이다.

歸 : 돌아갈 귀 尺 : 자 척 難 : 어려울 난 保 : 보존할 보 已 : 이미 이 墳 : 무덤 분

83 景行錄에 云木有所養則根本固而枝葉茂하야 棟梁
경 행 록 운 목 유 소 양 즉 근 본 고 이 지 엽 무 동 량

之材成하고 水有所養則泉源壯而流派長하야 灌漑
지 재 성 수 유 소 양 즉 천 원 장 이 유 파 장 관 개

之利博하고 人有所養則志氣大而識見明하야 忠義
지 리 박 인 유 소 양 즉 지 기 대 이 식 견 명 충 의

之士出이니 可不養哉아.
지 사 출 가 불 양 재

〖해설〗 경행록에서 이르기를, "나무를 잘 기르면 뿌리가 굳고 가지와 잎이 무성해서 들보와 기둥의 재목을 이루고, 물을 잘 다스리면 물의 근원은 장대하고, 그리고 흐르는 내는 길어서 관개灌漑[31]하는 이로움이 넓고, 사람을 잘 기르면 지기志氣는 크고 식견은 밝아서 충성스럽고 의로운 선비가 배출될 것이니, 잘 기르지 않겠는가!" 고 하였다.

〖출전〗 《성심잡언省心雜言》

에세이

본문의 목적은 인재를 잘 육성하라는 말씀이니, 이는 농부가 농사를 잘 지으면 많은 곡식을 수확하고, 농사를 잘 짓지 못하면 많은 수확을 기대하지 못하는 것과 같다는 말씀이다.

농부의 일과는 아침에 별을 보고 일어나서 논에 나가서 논두렁에 구멍이 나서 혹시 물이 새어나가지 않는가를 확인하고 집에 돌아와

31 관개灌漑 : 농사를 짓는 데에 필요한 물을 논밭에 댐.

서 아침을 먹고 또 논밭에 나가서 곡식이 잘 크는가! 혹시 벌레는 없는가! 땅의 질소 함량은 적당한가! 를 살피고 논밭에 잡초가 있으면 이를 뽑아주며, 병충에 걸렸으면 농약을 주어서 곡식이 잘 크게 해야 한다. 점심을 먹고도 또 각 논밭을 다니며 잘 살피고 별을 보고 집에 들어와서 저녁을 먹는 것이니, 이렇게 일 년 동안 계속해야 많은 수확을 하는 것이다.

사람을 기르는 것도 이와 같으니, 자식을 잘 가르치려면 아침을 먹여서 학교에 보내고 잘못하는 부분은 과외를 붙여서 보충하는 것이니, 이렇게 하여 기르는 것인데, 그 과정은 유치원 2년, 초등학교 6년, 중학교 3년, 고등학교 3년, 대학교 4년, 대학원 석사 2년, 박사 2년이니, 도합 22년이 된다. 이렇게 정성과 자금을 들여서 잘 길러야 인재가 육성이 되는 것이다. 또한 부족한 면이 있으면 선진국에 유학하여 보충을 시키는 것이니, 그 과정이 길고 많은 돈이 드는 것이다.

云 : 이를 운 養 : 기를 양 固 : 굳을 고 枝 : 가지 지 葉 : 잎 엽 茂 : 무성할 무 棟 : 기둥 동 梁 : 들보 량 材 : 재목 재 源 : 근원 원 壯 : 장할 장 流 : 흐를 류 派 : 줄기 파 灌 : 물댈 관 漑 : 물댈 개 博 : 넓을 박 志 : 뜻 지 氣 : 기운 기 識 : 알 식 忠 : 충성 충 義 : 의로울 의 哉 : 어조사 재

84 景行錄에 云結怨於人을 謂之種禍요 捨善不爲를 謂之自賊이니라.
경행록 운결원어인 위지종화 사선불위 위지자적

〖해설〗 경행록에서 이르기를, "남과 원수를 맺는 것을 재앙을 심는다 말하고, 착한 일을 버려두고 하지 않는 것을 자신의 도적이라 말하느니라." 고 하였다.

〖출전〗《성심잡언省心雜言》

에세이

남과 원수를 맺는다는 것은 '사람을 죽이거나 폐인을 만드는 것'을 말하니, 이미 사람을 죽였다면, 그 죽은 사람의 자식들이 원수를 갚기 위해서 갖은 수를 다 쓸 것이므로, '화禍를 심은 것이다.' 라고 한 것이다.

그리고 '착한 일이 있는데도 하지 않는 것은 자신이 도적이 된다.' 는 것이니, 사람은 항상 착한 일을 쉬지 않고 해야 한다는 말씀이다.

봄바람이 부는 것이 그냥 하나의 자연의 현상으로 여길 수 있으나, 천리天理로 보면 이 봄바람은 만물을 소생시키는 커다란 일을 하고 있는 것이다. 일례로, 여름에 뇌성벽력을 치며 쏟아지는 소낙비도 천리로 보면 여름에 무성하게 자라야 할 초목에 대하여 빨리 자라서 무성해야 무더운 여름과 짝을 이루어 간다는 것을 무언無言으로 가르쳐주는 것이다.

그러므로 사람도 언제나 천리가 천지우주를 위해서 불철주야 일하듯이 착한 일을 해야 한다는 이론이다.

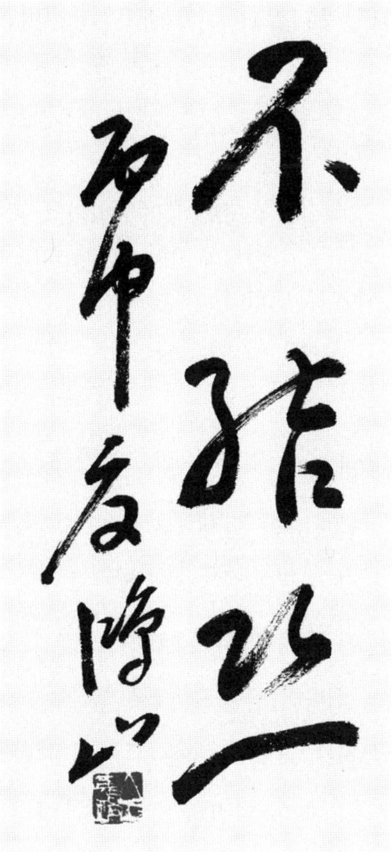

내가 해야 할 착한 일이 있는데도 이를 버려두고 하지 않는 것은 나에게 찾아오는 복을 받지 않는 것과 같은 이치이다. 왜냐면 《주역》에 '착한 일을 많이 쌓은 집에는 반드시 남은 경사가 기다린다.' 고 했으니, 나에게 복을 받을 수 있는 좋은 기회가 왔는데도 하지 않았으니, 이것이 나의 도적이라는 것이다.

結 : 맺을 결 怨 : 원망 원 種 : 심을 종 禍 : 재앙 화 捨 : 놓을 사 賊 : 도적 적

85 疏廣이 曰賢而多財則損其志하고 愚而多財則益其過니라.

소광 왈현이다재칙손기지 우이다재칙익기과

〖해설〗 소광疏廣[32]이 말하기를, "어진 사람이 재물이 많으면 그 의지를 손상하고, 어리석은 사람이 재물이 많으면 그 허물을 더한다."고 하였다.

〖출전〗《가범家範》

에세이

한漢나라 선제宣帝 때에 숙부인 소광疏廣은 태부太傅가 되고 조카인 소수疏受는 소부少傅가 되었는데, 분수에 지나친 것을 경계하여 둘이 동시에 치사致仕하고 고향으로 돌아갔다고 한다.

일반 사람들은 더욱 높은 자리에 오르려고 야단법석인데, 이들 숙질은 과감히 벼슬을 버리고 낙향하여 고향에서 여생을 즐겼다고 하니, 과연 평범한 사람은 아니다. 왜 도중에 벼슬을 버렸는가! 벼슬이 더 올라가면 자칫 시기하는 사람이 생겨서 별의별 못 볼 꼴을 보므로 이를 과감히 버린 것이다. 그리고 황제와 태자가 준 많은 재물

32 소광疏廣 : ?~기원전 45. 태산군泰山郡 거평鉅平 사람으로, 자는 중옹仲翁이다. 한漢나라 선제宣帝 때 황태자의 태부太傅를 지냈다. 그가 사직하니, 천자와 태자가 황금 70근을 하사하였는데, 그 황금을 다 팔아서 빈객賓客들과 함께 술 마시며 즐기는데 모두 사용하고 자식에게는 재물을 물려주지 않았다. 위에 언급한 말은 그의 전傳에 나온다.《漢書 卷71 疏廣傳》

을 가지고 고향에 내려 와서 매일 벗을 불러서 잔치를 벌여서 그 많은 돈을 다 쓰고 자식에게는 한 푼도 남겨주지 않았다고 하니, 과연 현자임에 틀림이 없다. 그렇기에 오늘날까지 그 이름이 둥둥하지 않는가!

'현자가 돈이 많으면 그 고상한 의지를 손상하고, 어리석은 자가 돈이 많으면 그 허물을 더한다.' 고 하였는데, 옳은 말씀이다. 사람이 돈이 많으면 반드시 음욕이 생겨서 그 고상한 뜻을 잃게 되는 것이고, 반면에 어리석은 자가 돈이 많으면 더 돈을 벌려고 야단법석을 치므로, 국법을 어기는 것은 물론 없는 자를 우습게 여겨서 많은 죄를 짓는 것이니, 이런 자는 후일에 남은 경사慶事가 없는 것이다.

疏 : 성글 소 廣 : 넓을 광 賢 : 어질 현 財 : 재물 재 損 : 덜 손 志 : 뜻 지 愚 : 어리석을 우 益 : 더할 익 過 : 허물 과

86 擊壤詩에 云平生에 不作皺眉事하면 天下에 應無切齒人이니 大名을 豈有鐫頑石가 路上行人이 口勝碑니라.
격양시 운평생 부작추미사 천하 응무절치인 대명 기유전완석 노상행인 구승비

〖해설〗 격양시에 이르기를, "평생동안 눈썹을 찡그리는 일을 만들지 않으면 천하에 반드시 이를 갈며 원수같이 여길 사람이 없나니, 그대의 큰 이름을 어찌 단단한 돌에 새길 것인가! 길에 다니는 행인의 입으로 말하는 것이 비석보다 나으니라." 고 하였다.

〖출전〗 《격양집擊壤集》

에세이

본문의 "평생平生에 부작추미사不作皺眉事하면 천하天下에 응무절치인應無切齒人"까지는 송宋의 소옹邵雍 선생의 시이고, 그 이하는 누구의 문장인지 전거할 수가 없다.

사람이 세상을 살다보면 별의별 일을 당하기도 한다. 이런 때에 이를 슬기롭게 잘 넘기며 사는 것인데, 성격이 괄괄한 사람은 이를 참지 못하고 잘잘못을 가리려고 하니 결국 남과 부딪치는 것이다.

본 시를 읊은 소옹 선생 같은 사람은 천하의 이치를 깨달은 사람으로 평생 눈살 찌푸리는 일은 하지 않았을 것이다. 그러나 우리 같은 범인은 매일매일 남과 전쟁 속에서 사니, 어찌 다투지 않겠는가! 그러나 원수를 맺는 일 같은 것은 하지 말아야 한다. 그러려면 '인

忍' 자를 생각할 수밖에 없으니, 오죽하면 당唐나라 때에 장공예가 9대를 동거하면서 황제가 방문하니, '인忍' 자를 백 개를 썼겠는가!

그리고 착하게 잘 살면 그 이름이 사방에 퍼져서 칭찬이 자자할 것이니, 하필 아무런 생각이 없는 완고한 돌비에 새겨서 행인이 지나가며 읽어 보게 할 필요가 있겠느냐! 는 것이다.

擊 : 칠 격 壤 : 흙덩이 양 皺 : 주름 추 眉 : 눈썹 미 齒 : 이 치 豈 : 어찌 기 鐫 : 새길 전 頑 : 완고할 완 勝 : 이길 승 碑 : 비석 비

87 王參政四留銘에 曰留有餘不盡之巧하야 以還造物하고 留有餘不盡之意하야 以還朝廷하고 留有餘不盡之財하야 以還百姓하고 留有餘不盡之福하야 以還子孫이니라.

왕참정사류명 왈유유여불진지교 이환조물 유유여불진지의 이환조정 유유여불진지재 이환백성 유유여불진지복 이환자손

〖해설〗 왕참정[33]의 사유명에서 말하기를 "내게 남아 있고 다하지 않은 재주를 남겨두어 조물주에게 돌리고, 내게 남아 있고 다하지 않은 뜻을 남겨두어 조정에 돌리고, 내게 남아 있고 다하지 않은 재물을 남겨두어 백성에게 돌리고, 내게 남아 있고 다하지 않은 복을 남겨두어 자손에게 돌릴지니라."고 하였다.

〖출전〗《설부說郛》

에세이

본문은 송宋나라의 왕단王旦이 지은 명銘인데, 내가 가진 것 중에

33 왕참정王參政 : 왕단王旦을 말하니, 송나라 대명大名 신현莘縣 사람. 자는 자명子明이고, 왕호王祜의 아들이다. 태종 태평흥국太平興國 5년(980) 진사進士가 되고, 저작랑著作郞으로 『문원영화文苑英華』 편찬에 참여했다. 진종眞宗 함평咸平 때 동지추밀원사同知樞密院使와 참지정사參知政事를 지냈다. 거란契丹이 침범하자 진종을 따라 단주澶州에 이르렀는데, 동경유수東京留守 옹왕雍王이 갑자기 병에 걸려 급히 돌아가자 유수의 직책을 대행했다. 경덕景德 3년(1006) 상相이 되어 『양조국사兩朝國史』를 감수했다. 일찍이 진종에게 조종祖宗의 법을 시행하고 개혁을 신중하게 하라고 권했다. 사람을 잘 보아 중용된 인사를 많이 천거했다. 천희天禧 원년(1017) 질병으로 상을 사직했다. 죽은 뒤 태사太師가 추증되고, 시호는 문정文正이다. 문집이 있다.

네 가지를 남겨서 좋은 곳에 돌려 사용하게 한다는 것이니, 첫째는 내가 가지고 있는 재주를 다 쓰지 말고 남겨놓아 조물주에게 돌리라는 것이고, 둘째는 내가 가지고 있는 좋은 뜻을 다 쓰지 말고 남겨서 국가의 행정부에 돌려서 쓰게 하라는 것이며, 셋째는 내가 가지고 있는 재물을 다 쓰지 말고 남겨서 백성에게 돌려서 쓰게 하라는 것이고, 넷째는 내가 가지고 있는 복을 다 쓰지 말고 남겨서 자손에게 돌려서 쓰게 하라는 것이다.

사람마다 받은 재주가 다르고 받은 뜻이 다르며, 받은 재물이 다르고 받은 복이 다르다. 이렇게 받은 것을 다 써서 허비하지 말고 남겨서 이 사회가 좀 더 밝은 사회가 되도록 쓰라는 것이다. 일례로, 내가 받은 복을 다 쓰지 말고 남겨서 자손에게 돌리면 자손이 아무 탈 없이 잘 살게 될 것이라는 말씀이다. 그리고 내가 받은 재물도 다 쓰지 말고 남겨서 다른 사람에게 돌리라는 것이니, 참으로 훌륭한 말씀이다.

參 : 참여할 참 留 : 머물 류 銘 : 새길 명 餘 : 남을 여 盡 : 다할 진 巧 : 공교할 교 還 : 돌아올 환 造 : 지을 조 物 : 물건 물 意 : 뜻 의 朝 : 아침 조 廷 : 조정 정 財 : 재물 재 姓 : 성 성 福 : 복 복

88 子曰 士志於道而恥惡衣惡食者는 未足與議也니라.
자왈 사지어도이치악의악식자 미족여의야

〖해설〗 공자께서 말씀하셨다. “선비가 도道에 뜻을 두고 나쁜 옷과 거친 음식을 부끄러워하는 자는 더불어 도道를 의논할 수 없다.”고 하였다.

〖출전〗 《논어》 이인里仁

에세이

유가儒家의 도道는 수신제가치국평천하修身齊家治國平天下의 도이다. 종국에는 천하를 평화롭게 다스려서 모든 백성이 평화롭고 안전하게 사는 세상을 만드는 웅대한 도道인데, 이런 도道를 가슴에 안은 자가 어찌 나쁜 옷과 거친 음식을 먹는다고 부끄러워하겠는가!

그러므로 공자의 제자 안연顔淵이 “한 그릇의 도시락과 한 병의 음료를 먹으면서 하류층이 사는 시골에 있으면서도 편안한 마음으로 그곳의 생활을 즐겼다.”고 하며, 이를 본 공자께서 안회를 칭찬하였다고 하는데, 이는 안연의 가슴에 천하를 품을 수 있는 거대한 도道가 있었기 때문이다.

필자도 어려서 논어와 맹자를 읽으면서 성인聖人의 도道에 반하여 그 도를 따라서 살려고 많은 노력을 했던 기억이 있다.

지금도 성인의 도를 이해하고 가능하면 그 도에서 이탈하지 않으려고 노력하며 살아간다. 그런데 필자가 사는 시대는 21세기로 서양의 학문이 동양의 사상을 초토화시키는 '서세동점西勢東漸(서양의 세력이 동양의 사상을 삼킴) 시대이고 서양학문만을 알아주던 시절이었기에 초등학교 졸업 후에 한문만 배운 필자가 중고교 졸업 검정고시를 패스하고 한국방송통신대학교를 졸업한 뒤에 성균관대학교 유학대학원을 졸업하였으니, 이제는 구학문도 배웠고 신학문도 배워서 사회에 나가서 국가와 국민에 봉사를 해야 하는데 어언 백발이 휘날리니, 어디에 가서 무슨 일을 한단 말인가! 이제는 겨우 책을 쓰면서 후학을 가르치고 건강을 지키는 것이 좋을 나이가 된 것이다. 그래서 공자의 도道는 아름다운 것이다.

志 : 뜻 지 道 : 길 도 恥 : 부끄러울 치 惡 : 악할 악 與 : 더블 여 議 : 의논 논

89 荀子曰 士有妒友則賢交不親하고 君有妒臣則賢人不至니라.
순자왈 사유투우즉현교불친 군유투신즉현인부지

〖해설〗 순자荀子[34]가 말하기를, "선비가 투기하는 벗이 있으면 어진 사람과의 사귐에 친할 수가 없고, 임금이 투기하는 신하가 있으면 어진 사람이 이르지 않느니라." 고 하였다.

〖출전〗《순자荀子》

에세이

투기妬忌는 샘을 내는 것이니, 즉 질투하는 것이다. 선비가 투기

34 순자荀子 : 중국 주나라 말기 전국시대의 유물론적 경향의 유가儒家. 맹자의 성선설性善說에 대하여 성악설性惡說을 주장한 것으로 잘 알려져 있다. 그 시대는 전국의 7대 강국이 중국의 천하 통일을 지향하면서 격렬하게 대립하고, 그 와중에서 진秦이 통일 사업을 강력히 추진하였던 시대였다. 그는 객관적 조건이 무르익고 있던 중국 통일의 과제에 몰두하여, '군거화일群居和一' 이라고 하는 질서를 지향하고 '예의禮義' 라는 수단을 제기하였다. '군거화일' 이란 천자, 제후, 사대부, 관인백리官人百吏, 서민이 직분에 따라 일을 하고 각각 그 '직분職分' 에 만족하는 질서를 일컫는다. '예의' 는 이 '분分' 을 결정하는 기준(귀천지등貴賤之等, 장유지차長幼之差, 지우능불능지분知愚能不能之分)이며, 선왕先王(성인聖人)의 제작制作에 따른 것이다. 이 '예의' 의 '분' 은 '천인天人의 분分' 을 전제로 하고 있고, 인간의 자연에 대한 공통성이 이것에 의해 크게 발휘될 수 있다고 하였다. 이리하여 부국강병의 문제도, 인재를 양성하는 문제도, 모두 '예의' 에 의거하여 해결된다고 하였다. 그러나 그의 '예의' 는 법가의 '법法' 에 접근하고 있고, 인식론상으로는 도가의 영향이 농후하다. 그는 유가의 입장을 지키면서, 진秦의 입장에 서서 제가諸家의 사상을 비판적으로 흡수하여 선진사상先秦思想의 집대성자라는 역할도 수행하였다. 『순자』는 그의 언론言論을 모은 것이다.

하는 벗이 있으면 훌륭한 벗을 사귀려고 해도 이 투기하는 벗이 어느새 와서 둘의 사이가 친하지 못하도록 이간을 부리기 때문에 친하게 될 수가 없다. 왜 이렇게 하는가! 하면, 그 어진 친구와 사귀면 자기와의 사이가 멀어질 것을 미리 걱정하여 그렇게 하는 것이다. 군신君臣과의 관계에서도 똑같은 이치이니 공자가 주유천하할 때에 제후가 높이 쓰려고 해도 그 나라의 신하들이 투기를 하여 성사가 되지 않은 일이 여러 번이다.

임금에게 투기하는 신하가 있으면 현인賢人이 이르지 않는다는 말씀도 상문의 선비와 똑같은 원리이니, 설사 왕이 현인을 맞이하여 국정을 논의하려 해도 투기하는 신하는 어느새 와서 둘의 사이를 갈라놓는 것이니, 자칫 이곳에서는 투신妬臣에 의해 목숨도 잃을 수가 있는 것이니, 이러므로 현인은 투신이 있는 곳에는 절대로 들어가지 않는 것이다.

筍 : 대순 순 妒 : 투기할 투 交 : 사귈 교 賢 : 어질 현 至 : 이를 지

90 天不生無祿之人이요 地不長無名之草니라.
천 불 생 무 록 지 인　　지 불 장 무 명 지 초

〖해설〗 하늘에서는 복福 없는 사람을 내지 않고 땅은 이름 없는 풀을 기르지 않는다.

〖출전〗 무지無知

에세이

본문은 필자가 어려서 이 문장을 공부하고 외워서 가장 많이 써먹은 문장이고 많은 인구人口에 회자되는 문구文句이다.

필자가 어렸을 때에 어른들의 말씀에, "남자는 계집과 솥단지 하나는 갖고 태어난다." 고 하였으니, 남자는 누구나 결혼을 하고 밥을 지어 먹는 솥단지는 갖고 태어났다는 말씀이다. 그러나 요즘은 장가를 가지 못한 청년도 많고 시집을 가지 못하고 처녀로 늙는 사람도 꽤 있는 것으로 안다. 왜 이런 현상이 일어나는가! 이는 욕심이 많아서 좀 더 직장이 확실하고 재력도 있는 사람을 구하다 보니 어느새 나이는 들고 재력은 부족하여 혼자서 살게 되는 것이다.

우리의 농촌에는 청년들이 외국의 여성에게 장가든 사람이 많으니, 이는 또한 장가들 청년들이 우리나라의 처녀를 신부로 맞으려고 하지만, 시골에 가서 농사를 지으려고 하는 처녀가 없기 때문에 우리보다 경제력이 부족한 나라의 처녀를 신부로 맞는 것이다.

우리나라의 처녀이든 외국의 처녀이든 모두 여자임에는 틀림이 없으니, 아내 맞아들이기에는 하등 하자가 없다. 그러나 외국인과 결혼을 하면 언어소통의 어려움도 있고 특히 문화의 차이에서 나오는 문제는 더욱 이해하기 어려움이 많으니, 만일 이렇게 외국의 여인과 결혼한 사람은 이런 어려운 난관을 참고 견디어 이겨낸다는 대단한 각오가 있어야 한다.

땅은 이름 없는 풀을 기르지 않는다고 했는데, 정말로 이름 없는 풀과 나무는 없는 것 같다. 사실 풀이라는 것이 봄이 되면 땅에서 그냥 솟아 나온다.

하늘이 안 보이는 큰 나무의 그늘 아래에서도 싹을 틔워서 나오고 천 길 깊은 구렁에도 솟아 나오는데, 이들 풀에는 모두 이름이 있다.

'천불생무록지인天不生無祿之人' 은 《연병실기練兵實紀》에 나온 말씀이지만 '지불장무명지초地不長無名之草' 는 어디에도 나오지 않는 말씀으로, 혹 이 책의 저자가 대구對句를 채워서 이곳에 기록한 것이 아닌가 생각한다.

祿 : 복록 록 地 : 땅 지 長 : 기를 장 草 : 풀 초

91 梓童帝君垂訓에 曰妙藥도 難醫寃債病이요 橫財도 不富命窮人이라 生事事生을 君莫怨하고 害人人害를 汝休嗔하라 天地自然皆有報하니 遠在兒孫近在身이니라.

재동제군수훈 왈묘약 난의원채병 횡재 불부명궁인 생사사생 군막원 해인인해 여휴진 천지자연개유보 원재아손근재 신

〖해설〗 재동제군의 수훈垂訓에서 말하기를, "신묘한 약도 원망이 쌓인 병은 고치기 어렵고 횡재한 재물도 명이 궁한 사람을 부자가 되게 할 수는 없다. 일을 해도 또 일이 생기는 것을 그대는 원망하지 말고 사람을 해치고 사람이 해침을 너는 성내지 말라. 천지와 자연은 모두 갚음이 있나니, 멀면 자식과 손자에게 있고 가까우면 자신에게 있느니라." 고 하였다.

〖출전〗 도교의 서적은 전거典據가 안 됨.

에세이

본문은 도교의 서적에서 나온 말씀이니, 중국은 예부터 유학儒學보다 도교가 더 성하였다. 요즘도 중국에 가면 도교의 사원이 유교의 사원보다 훨씬 많은 것을 볼 수가 있다.

남에게 억울한 일을 당하여 마음에 쌓인 병, 즉 요즘으로 말하면 울화병이니, 이는 아무리 처방을 잘한 묘약도 고치지 못한다는 말씀이고, 갑자기 많은 돈이 생기어도 명命이 궁한 사람은 부자로 만들지 못한다는 말씀이니, 예부터 가난한 사람이 갑자기 부자가 되

면, 그 사람은 병들어 죽는다는 말이 있으니, 이는 부자가 될 수가 없는 운명을 가진 사람이기 때문이다.

나에게 많은 일이 생겨서 이를 다 했는데, 또 일이 생기니 또 일을 해야 하므로 신경질이 난다. 그러나 그대는 이를 원망하지 말고 받아들이라는 말씀이고, 내가 남을 해치니 남이 나를 해침을 그대는 화내지 말라고 했으니, 왜냐면 천지자연이 선악을 구분하여 갚아주는데, 멀면 자손에게 갚아주고 가까우면 자신에게 갚아준다는 권선징악의 말씀이다.

예부터 모든 현자들은 '착함을 권장하고 악함을 징계하는 말씀〔勸善懲惡〕'을 남겼으니, 모든 후배들은 세상을 착하게 살고 악함을 배척해야 나도 잘 되고 자손도 잘 된다고 말씀하였다. 이곳 본문의 말씀은 하늘이 나의 억울함을 모두 갚아준다는 것이니, 원수를 갚으려고 노력하지 말고 그냥 착하게 살아가라는 말씀인 듯하다.

梓 : 가래나무 재 帝 : 임금 제 垂 : 드리울 수 訓 : 가르칠 훈 難 : 어려울 난 醫 : 의원 의 寃 : 원통할 원 債 : 빚 채 橫 : 비낄 횡 窮 : 궁할 궁 怨 : 원망 원 害 : 해할 해 嗔 : 성낼 진 報 : 갚을 보 遠 : 멀 원

92 花落花開開又落하고 錦衣布衣更換着이라 豪家未必常富貴요 貧家未必長寂寞이라 扶人未必上青霄요 推人未必塡邱壑이라 勸君凡事를 莫怨天하라 天意於人에 無厚薄이니라.

(화락화개개우락 금의포의갱환착 호가미필상부귀 빈가미필장적막 부인미필상청소 추인미필전구학 권군범사 막원천 천의어인 무후박)

〖해설〗 꽃은 피면 떨어지고 또 피고 떨어지는 것이고, 비단옷과 삼베옷은 다시 바꾸어 입는 것이다. 넉넉하고 호화로운 집도 항상 부귀하지는 못하고, 가난한 집도 항상 적막하지는 않는다. 사람을 부축하여도 반드시 푸른 하늘에 오를 수는 없고, 사람을 밀어도 반드시 구학邱壑에 떨어뜨리지는 못한다. 그대에게 권하나니 모든 일에 하늘을 원망하지 말라, 하늘의 뜻은 사람에게 후박厚薄이 없느니라.

〖출전〗 무지無知

에세이

꽃은 피면 떨어지는 것이고 떨어지면 또 피는 것이며, 비단옷과 베옷은 떨어지면 바꾸어 입는 것이고, 부자는 항상 부자로 살지 못하고, 가난해도 항상 가난하지는 않는 것이며, 남을 도와주어도 하늘로 오르게는 못하고, 사람을 밀어 떨어뜨려도 구렁에까지 떨어지지 못하는 것이니, 이러한 모든 일에 그대는 하늘을 원망하지 말라. 하늘은 모든 사람들에게 잘해주고 못해주는 일이 없이 공평하다는 말씀이다.

이곳에서 말하는 천天은 천리天理를 말하니, 그러므로 천天은 곧 이理가 되는 것이니, 이理는 곧 세상이 돌아가는 이理를 말한다. 아침에 해가 떠서 저녁에 지는 것이 이理이고, 보름달이 차면 바로 기우는 것이 이理이다. 이理는 모든 사람들에게 공평하니, 그러므로 본문에서 하늘을 원망하지 말라는 것이고, 나에게도 언젠가는 기회가 반드시 온다는 것을 가르친 말씀이다.

《명심보감》의 말씀은 유학과 도학의 말씀인데, 도가의 말씀이 좀 더 많은 것 같다. 반면에 불교의 말씀은 적다. 《채근담》도 역시 이런 유의 책인데, 좀 더 깊이 들어간 말씀이 아닌가 한다. 조선의 유학자들도 말년에는 도가의 말씀을 따라서 산 사람들이 많다.

落 : 떨어질 낙 開 : 열 개 錦 : 비단 금 布 : 베 포 更 : 다시 갱 換 : 바꿀 환 着 : 입을 착 豪 : 호걸 호 貴 : 귀할 귀 寂 : 고요 적 寞 : 적막 막 扶 : 도울 부 霄 : 하늘 소 推 : 밀 추 塡 : 메울 전 邱 : 언덕 구 壑 : 구렁 학 勸 : 권할 권 怨 : 원망 원 厚 : 두터울 후 薄 : 엷을 박

93 堪歎人心毒似蛇라 誰知天眼轉如車요 去年妄取東隣物터니 今日還歸北舍家라 無義錢財湯潑雪이요 儻來田地水推沙니라 若將狡譎爲生計면 恰似朝開暮落花니라.

감탄인심독사사 수지천안전여거 거년망취동인물 금일환귀북사가 무의전재탕발설 당래전지수추사 약장교휼위생계 흡사조개모락화

〖해설〗 더구나 사람의 마음이 독하기가 뱀과 같음을 탄식한다. 누가 하늘의 눈이 돌아가는 수레바퀴 같음을 알리요 지난 해 망령되게 동쪽 이웃의 물건을 취했더니 오늘 도로 북쪽의 집에 돌아가는구나! 의롭지 않은 재물은 끓는 물에 녹는 눈발이고, 부당하게 얻은 전답은 물에 밀리는 모래와 같으니라. 만약 간사한 꾀로 생활을 유지한다면 아침에 피었다가 저녁에 떨어지는 꽃과 같으니라.

〖출전〗 무지無知

에세이

본문은 어느 누가 쓴 7언 율시인데, 우리 인생의 삶과 결부하여 지은 교훈의 말씀이다. 누구나 세상을 살아가면서 독사와 같은 독한 마음을 먹지만 천리를 어기는 죄를 지어서는 안 된다는 것이니, 죄짓는 사람을 감독하는 하늘의 눈은 수레바퀴처럼 돌아가며 모두 조망한다는 것이다.

그리고 지난해 취한 동쪽의 물건이 오늘은 북쪽의 어느 집으로 돌아가고, 의롭지 않게 얻은 돈은 끓는 물에 떨어지는 눈과 같고, 부

당하게 얻은 전답은 큰물에 떠밀려가는 모래와 같은 것이며, 간사한 꾀를 써서 얻은 돈으로 생계를 유지하는 것은 아침에 피었다가 저녁에 떨어지는 꽃잎과 같은 것이다.

堪 : 견딜 감 歎 : 탄식할 탄 毒 : 독할 독 蛇 : 뱀 사 誰 : 누구 수 眼 : 눈 안 轉 : 구를 전 妄 : 망령될 망 取 : 취할 취 隣 : 이웃 린 物 : 물건 물 還 : 도로 환 歸 : 돌아갈 귀 義 : 옳을 의 錢 : 돈 전 湯 : 끓을 탕 潑 : 흩어질 발 雪 : 눈 설 推 : 밀 추 沙 : 모래 사 若 : 만일 약 譎 : 간사할 휼 恰 : 흡족할 흡 落 : 떨어질 낙

성심편省心篇 하下

94 神宗皇帝御製에 曰遠非道之財하고 戒過度之酒하
신 종 황 제 어 제 왈 원 비 도 지 재 계 과 도 지 주

며 居必擇隣하고 交必擇友하며 嫉妬를 勿起於心하고
거 필 택 린 교 필 택 우 질 투 물 기 어 심

讒言을 勿宣於口하며 骨肉貧者를 莫疎하고 他人富
참 언 물 선 어 구 골 육 빈 자 막 소 타 인 부

者를 莫厚하며 克己는 以勤儉爲先하고 愛衆은 以謙
자 막 후 극 기 이 근 검 위 선 애 중 이 겸

和爲首하며 常思已往之非하고 每念未來之咎하라
화 위 수 상 사 이 왕 지 비 매 념 미 래 지 구

若依朕之斯言이면 治國家而可久니라.
약 의 짐 지 사 언 치 국 가 이 가 구

〖해설〗 신종황제 어제御製에서 말하기를, "정도가 아닌 재물을 멀리하고 과도하게 마시는 술을 경계하며, 반드시 이웃을 가려서 살고 반드시 벗을 가려서 사귀며, 질투함을 마음에서 일으키지 말고 참소하는 말을 입에서 뱉지 말며, 가난한 친척을 소홀하게 대접하지 말

고 타인의 부자를 후하게 대하지 말며, 극기克己함은 근검勤儉한 생활로써 먼저하고 여러 사람 사랑함은 먼저 겸손하고 화협함으로서 하며, 항상 이미 지난 잘못을 생각하고 매양 미래의 허물을 생각하라, 만약 나의 이 말을 의지하면 국가를 다스림이 오래갈 것이다." 고 하였다.

〖출전〗 무지無知

에세이

중국 역사 중에 문치국가의 하나인 송宋나라 신종황제께서 어제御製(임금이 지은)한 말씀이다. 송宋나라는 당송팔대가唐宋八大家 중에 당에서는 한유와 유종원이 있고, 송에서는 구양수, 소식, 소철, 소순, 증공, 왕안석 등이 있다. 그리고 송나라는 신진유학인 성리학을 일으킨 육군자가 있으니 주돈이周敦頤, 소옹邵雍, 장재張載, 정호程顥, 정이程頤, 주희朱熹 등이니, 이렇

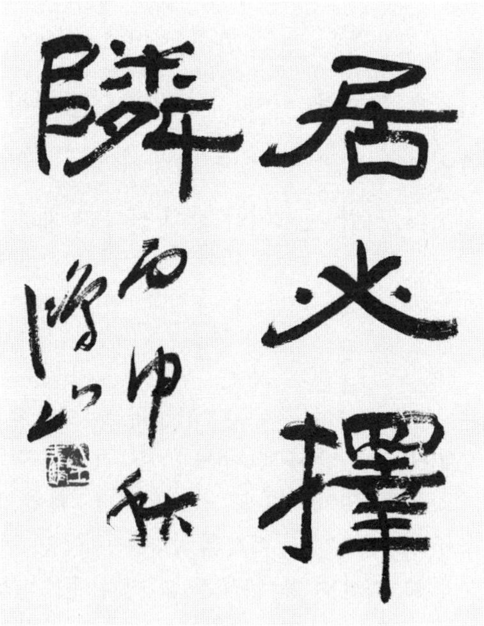

도록 저명한 철학가와 문사가 배출되어서 우리 동방의 문학과 신유학을 풍부하게 만들었다. 이를 거울삼아서 우리 조선의 문치가 시작되었고 수많은 성리학자가 조선에서 탄생한 것이다.

문치국가의 황제인 신종황제는 과연 대단한 제왕인 듯하다. 본문을 보면 선비가 행해야 할 말씀이 하나도 빠지지 않고 들어가 있다.

정도가 아닌 재물을 얻으면 나의 복을 덜어내는 것이고, 과도한 음주는 나의 건강에 해가 너무 많으며, 이웃을 가려서 살고 벗을 가려 새기며, 남을 질투하지 말고 참소하지 말며, 자신의 친척을 보살피고 타성他姓의 부자에게 아부하지 말며, 극기克己함은 근검勤儉을 먼저 하는 것으로 시작하고 많은 사람을 사랑하는 것은 겸손과 화협함으로 하며, 이미 지나간 과오를 항상 생각하여 다시 그 과오에 들어가지 않으며, 매양 미래에 있을 잘못을 생각하여 행동하라는 것이니, 사람으로 이와 같이 산다면 대과大過가 없을 것이다.

神 : 귀신 신 宗 : 마루 종 皇 : 임금 황 帝 : 임금 제 御 : 어거할 어 製 : 지을 제 戒 : 경계 계 過 : 지날 과 度 : 법도 도 擇 : 가릴 택 隣 : 이웃 린 嫉 : 시기할 질 妬 : 투기할 투 起 : 일어날 기 讒 : 참소할 참 骨 : 뼈 골 肉 : 살 육 貧 : 가난 빈 疎 : 성글 소 厚 : 두터울 후 克 : 이길 극 勤 : 부지런할 근 儉 : 검소할 검 衆 : 무리 중 謙 : 겸손 겸 和 : 화할 화 常 : 항상 상 思 : 생각 사 往 : 갈 왕 每 : 매양 매 念 : 생각 념 咎 : 허물 구 若 : 만약 약 朕 : 나 짐 斯 : 이 사 治 : 다스릴 치

95 高宗皇帝御製에 曰一星之火도 能燒萬頃之薪하고
고 종 황 제 어 제 왈 일 성 지 화 능 소 만 경 지 신

半句非言도 誤損平生之德이라 身被一縷나 常思織
반 구 비 언 오 손 평 생 지 덕 신 피 일 루 상 사 직

女之勞하고 日食三飧이나 每念農夫之苦하라 苟貪
녀 지 로 일 식 삼 손 매 념 농 부 지 고 구 탐

妬損은 終無十載安康하고 積善存仁이면 必有榮華
투 손 종 무 십 재 안 강 적 선 존 인 필 유 영 화

後裔니라 福緣善慶은 多因積行而生이요 入聖超凡
후 예 복 연 선 경 다 인 적 행 이 생 입 성 초 범

은 盡是眞實而得이니라.
진 시 진 실 이 득

〖해설〗 고종황제 어제御製에서 말하기를, "하나의 번쩍하는 불도 능히 만경萬頃(넓은 땅)의 나무를 태우고, 반구半句의 그른 말도 평생 쌓은 덕을 덜어내느니라. 몸에 한 올의 옷을 입었으나 항상 베를 짜는 여성의 수고로움을 생각하고, 하루에 세 끼의 밥을 먹으나 매양 밭에서 일하는 농부의 괴로움을 생각할지라. 진실로 남을 투기하고 해롭게 하는 것을 탐하는 것은 마침내 10년 동안 편안함이 없고, 착한 일을 쌓고 인자하면 반드시 후손에 영화가 있느니라. 복을 인연한 착한 경사는 모두 착한 행실을 쌓은 데서 생기고, 범인을 초월하여 성인聖人에 듦은 모두 진실함에서 얻는 것이다." 고 하였다.

〖출전〗 무지無知

에세이

원문 가운데 "몸에 옷 한 벌을 입더라도 항상 베를 짜는 여성의 수고로움을 생각하고, 하루에 세 끼의 밥을 먹더라도 매양 밭에서

일하는 농부의 괴로움을 생각할지라." 의 말씀은 오늘날 풍요로운 세상에 사는 우리들에게 시사示唆하는 바가 크다 하겠다. 왜냐면 요즘의 젊은이들은 모두 풍족함만 알고 가난함은 모르므로, 편안하게 살아가는 고마움을 알지 못하고 더욱 많은 돈을 벌지 못해서 불만만을 늘어놓으니 하는 말이다.

지금은 화학적으로 옷을 만들기 때문에 한 번에 다량으로 만들고 다량으로 판매하는 구조이므로, 비교적 옷값이 싼 편이다. 그리고 화학적으로 만든 제품은 천이 질겨서 잘 헤어지지도 않는다. 그러므로 옷이 떨어지기도 전에 또 새옷을 사서 입으니 집의 옷장에는 철 철의 옷으로 꽉 차 있다.

그러나 옛적에는 누에에서 뽑아내는 비단과 모시와 삼에서 얻는 베와 삼베 등으로 천을 만들어서 옷을 해 입었는데, 이 천을 만드는 데는 베틀이 있어야 하고 그 베틀에 비단 실이나 모시의 실을 걸고 여성이 수일 동안 짜야 비로소 천이 만들어지는 것이니, 본문에서 '몸에 한 올의 옷을 입었더라도 항상 베를 짜는 여성의 수고로움을 생각하라,' 고 하신 말씀은 이런 베 짜는 여인의 수고로움을 생각하라는 것이고, 다음에 '하루에 세 끼의 밥을 먹으나 매양 밭에서 일하는 농부의 괴로움을 생각할지라.' 의 말씀은 농부가 논밭에 재배하여 얻은 곡식을 우리들이 매일 먹고 사는 것이니, 밥을 먹을 때는 반드시 농부의 수고로움을 생각하며 살아야 한다는 말씀이니, 참으로 이치에 맞는 진귀한 말씀이 아닌가 한다.

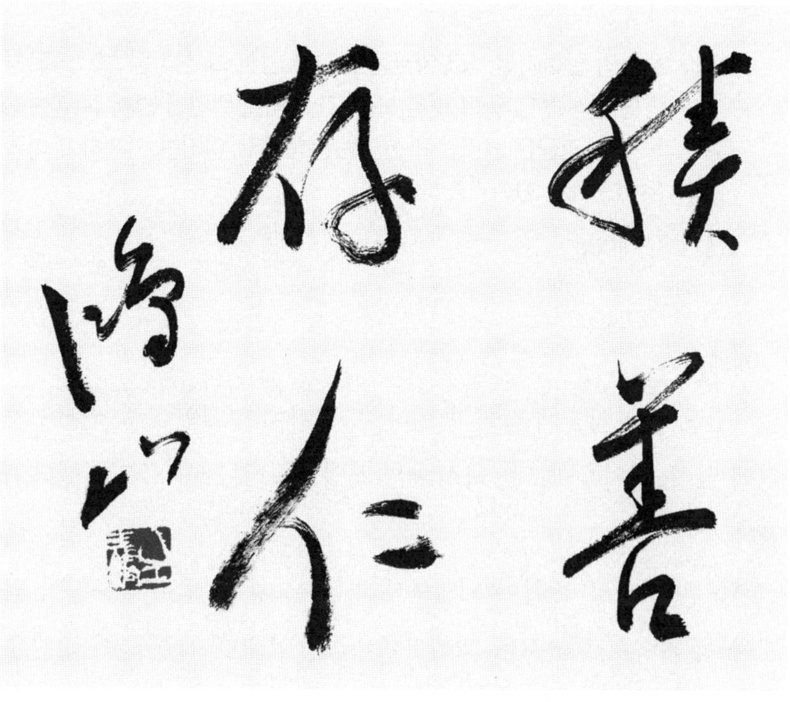

高 : 높을 고 星 : 별 성 燒 : 불사를 소 頃 : 밭 넓이 단위 경 薪 : 섶 신 半 : 반 반 誤 : 그릇될 오 損 : 덜 손 被 : 입을 피 縷 : 실 루 織 : 짤 직 勞 : 수고할 로 飧 : 밥 손 農 : 농사 농 苦 : 괴로울 고 苟 : 진실로 구 貪 : 탐할 탐 妬 : 투기할 투 損 : 덜 손 終 : 마침 종 載 : 해 재 康 : 편안 강 積 : 쌓을 적 華 : 빛날 화 裔 : 후손 예 緣 : 인연 연 慶 : 경사 경 聖 : 성인 성 超 : 뛸 초 盡 : 다할 진 實 : 열매 실 得 : 얻을 득

96 王良이 曰欲知其君인대 先視其臣하고 欲識其人인대
왕량 왈욕지기군 선시기신 욕식기인

先視其友하고 欲知其父인데 先視其子하라 君聖臣
선시기우 욕지기부 선시기자 군성신

忠하고 父慈子孝이니라.
충 부자자효

〖해설〗 왕량이 말하기를, "그 임금을 알려면 먼저 그 신하를 보고, 그 사람을 알려면 먼저 그 벗을 보고, 그 아비를 알려면 먼저 그 아들을 볼지라. 임금은 성스럽고 신하는 충성하고, 아비는 인자하고 아들은 효도해야 한다." 고 하였다.

〖출전〗 무지無知

에세이

사람은 무의식중에 감화가 된다. 그렇기에 성인인 요순堯舜이 왕위에 앉아 정치를 하니, 백성들은 격양가를 부르며 즐거워했다고 한다.

본문은 왕으로 표현이 되었는데, 지금은 왕이 없고 대통령이 있으니, 대통령으로 바꾸어 해석하면 된다. 일례로, 대통령이 국민을 위해 의욕적으로 봉사하려고 하면 그 밑에 있는 장관이나 공무원들이 자연히 따라서 국민을 위해 봉사하려고 노력한다.

그리고 그 사람을 알려면 그 벗을 보면 안다고 했는데, 맞는 말씀이다. 사람은 유유상종類類相從한다고 주역에서 말을 했다. 도를 닦는 선비가 술주정뱅이를 벗할 수는 없는 것이고, 공부를 많이 한 석

박사가 천박하고 무식한 사람과 벗할 일은 없기 때문이다. 그리고 그 아비를 알려면 그 아들을 보면 안다고 했는데, 아들은 어려서부터 그 부모 밑에서 십수 년간 훈육을 받았으므로 저절로 젖어 들어서 그 부모처럼 행동을 하므로 이렇게 말씀한 것이다.

마지막으로 임금은 성스러워야 한다고 했는데, 이 성스럽다는 것은 마음이 한쪽으로 치우치지 않고 공정하다는 말과 같으니, 그래야 국가라는 거대한 나라를 잘 다스릴 수가 있는 것이다. 그리고 아비는 인자仁慈해야 한다고 했으니, 부모는 언제나 자녀를 사랑하는 마음을 지니고 있다. 그러나 왕왕 자식을 사랑하지 못하는 못된 부모가 있어서 신문과 방송에 보도되는 것을 보면 마음이 씁쓸하다.

欲 : 하고자 할 욕 知 : 알지 視 : 볼 시 識 : 알 식 聖 : 성스러울 성 忠 : 충성 충 慈 : 사랑 자 孝 : 효도 효

97 家語에 云水至淸則無魚하고 人至察則無徒니라.
가어 운수지청즉무어 인지찰즉무도

〖해설〗 가어家語에서 말하기를, "물이 지극히 맑으면 고기가 살지 못하고, 사람이 지극히 살피면 따르는 무리가 없다." 고 하였다.

〖출전〗《가어家語》

에세이

필자는 군대생활을 강원도 인제군 서화면 천도리에서 했는데, 이곳은 첩첩산중이라 산과 시내만 보이는 곳이다. 여름에 소양강 상류에 가서 목욕을 하고 군복을 빨고 말려서 입기도 했는데, 군복을 빨아서 시냇가에 널고 그늘에서 잠깐 쉬면 옷은 벌써 말라서 입을 수가 있을 정도로 뜨거운 여름인데도, 흐르는 물에 들어가면 1분을 물속에 있을 수가 없었으니, 왜냐면 물이 너무 차가워서 발이 얼 것 같아서이다. 이렇게 차가운 물에도 고기는 살지만, 본문에서 말한 '물이 지극히 맑다.' 는 것은 물이 증류수처럼 너무 깨끗해서 고기가 먹고 살 양식이 들어있지 않다는 말씀이니, 이렇게 맑은 물에는 고기가 살지 않는다는 말씀이다.

이어서 "사람이 지극히 살피면 따르는 무리가 없다."는 말씀이 나오는데, 사실 이 말씀을 하기 위해서 앞의 말씀을 한 것으로 안다. 정치를 하는 위정자가 지극하게 살피면 나라가 맑아지기는 하나,

누가 그 밑에 있으면서 편안히 근무할 수가 있겠는가! 그러므로 《주역》에서는 위정자는 '어리석은 척 하면서 밑에서 근무하는 사람들이 마음을 편안하게 먹을 수 있도록 한다.' 고 하였다.

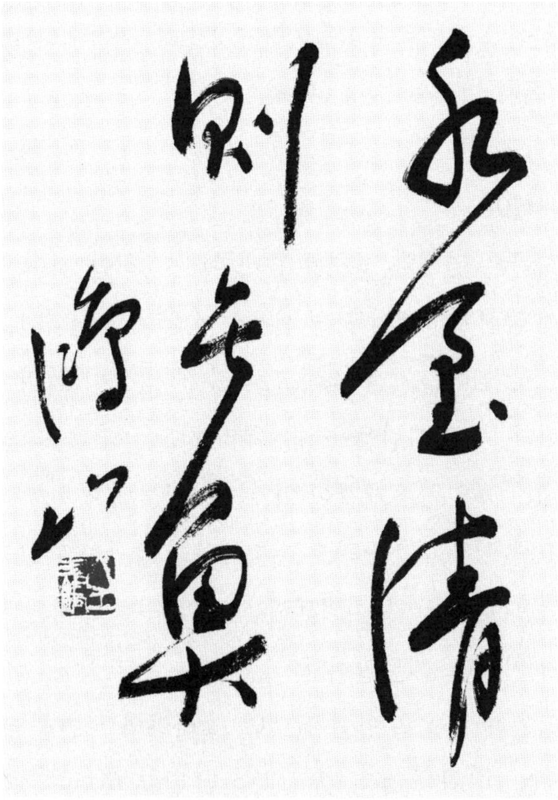

家 : 집 가 語 : 말씀 어 清 : 맑을 청 魚 : 고기 어 至 : 지극할지 察 : 살필 찰 徒 : 무리 도

98 景行錄에 云大丈夫ㅣ見善明故로 重名節於泰山하고 用心精故로 輕死生於鴻毛니라.

경행록 운대장부 견선명고 중명절어태산 용심정고 경사생어홍모

〖해설〗 경행록에서 이르기를, "대장부는 착함을 봄이 밝기 때문에 명예와 절개를 태산보다 무겁게 여기고, 마음을 씀이 정미精微하기 때문에 죽고 삶을 기러기 깃털보다 가볍게 여기느니라." 고 하였다.

〖출전〗《성심잡언省心雜言》

에세이

사람은 명예와 절개를 중히 여겨야 하는 것이다. 그러므로 임진란의 금산전투에서 조헌 선생이 적군보다 열세인 것을 알면서도 적진으로 뛰어들었던 것이고, 이순신 장군이 적의 총탄에 쓰러졌던 것이다. 이런 사람들을 대장부라 하고 군자君子라고도 하니, 의로운 일에는 죽음을 초개같이 여기는 사람들이다.

요즘 일류학교를 나오고 출세하여 장관이 되고 국회의원이 된 사람들을 보면 국가를 위해서 자신의 몸을 던지는 사람을 좀처럼 볼 수가 없으니 슬픈 일이다.

국가에 어려운 일이 있으면 그 나라와 국민을 위해서 내 몸을 던질 때는 던져야 하는 것인데, 이런 말로 빠져나오고 저런 말로 빠져나가는 미꾸라지 같은 부류들을 보면 한심한 생각이 든다. 도대체 일류대학에서 무엇을 배웠기에 항상 미꾸라지처럼 빠져나가기만

하는지 모를 일이다. 이는 사람의 삶에는 명예와 절조가 재물보다 더 귀하다는 것을 배우지 않았기 때문이다.

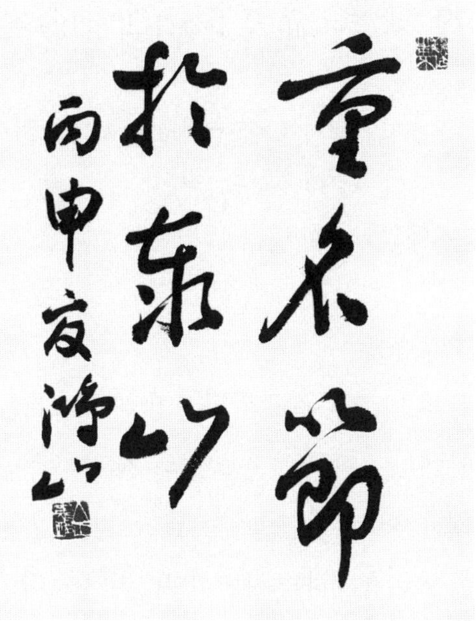

오늘 신문에 보면 부장판사를 지낸 변호사가 수임료를 한 사람에게 50억 원씩 도합 100억 원을 받았다니, 서민으로써는 도대체 믿지 못할 일이 우리가 사는 이 사회에서 일어나고 있다. 이런 일이 신문에 보도되는 것 자체로 국민들은 허탈에 빠진다. 그렇기에 위정자는 이런 유의 사람은 일벌백계로 다스려서 다시는 이런 일이 일어나지 않도록 해야, 나라가 보전되고 지탱하는 것이다.

景 : 클 경 錄 : 기록 록 重 : 무거울 중 節 : 절개 절 泰 : 클 태 精 : 정할 정 輕 : 가벼울 정 死 : 죽을 사 鴻 : 기러기 홍 毛 : 털 모

99 贓濫이 滿天下하되 罪拘薄福之人이니라.
장남 만천하 죄구박복지인

〖해설〗 부정한 재물을 취하는 사람이 천하에 가득하되 죄는 박복한 사람에게 걸리느니라.

〖출전〗 무지無知

에세이

이 말씀은 필자가 가장 많이 사용하는 용어 중에 하나이다. 부정하게 재물을 취하는 죄인이 천하에 가득하지만 죄는 박복한 사람에게만 찾아온다는 말씀으로, 오늘날 같이 개명한 사회에서도 부정한 돈으로 축재하는 사람이 비일비재하다고 한다.

우리나라는 정경유착이 가장 심각한 수준이다. 이는 잘 적발하기도 어렵다. 일례로, 이○박 정부의 4대강 사업은 정경유착이 가장 심한 사업이었는데, 대기업의 건설회사와 정치인의 은밀한 거래는 그 액수가 상상을 초월한다. 이렇게 부정으로 단번에 수억 원씩 거래해도 감시하고 적발하기는 어렵다. 그러나 배가 고파서 빵가게에서 빵 하나 훔쳐 먹은 서민은 단번에 경찰에 걸려서 철창신세가 된다. 그러므로 '죄는 박복한 사람에게 찾아온다.' 라고 하는 것이다.

그리고 어떤 공기업 임원은 텔레비전에 나와서 "직원들의 연봉이 1억 원 이상이나 됩니까."고 물으니, 그 임원이 하는 말, "우리는 이것도 적다고 여기는데요." 하는 것을 필자가 직접 들은 일이 있다.

서민들은 자영업을 하면서, 또는 회사에 다니면서 200~300만 원 이상 벌기가 어려운데, 그 임원은 월급을 1천만 원 이상 받으면서도 이것도 적다고 하니, 이를 본 국민들의 마음은 어떻겠는가! 위정자는 이런 봉급의 불균형을 하루빨리 시정해야 국민의 지지를 받을 것이다.

그리고 부정으로 돈을 버는 행위를 근절해야 공정한 사회가 되는 것이다. 변호사의 한 번 수임료로 100억 원을 받는 사회는 결코 정상적인 사회라고 볼 수는 없는 것이다.

贓 : 장물 장 濫 : 넘칠 남 滿 : 가득할 만 罪 : 허물 죄 拘 : 거리낄 구 薄 : 엷을 박

100 壯元詩에 云國正天心順이요 官淸民自安이라 妻賢夫禍少요 子孝父心寬이니라.
장원시 운국정천심순 관청민자안 처현부화소 자효부심관

〖해설〗 장원시에 이르기를, "국가가 바로 서면 천심天心이 따르고, 관원이 청렴하면 백성이 스스로 편안하니라. 아내가 어질면 남편의 화禍가 적고, 자식이 효도하면 아비의 마음이 너그러워지느니라." 고 하였다.

〖출전〗 무지無知

● 에세이

장원시는 과거에서 장원한 시를 말한다.

국가가 정치를 바르게 하면 하늘이 따라오는 것이고, 관원이 청렴하면 백성의 마음이 편안하게 되며, 어진 아내는 남편의 잘못된 점을 지적하여 바른 곳으로 인도하므로 남편에게 닥칠 화가 적어진다는 것이다.

필자는 본문의 '아내가 어질면 남편의 화禍가 적다.' 는 곳에 방점을 찍고 이야기를 전개하려고 한다.

사실 남자의 성품은 우직하고 저돌적인 경우가 많고 세심한 면이 적기 때문에 혹 실수를 하는 경우가 많다. 그리고 대인관계에서도 간혹 다툼이 생기기도 하는데, 이를 바르고 세심하게 잡아줄 사람은 한 이불을 덮고 자는 아내가 적격이다.

여성은 대체로 찬찬하고 세심하며 내성적인 성품으로 남과 다투는 것을 싫어하기 때문에 남편의 다툼과 저돌적인 성품을 잘 제어할 수가 있는 것이니, 이러므로 어진 아내는 남편의 화를 적게 한다고 한 것이 아닌가 한다.

그리고 공자께서도 '성인은 천리天理를 따라 행동하는데, 혹 성인聖人이 먼저 가면 하늘이 따라오고, 하늘이 먼저 가면 성인이 따라간다.' 고 주역에 말씀하였다. 그렇기에 나라가 바르면 하늘이 따라온다고 시인은 노래했던 것이다.

壯 : 장엄할 장 國 : 나라 국 順 : 따를 순 淸 : 맑을 청 妻 : 아내 처 賢 : 어질 현 禍 : 재앙 화 孝 : 효도 효 寬 : 너그러울 관

101 子曰 木受繩則直하고 人受諫則聖이니라.
자왈 목수승즉직 인수간즉성

〖해설〗 공자께서 말씀하시기를, "나무가 먹줄을 받으면 곧고, 사람이 간諫하여주는 말을 받아들이면 성인聖人이 되느니라." 고 하였다.

〖출전〗《공자가어孔子家語》

에세이

목수가 집을 지으면서 들보와 기둥을 깎아내려면 먹줄을 긋고 그 먹줄을 따라 거도巨刀로 깎아내면 한 치의 오차가 없는 똑바른 기둥이 되는 것이다. 이렇게 하여 모진 기둥을 세워서 아름다운 집을 짓는 것이다.

요즘은 이렇게 집을 짓는 경우를 볼 수가 없는데, 필자가 어려서만 해도 한 동리에 목수가 몇 명이 있어서 그 동리의 집을 책임지고 지었던 것을 기억하고 있다.

조선시대에는 간관諫官이라는 직책이 있어서 국정에 위해가 되는 일이 생기면 지위고하를 막론하고 상소문을 올려서 이를 시정했으니, 이 간관은 비록 임금이라 할지라도 법과 풍속에 위배하는 일을 하면 가차 없이 상소문을 올려서 이를 시정하려고 노력하였다. 그러므로 간관은 목숨을 내놓고 상소문을 올리는 사람이다. 요즘 같으면 검찰관에 해당한다. 이러한 간관이 있으므로 말미암아 정부

조직이 좀 더 깨끗해졌던 것으로 안다.

집안에서 간관의 역할을 하는 사람은 아내이니, 남편이 혹 잘못된 결정을 하거나 사리에 어긋난 행동을 하면 옆에 있는 아내가 잘 이야기하여 남편이 그릇된 곳으로 가지 않게 해야 하는 것이다. 그러므로 현처賢妻는 남편을 출세시키는 것이고, 악처는 남편을 좌절하게 하는 것이다.

본문의 '사람이 간諫하여주는 말을 받아들이면 성인이 되느니라.' 고 한 것은 남이 말해주는 충고를 잘 받아들이는 사람은 성스러운 사람이 된다는 말씀이다.

受 : 받을 수 繩 : 노 승 直 : 곧을 직 諫 : 간할 간 聖 : 성인 성

102 一派青山景色幽러니 前人田土後人收라 後人收得休歡喜하라 更有收人在後頭니라.
일파청산경색유 전인전토후인수 후인수 득휴환희 갱유수인재후두

〖해설〗 한 줄기 청산에 경치가 그윽하더니 전인의 전토田土를 후인이 거두는구나! 후인은 거두어들임을 기뻐하지 말지라. 다시 거두어들일 사람이 뒤에 있느니라.

〖출전〗《설부說郛》

에세이

이 말씀은 '전인이 짓던 땅을 내가 사서 농사를 지어 수확한다고 기뻐하지 말라, 내 뒤에 다시 그 땅을 살 사람이 기다리고 있다.' 라는 말씀으로, 한마디로 말해서 재물과 돈은 돌고 돈다는 말씀이다.

요즘 사람들처럼 돈을 좋아하는 시대도 없을 것이다. 조선시대에는 '청백리' 라는 제도가 있어서 이 청백리에 선정이 되면 집안 대대로 영광이 될 뿐만 아니라 조선왕조실록에 기록이 되었으므로 지금도 조선조에서 청백리에 선정이 된 사람은 역사에 기록으로 남아 있고,《한국고사대전》에 기록이 되어 있어서 그 후손들은 영광으로 여기고 자랑스럽게 생각한다. 그리고 청백리에 녹선錄選된 사람은 한 왕조에서 불과 몇 명에 불과하다. 지금처럼 남발하지 않았기에 그렇게 위대하고 가치가 있는 것이다.

그러나 지금은 재물을 너무 숭상하는 시대이기에 일류대학을 나

오고 고관을 지낸 사람들이 부정에 연루된 것을 많이 볼 수가 있으니, 참으로 안타까운 일이 아닐 수 없다. 내가 얻은 재산을 인수하려고 내 뒤에서 기다리고 있는데, 이런 재산을 얻으려고 어떤 이는 부정을 하고 어떤 이는 건강을 망치기도 한다. 생각해볼 일이 아닌가!

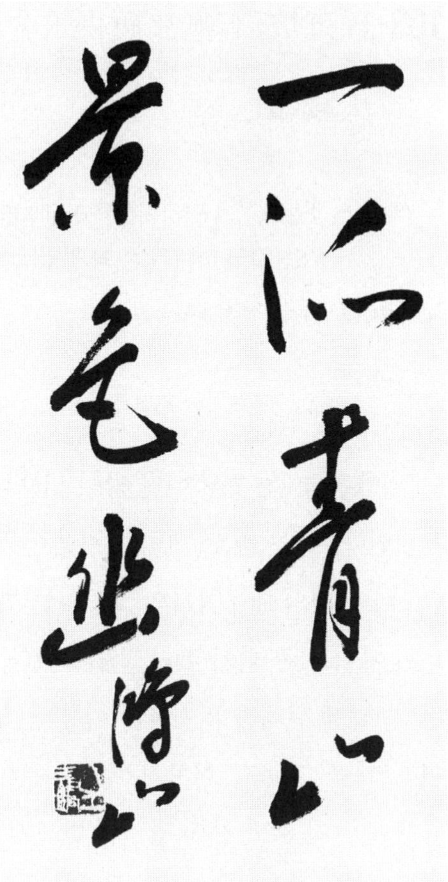

派 : 물결 파 景 : 경치 경 幽 : 그윽할 유 收 : 거둘 수 得 : 얻을 득 休 : 말 휴 歡 : 기쁠 환 喜 : 기쁠 희 更 : 다시 갱 頭 : 머리 두

103 蘇東坡曰 無故而得千金이면 不有大福이라 必有大禍니라.
소동파왈 무고이득천금 불유대복 필유대화

〖해설〗 소동파[35]가 말하기를, "아무 까닭 없이 천금을 얻는 것은 큰 복이 있는 것이 아니라 큰 화가 있느니라." 고 하였다.

〖출전〗《동파전집東坡全集》

에세이

'일확천금一攫千金' 이란 말이 있으니, 이 말씀은 '일거에 천금을 움켜쥔다.' 라는 말로, 요즘 사람들이 매우 좋아하는 말이다. 그러나 송宋나라 때의 대문학가인 소동파는 까닭 없이 천금을 얻는 것은 큰 복이 아니고 큰 화가 된다고 일갈했다. 왜 그렇게 말씀했을까! 이는 천리天理에 위배가 되기 때문이다. 만약에 봄이 좋은 계절이라 하여 여름, 가을, 겨울을 거치지 않고 여름이 되었다가 다시 봄이 된다면 열매가 익지 않고 봄이 왔기에 반드시 흉년이 들 것은 빤한 일이니, 이러한 것을 역리逆理라고 하는 것이다.

35 소동파蘇東坡 : 중국 북송 때의 제1의 시인. "독서가 만 권에 달하여도 율律은 읽지 않는다" 고 해서 초유의 필화사건을 일으켰다. 당시唐詩가 서정적인 데 대하여 그의 시는 철학적 요소가 짙었고 새로운 시경詩境을 개척하였다. 대표작인 《적벽부赤壁賦》는 불후의 명작으로 널리 애창되고 있다.

요즘은 복권이라는 것이 있어서 복권에 1등으로 당첨이 되면 일거에 천금을 번다. 그러나 복권을 타서 부자가 되었다는 사람은 보지 못했다. 왜 이런 현상이 일어나는가! 많은 돈을 소유해 본 사람이어야 많은 돈을 관리할 줄도 아는 것이다. 그런데 가난하게 살다가 갑자기 많은 돈이 들어오면 관리가 잘 되지 않아서 썰물처럼 빠져나가고 마는 것이다.

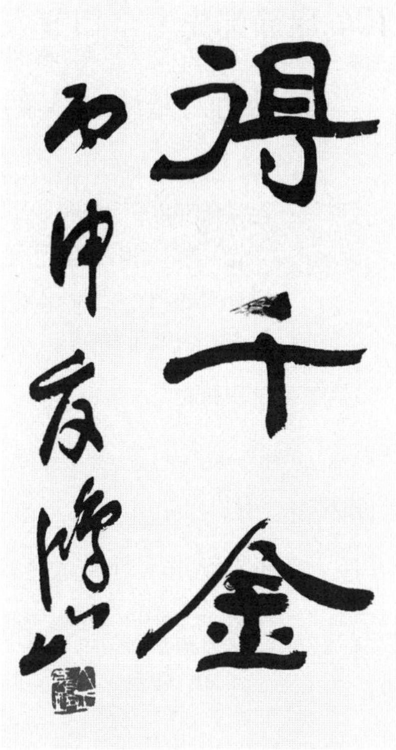

그리고 가난한 사람에게 갑자기 많은 돈이 들어오는 것은 흡사 마른 땅에 큰 비가 내리는 것과 같으니, 이렇게 갑자기 큰 비가 오면 홍수가 나고 산사태가 나며 땅이 무너져 내리는 것이다. 이처럼 갑자기 큰돈이 들어오는 것은 그만큼 커다란 위험을 내포하고 있다고 보아야 한다. 그렇기에 동파는 복이 아니고 화禍가 된다고 일갈했던 것이다.

蘇 : 차조기 소 坡 : 언덕 파 故 : 연고 고 得 : 얻을 득 福 : 복 복 禍 : 화 화

104 康節邵先生이 曰有人이 來問卜호대 如何是禍福
강절소선생 왈유인 내문복 여하시화복

고 我虧人是禍요 人虧我是福이니라.
아휴인시화 인휴아시복

〖해설〗 강절소(邵雍)[36] 선생이 말하기를, "어떤 사람이 와서 점을 묻되 '어떤 것이 복이고 어떤 것이 화입니까!' 고 하니, 대답하길, '내가 남을 해롭게 하면 이것이 나의 화禍이고, 남이 나를 해롭게 하면 이것이 나에게 복이다.' " 고 하였다.

〖출전〗 무지無知

에세이

본문에서 가장 중요한 내용은 '내가 남을 해롭게 하면 이것이 나

36 소옹邵雍 : 중국 북송北宋의 학자. 도가道家에서 '도서선천상수학圖書先天象數學' 을 배우고, '상수象數' 를 원리로 하는 관념론적 철학을 수립하였다. '역易' 의 '태극太極-양의兩儀-사상四象-팔괘八卦' 의 도식을 만물이 만들어지기까지의 우주생성의 과정이라 보고, 팔괘八卦가 교차하여 만물이 만들어진다고 생각하였다. 이 확신으로부터 천하 일체의 현상을 천지天地의 8상八象으로 귀착시켰다. 이것이 그의 '상학象學' 이다. 8상은 '일월성신日月星辰', '화수토석火水土石' 이라 하며, 전체를 이것으로 환원하고, 전체에 이것을 배당하는 가운데에서 추상 개념화하는데, 이 작업은 황당무계한 관념적 유희로 전락하였다. 다음으로 '수학數學' 에서 주목할 만한 것은 '원元, 회會, 운運, 세世' 의 설인데 한 세대=30년을 단위로 하여 일원一元(129600년)마다 천지가 경신更新한다고 하고, 이것을 우주 시간의 최초의 순환 단위로 생각하였다. 천지의 개벽에서 인류의 탄생, 그리고 당시(북송)까지를 이 순환의 가운데에 위치 지었지만, 이 작업도 현실을 수리數理에 맞추는 황당무계한 것이었다. 그러나 이 설은 규모가 웅대하기 때문에 후세에 많은 사람들을 사로잡기도 하였다. 또 '아我를 통해 물物을 본다' 는 것을 부정하고 '물物을 통해 물物을 본다' 는 것을 주장한 '반관反觀' 의 사상은 그의 경우에는 관념적이었지만 후세의 실학자들에 의해 과학적 인식 방법으로 발전되었다.

의 화禍이고 남이 나를 해롭게 하면 이것이 나에게 복이다.' 고 한 말씀이니, 이런 말씀은 아무나 할 수 있는 말씀이 아니다.

"《황극경세皇極經世》, 《관물내외편觀物內外篇》, 《선천도先天圖》, 《어초문대漁樵問對》, 《이천격양집伊川擊壤集》, 《매화시梅花詩》" 등을 저술한 소강절 선생만이 할 수 있는 말씀이다. 이 세상을 평등으로 본다면, 내가 남을 해하였으니 그 사람은 그만큼 이지러졌으므로, 앞으로 담아야 할 복이 더 많이 생긴 반면 나는 남을 해했으니 내 복이 그만큼 이지러진 것이고, 반대로 남이 나를 해쳤으면 나는 그만큼 이지러졌으니 복을 담을 그릇의 크기가 그만큼 커졌고, 남은 나를 해쳤으니 내가 받은 해만큼 그의 복은 줄어든 것이라는 말씀이다.

사실 사람이 이 세상에 살아가면서 무사하고 편안하면 축복을 받은 삶으로 알아야 한다. 자식을 낳아서 잘 길러서 결혼시키고 손자 손녀를 보고 편안히 사는 것이 축복인 것이다.

맑은 공기를 마시고 깨끗한 물을 마시며 배가 고프면 음식을 먹고 피곤하면 편히 쉴 집이 있어서 그곳에서 마음껏 자고 쉬는 자체가 축복인 것이다. 더 무엇을 바라겠는가!

康 : 편안 강 節 : 절개 절 邵 : 언덕 소 卜 : 점 복 禍 : 재앙 화 虧 : 이지러질 휴

105 濂溪先生이 曰巧者言하고 拙者默하며 巧者勞하고
염계선생 왈교자언 졸자묵 교자로

拙者逸하며 巧者賊하고 拙者德하며 巧者凶하고 拙
졸자일 교자적 졸자덕 교자흉 졸

者吉하나니 嗚呼라 天下拙이면 刑政이 徹하여 上安
자길 오호 천하졸 형정 철 상안

下順하며 風淸弊絶하나니라.
하순 풍청폐절

〖해설〗 염계濂溪 선생[37]이 말하기를, "교巧(재주 있는 자)한 자는 말을 잘하고 졸렬한 자는 말하지 않으며, 교巧한 자는 수고를 하고 졸拙한 자는 한가하며, 교巧한 자는 도적질을 하고 졸拙한 자는 덕을 쌓으며, 교巧한 자는 흉하고 졸拙한 자는 길하나니 아! 천하가 졸拙하면 형정刑政이 철저해서 임금은 편안하고 백성은 따르며, 풍속은 맑아지고 폐단은 없어지느니라." 고 하였다.

〖출전〗《성리군서구해性理群書句解》

37 염계濂溪 선생 : 주돈이周敦頤를 말하니, 도현道縣 염계고리濂溪故里 사람으로 본명은 돈실敦實이고, 자는 무숙茂叔, 호는 염계濂溪이다. 송宋나라 영종英宗, 조서趙曙의 이름을 피휘避諱(군주의 이름자가 나타나는 경우 삼가는 뜻을 표하기 위해 뜻이 통하는 다른 글자나 획의 일부를 생략함)하여 돈이敦頤로 개명했다. 북송北宋 시기의 관리이자 철학가, 문학가이다. 이학理學의 비조鼻祖(시조)로 주자周子로 일컬어진다. 음직으로 벼슬에 올라 분녕현주부分寧縣主簿, 남안군사리참군南安軍司理參軍, 계양령桂陽令, 대리시승大理寺丞, 태자중사太子中舍, 국자박사國子博士, 도판건주道判虔州, 광남동로전운판관廣南東路轉運判官, 제점광남동로형옥提點廣南東路刑獄 등을 역임했다. 만년에 여산廬山 연화봉蓮花峰 아래에 염계서당濂溪書堂을 짓고 학생들을 지도하니, 세간에 '염계선생濂溪先生'으로 일컬어졌고, 그 학파를 '염학濂學'이라 불렀다. 저서로《태극도설太極圖說》,《역통易通》등이 있고, 후인들이 편집한《주자전서周子全書》가 있다.

염계 선생은 성리학性理學의 선구자로 정호程顥와 정이程頤를 가르친 스승이다. 주자朱子는 정호와 정이의 학문을 이어서 성리학을 완성했으니 결국 주자의 조사祖師가 된다.

필자는 성균관대학교 유학대학원에서 공부할 때에 염계 선생이 계시던 여산廬山을 돌아보고 염계 선생을 모신 서원書院을 다녀온

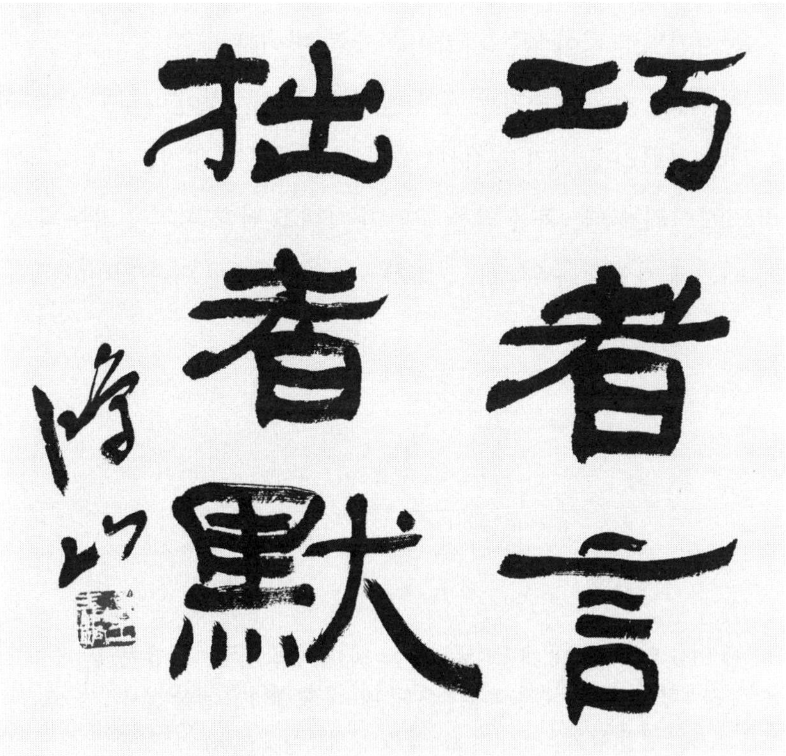

일이 있다. 중국 장강長江이 굽이쳐 흐르는 상류 구강□江을 경유하여 다녀왔는데, 여산廬山에는 해발 1000m 위에 마을이 형성되어 있는데, 그곳 호텔에서 1박하고 돌아왔다.

교자巧者는 재주가 좋아서 머리 회전이 빠르나, 마음속에 인의仁義가 없는 소인을 말한다. 그리고 졸자拙者는 우직한 사람을 말하니, 교자巧者는 재주가 많아 욕심에 빠져서 사람을 해치므로 적賊이라하였고, 졸자拙者는 천리天理를 따라 편안히 살면서 오직 자기의 몸을 지키므로 덕이 있는 사람이라고 한 것이다.

복이라는 것은 재주가 많은 사람에게 내리는 것이 아니고 사람이 우직해도 천리를 지키고 적선積善하는 사람에게 내리는 것이니, 이러므로 졸자拙者는 복을 받을 뿐만이 아니고 남과 이익을 다투지 않기 때문에 자연히 주위와도 친화가 되어서 길하게 되는 것이다.

濂 : 내 이름 염 溪 : 시내 계 巧 : 공교할 교 拙 : 졸렬할 졸 默 : 잠잠 묵 勞 : 수고로울 로 逸 : 편안 일 賊 : 도적 적 德 : 큰 덕 凶 : 흉할 흉 吉 : 길할 길 鳴 : 울 명 呼 : 부를 호 刑 : 형벌 형 政 : 정사 정 徹 : 통할 철 弊 : 폐할 폐 絶 : 끊을 절

106 易에 曰德薄而位尊하고 智小而謀大하며 力小而任重이면 無禍者ㅣ鮮矣니라.
역　왈덕박이위존　지소이모대　역소이임중　무화자선의

〖해설〗《주역》에서 말하기를 "덕德은 적은데 지위가 높고 지혜는 적은데 큰 것을 도모하며, 힘은 적은데 직책이 무거우면 화禍가 없는 자 적으니라." 고 하였다.

〖출전〗《주역공의집설周易孔義集說》

에세이

본문은 주역에 있는 말씀이니, 실은 공자께서 주역에 주注를 넣으면서 하신 말씀이다.

세상에는 능력도 안 되면서 중책을 맡는 자들이 많다. 본문의 말씀처럼 덕은 없는데 높은 자리에 앉으려 하고, 지혜는 적으면서 거대한 일을 하려고 하고, 능력은 적은데 중임을 맡으려는 자가 있으니, 이런 자들은 모두 화를 당한다고 공자께서 말씀하신 것이다.

옛적 조선조에서는 덕德이 많은 선비를 추천하는 제도가 있어서 이런 선비가 비록 시골에 살더라도 그곳 군수는 감사에게 추천하고 감사는 조정에 추천하며, 조정에서는 사실관계를 확인하여 그의 역량에 맞는 벼슬을 주었다.

필자의 14대조 인봉仁峰 전승업全承業[38] 공은 젊은 나이에 판서

이준민李俊民[39]의 추천을 받아서 "사재감 첨정"에 제수되었다. 이 사재감 첨정은 지금의 직책으로 말하면 청장 정도 되는 직책인데, 결국 이에 출사하지 않고 사양했다고 한다. 인봉仁峰 선생은 나중에 임진난이 일어나고 선조가 의주로 몽진함에, 중봉 조헌 선생과 같이 창의하여 커다란 공을 세웠다.

여하튼 덕이 있고 준비된 사람이 무거운 직책을 맡아야 하는데, 요즘은 줄만 잘 대면 고위직에 오르는 사람이 많으니, 위 본문은 이런 준비도 되지 않은 사람이 고위직에 앉는 것은 재앙이라고 한 것이다.

薄 : 엷은 박 尊 : 높을 존 智 : 지혜 지 謀 : 꾀 모 任 : 맡길 임 重 : 무거울 중 禍 : 재앙 화 鮮 : 적을 선

38 전승업全承業 : 사재감첨정司宰監僉正. 중봉重峯의 문인. 자는 효선孝先, 호는 인봉仁峰. 참판 팽령彭齡의 손자. 항의신편에 의하면, 중봉과 함께 가장 먼저 창의倡義하고 중봉의 밑에서 군수물자를 담당하는 막료로 활약하였고, 중봉이 쓴 상소문을 가지고 의주로 가던 도중 당진에서 중봉이 이끄는 7백 명의 군사가 전멸하였다는 소식을 접하고 상소문은 부관 곽현에게 맡기고 금산으로 돌아와 벗 박정량과 같이 중봉의 시신을 수습하여 장례를 치르고, 나머지 7백 의사의 시신을 한 곳에 묻었음. 뒤에 사헌부장령司憲府掌令에 추증되었다. 《인봉집仁峰集》이 있고, 후율서원後栗書院에 배향됨.

39 이준민李俊民 : 본관은 전의全義. 자는 자수子修, 호는 신암新菴. 건楗의 증손으로, 할아버지는 정윤貞胤이고, 아버지는 참봉 공량公亮이며, 어머니는 조언형曺彦亨의 딸이다. 영남의 대학자인 조식曺植이 그의 외숙이다.

107 說苑에 曰官怠於有成하고 病加於小愈하며 禍生於懈惰하고 孝衰於妻子니 察此四者하야 愼終如始니라.
설원 왈관태어유성 병가어소유 화생어해타 효쇠어처자 찰차사자 신종여시

〖해설〗 설원說苑[40]에서 말하기를, "관직은 이루어졌을 때에 게을러지고 병은 조금 나았을 때에 (치료하지 않아서) 더하며, 화禍는 게으른 데서 생기고 효도는 처자를 둔 데서 쇠하니, 이 네 가지를 살펴서 일을 마칠 때까지 조심함을 일을 시작할 때처럼 할지니라."고 하였다.

〖출전〗《설원說苑》

에세이

요즘도 공무원이 되어서 사무관이나 서기관 정도 올라가면 자신은 일을 하지 않고 부하 직원만 부려먹으며 자신은 하루 종일 빈둥빈둥 노는 관리가 혹 있다고 한다. 물론 모든 공무원이 다 그런 것은 아니겠지만, 필자가 아는 사람이 공무원인데 어느 직장에서 6급 과장의 밑에서 일을 하였다. 그 과장은 자신은 하루 종일 아무 일도 하지 않고 부하 직원한테만 너무 많은 일을 안겨주어서 그 부하 직원

40 설원說苑 : 전한前漢의 유향劉向(B.C. 76~5)이 지은, 춘추시대에서 한漢 나라 초에 이르는 여러 학자들의 전기와 일화를 모은 책. 20권. 송宋의 증공曾鞏이 산일散佚된 것을 보충했다.

은 매일 야근을 해야 했다는 이야기를 들은 적이 있다.

이렇게 6급의 공무원도 일은 하지 않고 하루 종일 놀다가 집에 들어가면서 월급을 또박또박 탄다고 하니, 필자는 할 말을 잃는다. 본문은 이런 공무원을 일컬어서 조금 이루었다고 해서 게으름을 펴서는 안 된다고 한 것이다.

또한 부모님께 효도함은, 아내와 자식이 생기므로 말미암아 쇠한다고 한다. 처자식이 생기면 그들을 부양할 의무를 지니, 직장이 좋지 않고는 모두 가지랑이가 찢어질 지경이니, 어느 게재에 부모님을 잘 모시겠는가! 그리고 지금은 조기교육이니 뭐니 해서 아이들 교육을 시키려면 많은 돈이 들어가므로, 실로 부모님과 처자식 사이에서 진퇴유곡일 때가 많다. 그래도 나의 뿌리인 부모님을 잘 섬겨야 내가 잘 되고 자식도 잘 되는 것이다.

說 : 말씀 설 苑 : 동산 원 怠 : 게으를 태 病 : 병 병 愈 : 나을 유 禍 : 화 화 懈 : 게으를 해 惰 : 게으를 타 衰 : 쇠할 쇠 妻 : 아내 처 察 : 살필 찰 愼 : 삼갈 신 終 : 마침 종

108 益智書에 云白玉은 投於泥塗라도 不能汚穢其色
익지서 운백옥 투어니도 불능오예기색

이요 君子는 行於濁地라도 不能染亂其心하나니 故로
군자 행어탁지 불능염란기심 고

松柏은 可以耐雪霜이요 明智는 可以涉危難이니라.
송백 가이내설상 명지 가이섭위난

〖해설〗 익지서에서 이르기를, "백옥은 진흙구덩이에 던져지더라도 그 빛을 더럽히지 않고, 군자는 혼탁한 곳에 행하더라도 그 마음을 어지럽히지 않나니, 그러므로 송백松柏은 상설霜雪을 견디고 밝은 지혜는 위난危難을 잘 지나느니라." 고 하였다.

〖출전〗 무지無知

에세이

보석은 더러운 진흙 속에 떨어져도 그 영롱한 빛을 잃지 않고 군자君子는 예의가 없어진 혼탁한 거리를 걸어가더라도 그 어진 마음이 흔들리지 않는다.

이 세상에는 수많은 나무들이 이곳저곳에 흩어져 살아가고 있지만 그중에서 오직 송백松柏만이 가을과 겨울의 서리와 눈을 견뎌내는 것이다. 그러므로 지혜가 밝은 사람만이 위난의 국가를 구할 수가 있는 것이다. 이러므로 식물은 겨울을 지내봐야 그 변하지 않는 푸름을 알 수가 있는 것이고, 사람은 어려움을 겪어봐야 그 지조를 알 수가 있는 것이다.

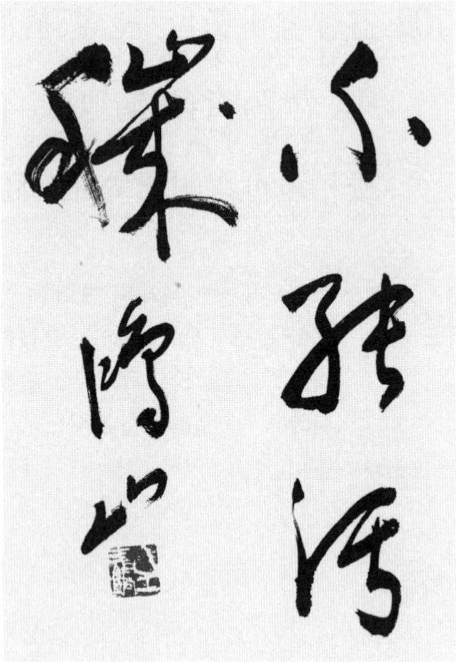

왜정 36년에 수많은 조선인들이 왜구倭寇의 앞잡이가 되어서 사사로운 자신의 이익을 추구하며 조국을 져버린 사람이 얼마나 많은가! 이런 자들을 모두 친일파라 한다.

그러나 국가를 구하기 위하여 자신을 내던진 의사들도 많다. 안중근 의사, 류관순 열사, 윤봉길 의사 등 수많은 의사들이 출현하여 자신을 던져 국가를 구하려고 노력했으니, 이런 사람들이 모두 송백松柏과 같은 군자인 것이다.

이 세상은 이런 절조가 있고 인의가 있는 사람들에 의해 지탱하는 것이고 계속 이어져서 좀 더 좋은 세상을 만드는 것이다.

益 : 더할 익 智 : 지혜 지 投 : 던질 투 泥 : 진흙 니 塗 : 바를 도 汚 : 더러울 오 穢 : 더러울 예 色 : 빛 색 濁 : 혼탁할 탁 染 : 물들일 염 亂 : 어지러울 란 耐 : 견딜 내 雪 : 눈 설 霜 : 서리 상 涉 : 건널 섭 危 : 위험 위 難 : 어려울 난

109 太公이 曰日月이 雖明이나 不照覆盆之下하고 剛刀가 雖利나 不斬無罪之人하고 非災橫禍는 不入愼家之門이니라.
태공 왈일월 수명 부조복분지하 강도 수리 불참무죄지인 비재횡화 불입신가지문

〖해설〗 태공이 말하기를, "해와 달이 비록 밝으나 엎어진 동이의 아래는 비취지 못하고, 견고한 칼이 비록 예리하나 죄 없는 사람은 베지 못하고, 그른 재앙과 빗나간 화는 삼가는 집에는 들어가지 못한다."고 하였다.

〖출전〗 무지無知

에세이

본문의 말씀은 결국 세상을 조심스럽게 살아야 한다는 말씀이다. 《시경詩經》에 이런 말씀이 있다.

不敢暴虎 不敢馮河 호랑이 맨손으로 잡지 못하고 황하는 걸어서 건너지 못하니

人知其一 莫知其他 사람들이 하나는 알고 나머지는 모르는구나.

戰戰兢兢 두려워하고 두려워하여

如臨深淵 깊은 못에 임한 듯이 하고

如履薄氷 엷은 얼음을 밟듯이 하오.

사람은 하루 앞날을 알지 못한다. 그러므로 세상을 두려워하면서 깊은 연못가에 임한 듯이 하고 엷은 얼음을 밟은 듯이 살아가는 것이니, 이런 사람의 집에는 그릇된 재앙과 빗나간 화禍가 들어오지 못한다는 태공의 말씀이다.

요즘 젊은 여성들을 보면 자신의 아름다움을 뽐내기 위해 하얀 허벅지를 내놓고 다니는 것을 보면서 본문의 말씀이 시사示唆하는 바가 크다 할 것이다.

雖 : 비록 수 照 : 비칠 조 覆 : 엎을 복 盆 : 동이 분 剛 : 굳셀 강 利 : 예리할 리 斬 : 벨 참 罪 : 허물 죄 災 : 재앙 재 橫 : 비낄 횡 禍 : 재앙 화 愼 : 삼갈 신

110 性理書에 云接物之要는 己所不欲을 勿施於人하고 行有不得이어든 反求諸己니라.
성리서 운접물지요 기소불욕 물시어인 행유부득 반구제기

〔해설〕 성리서에서 이르기를, "모든 일을 대할 때의 중요한 것은 자기가 하고 싶지 않은 것을 남에게 시키지 말고, 행하여 얻지 못한 것이 있거든 돌이켜서 자신에게서 구할 것이니라." 고 하였다.

〔출전〕《어찬주자전서御纂朱子全書》

에세이

남을 대하는 중요한 요점은 자기가 하고 싶지 않은 것은 남에게 시키지 말아야 하고, 행동에 옮겨서 얻지 못함이 있으면 생각을 달리하여 내가 무엇을 잘못 했는가를 살펴야 한다는 말씀이다.

사람은 얼굴이 사람 같다고 해서 모두 사람이 되는 것은 아니다. 돼지처럼 자기만 먹으려고 대드는 욕심쟁이도 있고, 뻐꾸기처럼 남의 둥지에 몰래 알을 낳아서 자기 새끼를 다른 새가 키우게 하는 얌체족도 있으며 사기 치고 폭력을 휘두르는 사람들도 많다. 이런 자들은 모두 외모는 사람이지만 속은 짐승과 같은 자들이다.

본문의 중요한 요점은 사람은 양심에 따라 살아야 한다는 말씀이다. 이러므로 양심을 잃은 사람은 이미 사람이 아닌 것이다.

性 : 성품 성 理 : 이치 리 接 : 접할 접 物 : 물건 물 要 : 중요할 요 欲 : 하고자 할 욕 施 : 베풀 시 得 : 얻을 득 求 : 구할 구 諸 : 모두 제

입교편立敎篇

111 子曰 立身有義而孝爲本이요 喪祀有禮而哀爲本
자 왈 입 신 유 의 이 효 위 본　상 사 유 례 이 애 위 본

이며 戰陣有列而勇爲本이요 治政有理而農爲本
전 진 유 열 이 용 위 본　치 정 유 리 이 농 위 본

이며 居國有道而嗣爲本이요 生財有時而力爲本이
거 국 유 도 이 사 위 본　생 재 유 시 이 력 위 본

니라.

〔해설〕 공자께서 말씀하셨다. "입신立身하는 데는 의리義理가 있어야 하는데 효도가 근본이 되고, 초상이 나고 제사를 지내는 데는 예절이 있는데 슬픔이 근본이 되며, 싸움터에서는 진열陣列이 있어야 하는데 용맹이 근본이 되고, 정치를 하는 데는 이치가 있는데 농사가 근본이 되며, 나라에 사는 데는 도道가 있어야 하는데 자식을 낳음이 근본이 되고, 돈을 버는 데는 때가 있는데 힘이 근본이 되느니라." 고 하였다.

〔출전〕《설원說苑》

에세이

사람이 이 세상에 태어나서 공부를 하여 자신을 알려야 하는데 이는 효도가 근본이 되어야 한다는 것이고, 부모님이 돌아가시면 예를 갖추어서 보내드려야 하는데 이는 슬픈 마음이 근본이 되는 것이며, 전쟁을 할 때에는 진열陣列을 갖추어야 하는데 이때에는 용맹이 근본이 되고, 임금이 나라를 다스릴 때에는 이치가 있어야 하는데 이때에는 농사가 근본이 되고, 그 나라에 살 때에는 도가 있어야 하는데 이때에는 자식을 낳아 대를 잇는 것이 근본이 되고, 돈을 버는 데는 때가 있는데 이때에는 건강이 근본이 되는 것이다.

입신立身함은, 학자는 학자로써 인정을 받는 것이고, 정치인은 정치인으로 인정을 받는 것이니, 만약 학자가 논문을 표절하여 썼다거나 화가가 남의 낙관을 찍어서 비싸게 팔아 돈을 벌었다면 이는 의리가 없는 것이다.

입신立身에는 효도가 근본이 된다는 것이니, 왜 하필 효도인가! 하면 효도하는 사람은 절대로 남을 속이거나 사기를 치지 못하기 때문이다. 만약 효자가 사기를 치고 다녔다면, 이 사람은 효자가 아닌 것이다.

그 나라에 살면 도가 있는데, 반드시 자식을 낳아서 대를 이어야 한다고 한다. 왜인가! 사람은 누구나 국가의 강력한 체제 안에서 법의 보호를 받으며 살아가는 것이다. 만약 국가의 울타리를 벗어나면 금방 나보다 강한 강도나 적도가 나타나서 나를 위협하므로, 나 혼자는 절대로 살아갈 수가 없는 것이다. 그러므로 그 나라에 살아가면서 자식을 낳아 대도 잇고 또한 군대도 보내야 그 나라가 보전되기에 이런 말씀을 한 것이다.

義 : 옳을 의 孝 : 효도 효 喪 : 초상 상 祀 : 제사 사 禮 : 예도 예 哀 : 슬플 애 戰 : 싸움 전 陣 : 진칠 진 列 : 벌릴 열 勇 : 용맹 용 治 : 다스릴 치 政 : 정사 정 農 : 농사 농 居 : 살 거 國 : 나라 국 嗣 : 이을 사 財 : 재물 재

112 景行錄에 云爲政之要는 曰公與淸이요 成家之道는 曰儉與勤이니라.
경행록 운위정지요 왈공여청 성가지도 왈검여근

〖해설〗 경행록에서 이르기를, "정치를 하는데 긴요한 것은 공정한 것과 및 깨끗한 것이고, 집안을 이루는 길은 검소한 것과 및 부지런한 것이니라." 고 하였다.

〖출전〗《설부說郛》

에세이

이 세상에서 정치만큼 중요한 것은 없다. 왜냐면 정치는 국가를 육성하는 하나의 행위인데, 그 나라 안에 수많은 사람들의 이해관계가 숨어있다. 그러므로 정치를 잘해야 그 나라 안에 사는 사람들이 편안히 잘 살 수 있는 것이다.

그런데 정치에서 가장 중요한 것은 공정하고 청렴한 것이라는 말이다. 정치를 하는데 있어서 그 누구의 편에 서지 않고 공정하게 일을 집행해야 국민들의 불만이 없는 것이고, 또 한 가지 긴요한 것은 청렴한 것이니 정치하는 본인이 청렴해야 국민이 순순히 따라오는 것이다.

그리고 집안을 일으키는 길은 검소한 것과 부지런한 것이니, 검소하지 않으면 돈을 적립할 수가 없고 부지런하지 않으면 생산이 되지 않으니 결국 돈을 모을 수가 없는 것이다. 부언하면, 이 세상은 검소하고 부지런히 일해도 살기가 어려운 것인데, 하물며 방탕하고 게으르면 어찌 집안을 일으키겠는가!

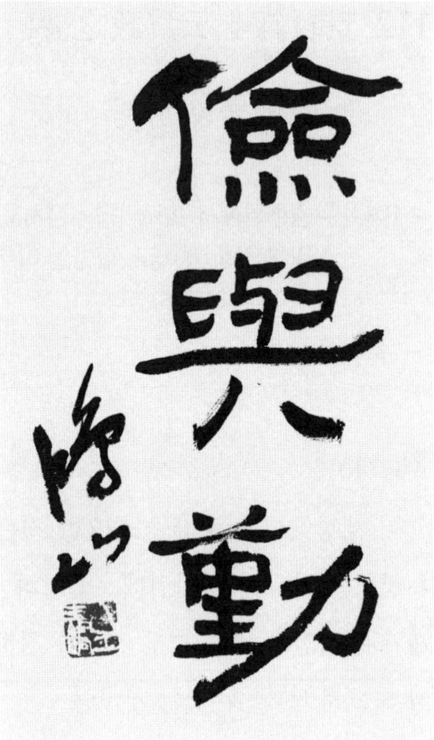

필자는 본래 부지런한 사람이었다. 어려서 공부할 때부터 새벽 5시가 되면 언제나 일어나서 공부를 하였고, 그리고 젊어서는 5시에 일어나서 운동도 하고 일도 했다. 그리고 필자는 한없이 검소한 사람이었으니, 왜냐면 부모님께 물려받은 것이 하나도 없고 오직 나의 힘으로 처자妻子를 부양해야 했기 때문이다. 평생 그렇게 했어도 부富를 이루지 못했다. 왜일까! 필자는 때를 만나지 못했기 때문이다. 그러므로 근근하게 빚지지 않고 살아가고 있다.

景 : 클 경 錄 : 기록 록 政 : 정사 정 要 : 중요 요 淸 : 맑을 청 道 : 길 도 儉 : 검소할 검 與 : 및 여 勤 : 부지런 할 근

113 讀書는 起家之本이요 循理는 保家之本이요 勤儉은 治家之本이요 和順은 齊家之本이니라.
독서 기가지본 순리 보가지본 근검 치가지본 화순 제가지본

〔해설〕 독서(공부)하는 것은 집을 일으키는 근본이고, 천리天理를 따르는 것은 집을 보호하는 근본이고, 부지런하고 검소한 것은 집안을 다스리는 근본이고, 화목하고 순종하는 것은 집안을 가지런히 하는 근본이니라.

〔출전〕《동리집東里集》

● 에세이

사람이 이 세상에 태어나서 제일 먼저 해야 할 것은 공부이다. 만약 공부를 하지 않으면 어두운 밤거리를 걸어가는 것 같아서 살 수가 없는 것이고, 다음은 천리를 따르는 것, 즉 이치를 따르는 것이니, 세상의 일은 순리대로 해야 무리 없이 잘 이루어지는 것이다.

천리라는 것은 곧 봄이 가면 여름이 오고 낮이 가면 밤이 오는 것과 같은 것이니, 이런 천리의 이치를 어기고 살면 공자께서는 '죽는다.' 고 말씀하시었다. 일례로, 봄에 씨앗을 밭에 뿌리지 않으면 가을에 곡식을 수확할 수가 없으므로 결국 낭패를 보게 되는 것이다.

검소하고 부지런한 것은 세상을 살아가는 기본이고, 화목하고 순종하는 것은 참으로 좋은 덕목이다. 한 가정의 구성원들은 화목해야 하고 이웃과 화목해야 하며 친척과 화목해야 한다. 만약 이를 어

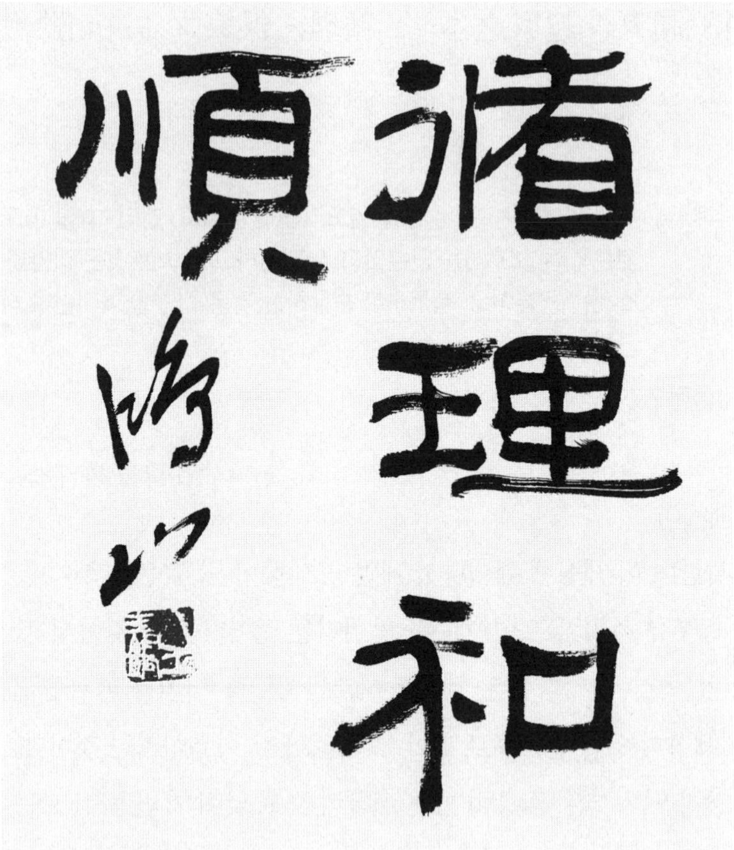

기고 불화하면 첫째, 내가 불편하고 둘째, 집안이 불편하며, 셋째, 이웃과 불편하게 되어서 결국 고립되는 것이다.

讀 : 읽을 독 書 : 글 서 起 : 일어날 기 本 : 근본 본 循 : 따를 순 理 : 이치 리 保 : 보전할 보 勤 : 부지런할 근 儉 : 검소할 검 治 : 다스릴 치 和 : 화할 화 順 : 따를 순 齊 : 가지런할 제

114 孔子三計圖에 云一生之計는 在於幼하고 一年之
공자삼계도 운일생지계 재어유 일년지
計는 在於春하고 一日之計는 在於寅이니 幼而不
계 재어춘 일일지계 재어인 유이불
學이면 老無所知요 春若不耕이면 秋無所望이요 寅
학 노무소지 춘약불경 추무소망 인
若不起면 日無所辨이니라.
약불기 일무소판

〚해설〛 공자 삼계도三計圖에서 이르기를, "일생의 계획은 어릴 때에 있고, 1년의 계획은 봄에 있고, 1일의 계획은 새벽에 있으니, 어려서 배우지 않으면 늙어서 아는 것이 없고, 봄에 밭을 갈지 않으면 가을에 바라볼 것이 없고, 인시寅時에 일어나지 않으면 그날에 힘쓸 바가 없다." 고 하였다.

〚출전〛《독서기수략讀書紀數略》

에세이

'일생의 계획은 어릴 때에 있다' 고 했는데, 필자는 산골벽지의 농촌에서 출생하여 농사짓는 것만 보고 자랐기 때문에 아는 것이 산에 가서 나물 뜯고 또는 나무를 해서 지게에 지고 와서 밥을 짓고, 논밭에 가서 풀을 뽑아주고, 냇가에 가서 고기 잡고 개구리를 잡던 일 등이 주마등처럼 뇌리를 스쳐간다.

초등학교에 들어갔는데 선생님께서 '앞으로 어떤 사람이 되고 싶으냐!' 고 물으셨다. 필자는 아는 것이라고는 산과 들 그리고 논과 밭, 그리고 학교와 면사무소 등 60년대 농촌에서 볼 수 있는 것 중에서 '선생님' 이 가장 훌륭한 직업 중의 하나였는데, 필자는 선생님을 택하지 않고 하늘에 나는 비행기의 조종사가 되고 싶다고 한 기억이 생각난다. 물론 조종사가 될 수는 없었고 경기대학교의 사회교육 담당 주임교수로 재직한 일은 있다.

물론 훌륭한 부모님 밑에서 자랐다거나 환경이 좋은 도회지에서 자란 어린이는 좀 더 훌륭한 포부를 갖고 그곳으로 매진할 수도 있었겠지만 필자에게는 그런 좋은 환경이 되지 않았기에 그냥 살아가면서 궤도를 수정하고 또 수정해서 지금은 글을 써서 책도 출판하고, 붓글씨를 써서 전시회도 열고, 고문을 번역해서 돈도 벌 수 있는 일을 하고 있다. 공자님 말씀대로 어려서부터 목표와 계획을 세우고 일로 매진했다면 아마 오늘의 필자보다 좀 더 훌륭한 일을 하지 않을까! 하고 생각을 해본다.

본문 '인시寅時에 일어나지 않을 것 같으면' 에서 인시寅時는 새벽 3시부터 5시까지의 시간을 말하니, 곧 새벽에 일찍 일어나라는 말씀이다.

計 : 꾀 계 圖 : 그림 도 計 : 헤아릴 계 幼 : 어릴 유 寅 : 동방 인 學 : 배울 학 老 : 늙을 로 知 : 알 지 若 : 같을 약 耕 : 갈 경 望 : 바랄 망 起 : 일어날 기 辦 : 힘쓸 판

115 性理書에 云五教之目은 父子有親하고 君臣有義하며 夫婦有別하고 長幼有序하며 朋友有信이니라.
성리서 운오교지목 부자유친 군신유의 부부유별 장유유서 붕우유신

〖해설〗 성리서性理書에서 이르기를, "다섯 가지 가르침의 조목은 아비와 아들은 친함이 있어야 하고, 임금과 신하는 의리가 있어야 하며, 지아비와 지어미 사이에는 분별이 있어야 하고, 어른과 아이 사이에는 차례가 있어야 하며, 벗과 벗 사이에는 신의가 있어야 한다." 고 하였다.

〖출전〗《주역집주周易集註》

에세이

본문의 오교五教의 조목은 유학의 대강령이니, 이를 오륜五倫이라 한다. 필자가 어렸을 때만 해도 '삼강三綱과 오륜五倫' 은 누구나 잘 알뿐 아니라 이를 지키려고 노력하였다.

'부자유친父子有親' 은 부자 간에는 천륜天倫으로 맺어진 사이이니, 누가 인위적으로 끊으려고 해도 끊어지지 않는 너무나 단단한 관계이다. 그러므로 부자의 사이에는 항상 친함이 있어야 한다는 말씀이다.

'군신유의君臣有義' 는 임금과 신하의 사이에는 의리가 있어야 하는 것이다. 현세에서는 군신이라 하지 않으니, 곧 국가의 통수를 대통령이라 하고 그 밑에 총리 장관 등 국가를 위해서 일하는 공무원이 많이 있다. '군군君君 신신臣臣 부부父父 자자子子 형형兄兄 제제

弟弟 부부夫夫 부부婦婦' 라는 말이 있으니, 즉 대통령은 대통령다워야 하고 공무원은 공무원다워야 하며, 아비는 아비다워야 하고 자식은 자식다워야 하며, 형은 형다워야 하고 아우는 아우다워야 하며, 지아비는 지아비다워야 하고 지어미는 지어미다워야 한다는 말씀이다.

'부부유별夫婦有別' 은 남편과 아내는 서로 성性이 다르므로 남편은 밖에 나가서 일을 하고 아내는 집안에서 자식을 낳고 가사를 전담하는 것이니, 이러한 분담은 60년대까지만 해도 거의 지켜져서 부부간에 큰 문제가 없었는데, 그 후로 여성도 남성과 똑같이 많은 공부를 하고 사회에 진출하게 되었다.

부부가 모두 사회에 진출하여 일을 하게 되면서 집안 일을 가지고 부부의 갈등이 일어나기 시작했으니, 그러므로 이로 인하여 이혼하는 젊은 부부가 많이 발생하여 사회문제가 되었고 그 부부 사이에서 태어난 아이들은 졸지에 이혼가정의 아이가 되었다.

'장유유서長幼有序' 는 어른을 공경하고 어린이를 사랑해야 한다는 이론으로, 즉 젊은 사람은 나이가 많은 어른을 공경해야 하고, 나이가 많은 어른은 나이가 적은 젊은이를 사랑으로 대하고 잘 훈도해야 한다는 것이니, 이렇게 해야 위계질서가 잡힌다. 그러나 이제는 서양의 학문이 위세를 떨치면서 이러한 동양의 미풍양속美風良俗도 사라질 위기에 놓였다. 그러나 지금도 이런 윤리를 존중하고 잘 지키려는 사람이 더 많으니, 다행한 일이 아닌가!

'붕우유신朋友有信' 은 벗 사이에는 신의信義가 있어야 한다는 논리이니, 벗은 벗과의 사이에서 신의가 사라지면 떠나는 것이다. 만약 신의가 없는 벗에게 많은 돈을 빌려주었다면, 이후에 그 돈을 돌려받을 수 있을까! 돈은 돌려받지 못할 뿐만 아니라 친구도 잃게 되는 것이니, 신의가 없는 벗을 사귀어서는 안 되는 것이고, 맹자도 이런 벗에게서는 떠나야 한다고 말씀했다.

性 : 성품 성 理 : 이치 리 親 : 친할 친 義 : 의리 의 婦 : 지어미 부 別 : 분별 별 幼 : 어릴 유 序 : 차례 서 朋 : 벗 붕 信 : 믿을 신

116 三綱은 君爲臣綱이요 父爲子綱이요 夫爲婦綱이니라.
삼강 군위신강 부위자강 부위부강

〖해설〗 삼강三綱은 임금은 신하의 벼리가 되고, 아비는 자식의 벼리가 되고, 지아비는 지어미의 벼리가 된다.

〖출전〗《예기대전禮記大全》

에세이

본문의 '벼리'는 그물의 코를 꿰어 잡아당기는 줄을 말하니, 임금은 신하에 대하여, 아비는 아들에 대하여, 지아비는 지어미에 대하여 벼리가 된다는 말씀이다.

언뜻 생각하면 현세에서는 맞지 않는 것 같지만, 좀 더 자세히 생각해보면 이 세상의 질서가 유지되는 데에 꼭 필요한 덕목이 아닌가 생각한다.

하늘과 땅 중에 어느 쪽이 더 귀하냐는 따질 수 없지만 땅은 하늘의 행위에 대하여 그냥 순종할 뿐 거역하는 일은 단 한 번도 없다. 이것이 천리天理의 법칙이니, 만약에 하늘에서 비를 내리는데 땅에서, 땅은 '비를 받지 않을 것이니 내리지 말라.' 고 한다면 하늘에서 비를 내리지 않을까! 비가 오는 것은 천지의 조화造化 속에서 내리는 것이니, 이런 조화의 원리를 거역할 기술은 현대의 문명을 가지고도 할 수가 없는 것이다.

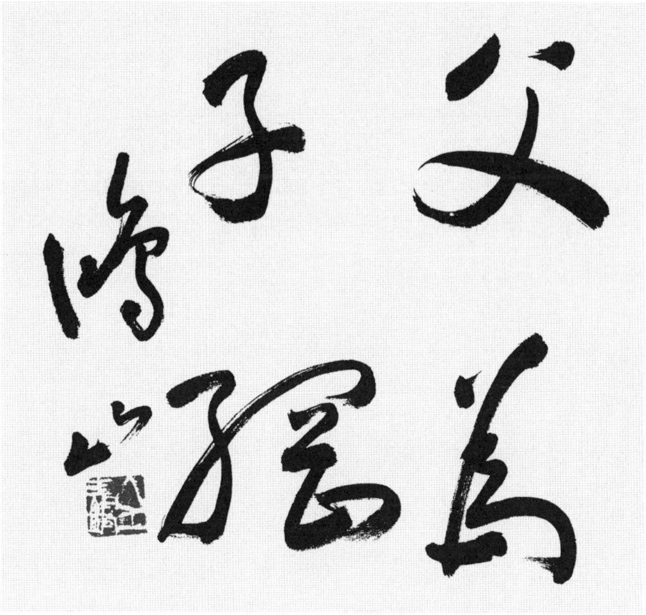

그러므로 대통령은 공무원의 벼리가 되어야 하고, 아버지는 아들의 벼리가 되어야 하며, 남편은 아내의 벼리가 되어야 하는 것이다.

부부夫婦는 이성二姓이 합한 것이기 때문에 성性의 차이가 있고 가문의 차이가 있으며, 환경의 차이가 있고 지역의 차이가 있는 것이다. 이러한 차이를 이성異性으로 모두 감싸고 부합하여 살아가는 것이니, 이런 가운데에 부수적으로 자식이 생기고 재산이 불어나고 깊은 정이 붙는 것이다. 여하튼 이성異性의 차이를 이성理性으로 극복하는 사람이어야 성공한 부부가 되는 것이다.

綱 : 벼리 강 夫 : 지아비 부 婦 : 지어미 부

117 王蠋이 曰忠臣은 不事二君이요 烈女는 不更二夫니라.
왕촉 왈충신 불사이군 열녀 불경이부

〖해설〗 왕촉王蠋[41]이 말하기를, "충신忠臣은 두 임금을 섬기지 않고, 열녀烈女는 두 지아비를 바꾸지 않는다."고 하였다.

〖출전〗 《사기史記》

에세이

이태조가 조선을 건국하자 고려의 유신들은 '충신은 두 임금을 섬기지 않는다.'라는 대의大義를 붙잡고 72인이 두문동에 들어가서 나오지 않았고, 그 외에 조선의 조정에 들어가서 벼슬하지 않고 고향으로 낙향하여 여생을 마친 선비들이 수없이 많다. 이들은 모두 왕촉이 말한 '충신은 두 임금을 섬기지 않는다.'라는 대의에 힘입어 행동했으니, 지금도 이들의 행위를 잘했다고 찬미한다.

필자의 21대조 전숙全淑공은 고려에서 판도판서였는데, 이성계가 역성혁명을 할 것을 미리 간파하고 일찍이 관성管城(옥천)에 내려가서 은거했는데 나중에 보니 과연 이성계가 역성혁명을 하므로,

41 왕촉王蠋 : 전국시대 제齊나라 충신이다. 임금의 잘못을 간하다가 듣지 않으므로 농사를 짓고 있었는데, 연燕나라가 제나라를 격파하고 왕촉을 불렀다. 왕촉은, "충신은 두 임금을 섬기지 않고, 열녀는 두 지아비를 받들지 않는다.[忠臣不事二君, 烈女不更二夫.]" 하고 자살하였다. 《通鑑節要》

이를 미워해서 더 깊숙한 곳으로 들어갔다고 한다. 전숙全淑공은 '불사이군不事二君' 의 절조를 지키면서 조선 초에 111살을 살다가 서거했다고 하니, 과연 인자仁者의 수명이라 할 수가 있다.

다음 '열녀烈女는 두 지아비를 바꾸지 않는다.' 라는 말씀은 오늘날에는 맞지 않는 말씀이 아닌가 생각한다. 여성도 하나의 평등한 사람이니, 본인의 의사가 중요한 것이다. 본인이 이 세상에 태어나서 한 남편과만 살다가 죽겠다고 하면 두말할 필요는 없다. 그러나 남자와 여자는 성性이 서로 다르므로 모든 사람들이 각기 다른 성품과 신체조건을 가지고 있으므로 각자의 의사에 따르는 것이 좋다고 생각한다.

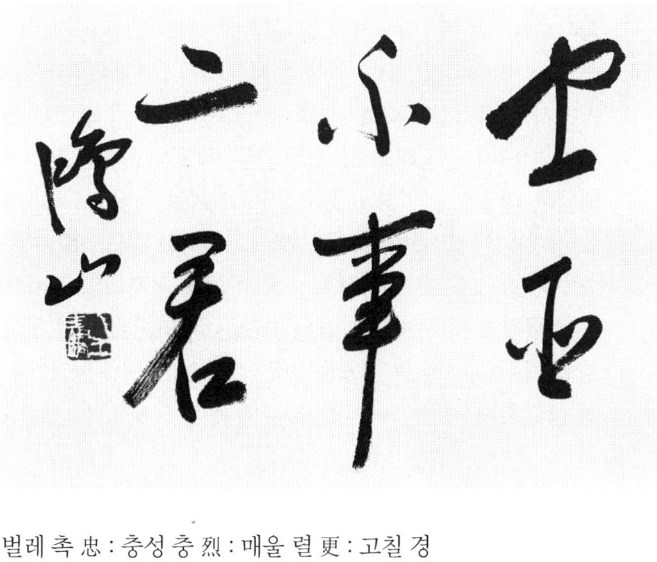

蠋 : 애벌레 촉 忠 : 충성 충 烈 : 매울 렬 更 : 고칠 경

118 張思叔座右銘(장사숙좌우명)에 曰凡語(왈범어)를 必忠信(필충신)하고 凡行(범행)을 必篤敬(필독경)하며 飮食(음식)을 必愼節(필신절)하고 字畫(자획)을 必楷正(필해정)하며 容貌(용모)를 必端莊(필단장)하고 衣冠(의관)을 必肅整(필숙정)하며 步履(보리)를 必安詳(필안상)하고 居處(거처)를 必正靜(필정정)하며 作事(작사)를 必謀始(필모시)하고 出言(출언)을 必顧行(필고행)하며 常德(상덕)을 必固持(필고지)하고 然諾(연낙)을 必重應(필중응)하며 見善如己出(견선여기출)하고 見惡如己病(견악여기병)하라 凡此十四者(범차십사자)는 我皆未深省(아개미심성)이라 書此堂座右(서차당좌우)하야 朝夕視爲警(조석시위경)하노라.

〖해설〗 장사숙張思叔[42]의 좌우명에 말하기를, “모든 말은 반드시 충성스럽고 신실信實하고, 모든 행동은 반드시 두텁게 공경하며, 음식은 반드시 삼가서 절도에 맞게 먹고, 글자는 반드시 바르게 쓰며, 용모는 반드시 단장해야 하고, 의관은 반드시 단정하고 엄숙하며, 보행은 반드시 편안하게 걷고, 거처居處에는 반드시 정직하고 고요하며, 일을 함은 반드시 처음과 같이 하고 말을 하면 반드시 돌아보아 행하고, 떳떳한 덕을 반드시 굳게 견지하며, 허락하면 반드시 무겁게 응대하며, 착함을 보거든 내가 한 것처럼 하고, 악함을 보거든 내가 병든 것처럼 하라. 이 열 네 조목은 모두 내가 깊이 성찰하지 못한지라. 이를 앉은 우측에 써서 조석으로 보고 경

42 장사숙張思叔 : 이름은 장역張繹이니, 북송北宋 하남河南 수안壽安 사람으로, 자는 사숙思叔이다. 정이程頤의 만년 제자이다.

계를 삼노라." 고 하였다.

〖출전〗《어정소학집주御定小學集註》

에세이

장사숙은 정자程子의 제자이니, 과연 송나라 육군자의 한 사람인 정자程子의 제자답다고 할 수가 있다.

사람이 말을 한 번 발설하면 반드시 지키려고 노력해야 한다. 행동은 가벼워서는 안 되고 도타워서 남들의 공경을 유발할 수 있도록 해야 한다. 특히 음식을 먹을 때는 조심하여 절도를 지키려고 노력해야 한다.

남의 착한 일을 보면 내가 한 것처럼 기뻐하고, 악함을 보거든 내가 병들어서 괴로워하는 것처럼 괴로워해야 한다는 말씀이니, 이 얼마나 훌륭한 말씀인가!

특히 글씨를 쓸 때에는 바르게 써야 하고 일을 시작하면 항상 처음 시작할 때의 마음을 가지며, 말을 할 때에는 먼저 행할 것을 헤아려서 말하며, 나의 몸에 있는 떳떳한 덕을 항상 굳게 보지保持해야 한다는 것이다. 그리고 한 번 허락한 일은 반드시 신중하게 응한다는 것이다.

초지일관 이런 마음으로 이런 행동을 한다면 누가 군자가 되지 않겠는가! 반드시 경향에서 우러르는 사람이 될 것이다.

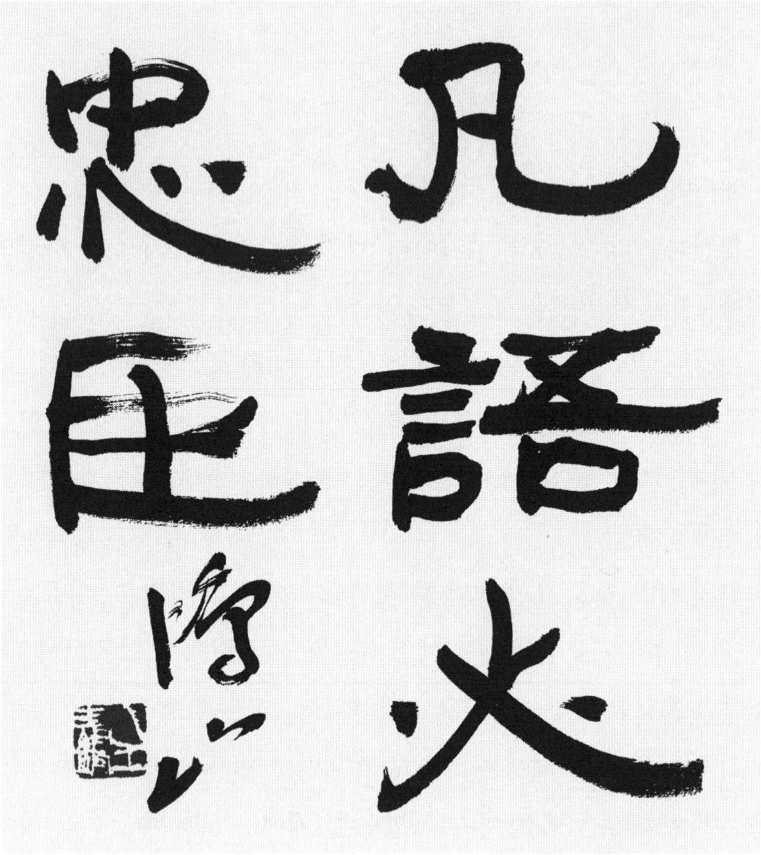

張 : 성 장 叔 : 아저씨 숙 座 : 자리 좌 銘 : 새길 명 凡 : 무릇 범 飮 : 마실 음 食 : 밥 식 愼 : 삼갈 신 節 : 절기 절 畫 : 그을 획 楷 : 바를 해 容 : 얼굴 용 貌 : 모양 모 端 : 단정할 단 莊 : 엄숙할 장 冠 : 갓 관 肅 : 엄숙 숙 整 : 정제할 정 履 : 밟을 리 詳 : 자세 상 處 : 처할 처 靜 : 고요 정 謀 : 꾀 모 始 : 처음 시 顧 : 돌아볼 고 固 : 굳을 고 持 : 가질지 諾 : 허락 락 重 : 무거울 중 應 : 응할 응 惡 : 악할 악 深 : 깊을 심 省 : 살필 성 警 : 경계할 경

119 范益謙左右銘에 日一不言朝廷利害邊報差除요
범 익 겸 좌 우 명 　 왈 일 불 언 조 정 리 해 변 보 차 제

二不言州縣官員長短得失이요 三不言衆人所作
이 불 언 주 현 관 원 장 단 득 실 　 삼 불 언 중 인 소 작

過惡이요 四不言仕進官職趨時附勢요 五不言財
과 악 　 사 불 언 사 진 관 직 추 시 부 세 　 오 불 언 재

利多少厭貧求富요 六不言淫媟戱慢評論女色이
리 다 소 염 빈 구 부 　 육 불 언 음 설 희 만 평 론 녀 색

요 七不言求覓人物干索酒食이요 又曰人附書信
칠 불 언 구 멱 인 물 간 색 주 식 　 우 왈 인 부 서 신

을 不可開拆沉滯요 與人並坐에 不可窺人私書요
불 가 개 탁 침 체 　 여 인 병 좌 　 불 가 규 인 사 서

凡入人家에 不可看人文字요 凡借人物에 不可損
범 입 인 가 　 불 가 간 인 문 자 　 범 차 인 물 　 불 가 손

壞不還이요 凡喫飮食에 不可揀擇去取요 與人處
괴 불 환 　 범 끽 음 식 　 불 가 간 택 거 취 　 여 인 처

에 不可自擇便利요 見人富貴를 不可歎羨詆毁니
불 가 자 택 편 리 　 견 인 부 귀 　 불 가 탄 선 저 훼

凡此數事를 有犯之者면 足以見用心之不正이라
범 차 수 사 　 유 범 지 자 　 족 이 견 용 심 지 부 정

於正心修身에 大有所害라 因書以自警하노라.
어 정 심 수 신 　 대 유 소 해 　 인 서 이 자 경

〔해설〕 범익겸[43] 좌우명에서 말하기를, "첫째는 조정에 대한 이해와 변방의 보고와 인사에 대하여 말하지 말고, 둘째는 주현州縣의 관원의 장단과 득실을 말하지 말고, 셋째는 많은 사람들의 악한 일하는

43 범익겸范益謙 : 송宋나라 범조우范祖禹(1041~1098)의 아들인 범충范沖(1067~1141)으로 '익겸'은 그의 자字이다.

것을 말하지 말고, 넷째는 관원의 관직이 오르고 시세에 따라 아부하여 빌붙는 것을 말하지 말고, 다섯째는 재리財利의 다소와 가난을 싫어하고 부자를 구하는 것을 말하지 말고, 여섯째는 음란한 것과 여색을 평하는 말을 하지 말고, 일곱째는 남에게 물건을 요구하거나 술과 음식을 찾는 말을 하지 않을 것이요." 또 말하기를, "남이 서신을 부탁하면 뜯어보거나 지체시키지 말고 남과 함께 앉아 있을 때에는 남의 사사로운 글을 훔쳐보지 말고, 남의 집에 들어가서는 남이 쓴 문자를 보지 말고, 남의 물건을 빌렸을 때 훼손시키거나 돌려주지 않는 일이 없을 것이요, 음식을 먹을 때에는 가려서 버리거나 취하지 않을 것이요, 남과 함께 거처할 때에는 자신의 편리함을 가려 취하지 않을 것이요, 남의 부귀를 보고 찬탄하며 부러워하거나 헐뜯지 않을 것이니, 이 몇 가지 일을 범하는 자는 족히 마음 씀이 같지 않음을 보이는지라, 심신心身을 수양함에 크게 해로움이 있는지라, 이에 글로 써서 스스로 경계를 삼노라." 고 하였다.

〖출전〗《어정소학집주御定小學集註》

에세이

사람이 세상을 살아가는데 있어서 너무나 훌륭한 말씀들을 나열하였다. 특히 필자가 느끼는 것은 남의 서재에 가서 주인의 허락 없이 이 책 저 책을 꺼내어 보는 사람들이 많은데 이런 행위를 하지 말라고 한 말씀은 요즘의 현세에도 딱 들어맞는 말씀이다.

그리고 남과 같이 음식을 먹을 때에 맛있는 음식만을 먼저 집어먹는 행위를 하지 말라고 하였는데, 이런 행위는 남의 눈살을 찌푸리게 하는 교양 없는 행위이다.

또한 남이 부탁한 서신이나 쪽지를 몰래 개탁하여 보는 행위는 참으로 나쁜 행위인데 이도 하지 말라고 한 말씀 등, 한 말씀 한 말씀이 모두 시의적절한 말씀임을 알 수가 있다.

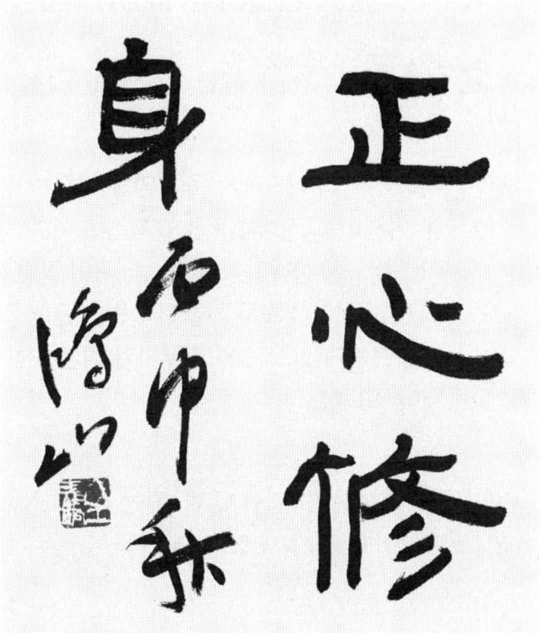

范 : 성 범 謙 : 겸손 겸 銘 : 새길 명 廷 : 조정 정 害 : 해로울 해 邊 : 가 변 報 : 보고할 보 差 : 임시 차 除 : 제수 제 縣 : 골 현 短 : 짧을 단 衆 : 뭍 중 過 : 허물 과 仕 : 벼슬 사 職 : 직분 직 趨 : 좇을 추 附 : 붙일 부 勢 : 형세 세 厭 : 싫을 염 淫 : 음란 음 媟 : 무람할 설 戲 : 희롱 희 慢 : 거만할 만 評 : 평론할 평 覓 : 찾을 멱 索 : 찾을 색 拆 : 열 탁 沉 : 잠길 침 滯 : 막힐 체 並 : 아우를 병 窺 : 엿볼 규 私 : 사사 사 借 : 빌 차 損 : 덜 손 壞 : 무너질 괴 喫 : 먹을 끽 揀 : 가릴 간 擇 : 가릴 택 處 : 처할 처 歎 : 탄식할 탄 羡 : 부러워할 선 詆 : 비방 저 毁 : 헐 훼 犯 : 범할 범 修 : 닦을 수 警 : 경계할 경

120 武王이 問太公曰| 人居世上에 何得貴賤貧富不
무왕 문태공왈 인거세상 하득귀천빈부부

等고 願聞說之하야 欲知是矣로이다. 太公이 曰富
등 원문설지 욕지시의 태공 왈부

貴는 如聖人之德하야 皆由天命이어니와 富者는 用
귀 여성인지덕 개유천명 부자 용

之有節하고 不富者는 家有十盜이니다.
지유절 불부자 가유십도

〖해설〗 무왕武王[44]이 태공에게 물어 말하기를, "사람이 세상에 살면서 어찌 귀천貴賤과 빈부貧富가 같지 않습니까! 원컨대, 말씀을 들어서 이를 알고자 합니다." 고 하니, 태공이 말하기를, "부귀는 성인聖人의 덕과 같아서 모두 하늘에서 받은 운명을 말미암거니와 부자富者는 쓰는데 절도가 있고 부자가 아닌 자는 집에 열 도적이 있습니다." 고 하였다.

武 : 호반 무 賤 : 천할 천 貧 : 가난 빈 等 : 같을 등 願 : 원할 원 聞 : 들을 문 說 : 말씀 설 由 : 말미암을 유 節 : 절개 절 盜 : 도적 도

武王이 曰何謂十盜닛고 太公이 曰時熟不收|爲一盜
무왕 왈하위십도 태공 왈시숙불수 위일도

요 收積不了|爲二盜요 無事燃燈寢睡|爲三盜요 慵
수적불료 위이도 무사연등침수 위삼도 용

44 무왕武王 : 중국 주周나라의 첫 왕(?~?). 성은 희姬, 이름은 발發이다. 문왕文王의 아들로, 은 왕조를 멸망시키고 주 왕조를 열었다. 호경鎬京에 도읍하였으며, 봉건 제도를 창설하였다.

懶不耕이 爲四盜요 不施功力이 爲五盜요 專行巧害ㅣ
라불경 위사도 불시공력 위오도 전행교해

爲六盜요 養女太多ㅣ爲七盜요 晝眠懶起ㅣ爲八盜요
위육도 양녀태다 위칠도 주면나기 위팔도

貪酒嗜慾이 爲九盜요 强行嫉妬ㅣ爲十盜이니다.
탐주기욕 위구도 강행질투 위십도

〖해설〗 무왕이 말하기를, "무엇을 열 가지의 도적이라 합니까!" 태공이 말하기를, "곡식이 익은 것을 거두지 않는 것이 첫째의 도적이고, 수확하여 쌓아두는 것을 마치지 않는 것이 둘째의 도적이고, 일이 없으면서 불을 켜놓고 자는 것이 세 번째 도적이고, 게을러서 밭을 갈지 않는 것이 넷째 도적이고, 공력을 쓰지 않는 것이 다섯째 도적이고, 공교롭게 해함을 전횡하는 것이 여섯째 도적이고 딸을 기름이 너무 많은 것이 일곱 번째 도적이고, 대낮에 졸고 게으르게 일어나는 것이 여덟째 도적이고, 술을 탐하고 물욕을 즐기는 것이 아홉 번째 도적이고, 질투를 강력하게 행함이 열 번째 도적입니다"고 하였다.

謂 : 이를 위 熟 : 익을 숙 收 : 거둘 수 積 : 쌓을 적 燃 : 불사를 연 燈 : 등 등 寢 : 잘 침 睡 : 졸음 수 慵 : 게으를 용 懶 : 게으를 라 耕 : 갈 경 施 : 베풀 시 專 : 오로지 전 巧 : 공교할 교 晝 : 낮 주 眠 : 졸 면 懶 : 게으를 나 起 : 일어날 기 嗜 : 즐길 기 慾 : 욕심 욕 强 : 강할 강 嫉 : 미워할 질 妬 : 투기할 투

武王이 曰家無十盜而不富者는 何如하니잇고 太公이
무왕 왈가무십도이불부자 하여 태공

曰人家에 必有三耗이니다. 武王이 曰何名三耗닛고 太
왈인가 필유삼모 무왕 왈하명삼모 태

公이 曰倉庫漏濫不蓋하야 鼠雀亂食이 爲一耗요 收
공 왈창고누남불개 서작난식 위일모 수

種失時ㅣ爲二耗요 拋撒米穀穢賤이 爲三耗이니다.
종실시 위이모 포살미곡예천 위삼모

〖해설〗 무왕이 말하기를, “집에 십도十盜가 없는데도 부자가 되지 않는 것은 어떤 이유입니까!” 태공이 말하기를, “인가人家에 반드시 세 가지 소모함이 있습니다.” 무왕이 말하기를, “어떤 것을 세 가지 소모하는 것이라 명명합니까!” 태공이 말하기를, “창고가 새고 넘치는데도 덮지 않아서 쥐와 새가 어지럽게 먹는 것이 첫째 소모하는 것이고, 심고 수확함을 시기를 잃음이 두 번째 소모함이 되고, 쌀과 곡식을 살포하여 더럽고 천하게 함이 세 번째 소모함이 됩니다.” 고 하였다.

耗 : 소모할 모 何 : 어찌 하 倉 : 창고 창 庫 : 창고 고 漏 : 샐 루 濫 : 넘칠 람 蓋 : 덮을 개 鼠 : 쥐 서 雀 : 참새 작 亂 : 어지러울 란 種 : 심을 종 拋 : 던질 포 撒 : 헤칠 산 穀 : 곡식 곡 穢 : 더러울 예

武王이 曰家無三耗而不富者는 何如하니잇고 太公이
무왕 왈가무삼모이불부자 하여 태공

曰人家에 必有一錯二誤三痴四失五逆六不祥七奴
왈인가 필유일착이오삼치사실오역육불상칠노

八賤九愚十强하야 自招其禍요 非天降殃이니이다.
팔천구우십강 자초기화 비천강앙

〖해설〗 무왕이 말하기를, “집에 삼모三耗가 없는데도 부자가 되지 않는 것은 어떤 것입니까!” 태공이 말하기를, “그 집에는 반드시 첫째

어긋나고, 둘째 그릇되고 셋째 어리석고, 넷째 실기失期하고, 다섯째 거역하고, 여섯째 상서롭지 못하고, 일곱째 둔하고, 여덟째 천하고, 아홉째 어리석고, 열째 경직되어서 스스로 화를 부른 것이고 하늘에서 재앙을 내린 것은 아닙니다." 고 하였다.

錯 : 어긋날 착 誤 : 그릇될 오 痴 : 어리석을 치 逆 : 거스릴 역 祥 : 상서 상 奴 : 종 노 强 : 강할 강 招 : 부를 초 降 : 내릴 강 殃 : 재앙 앙

武王이 曰願悉聞之하나이다. 太公이 曰養男不教訓이
무왕 왈원실문지 태공 왈양남불교훈
爲一錯이요 嬰孩不訓이 爲二誤요 初迎新婦ㅣ不行嚴
위일착 영해불훈 위이오 초영신부 불행엄
訓이 爲三痴요 未語先笑ㅣ爲四失이요 不養父母ㅣ爲五
훈 위삼치 미어선소 위사실 불양부모 위오
逆이요 夜起赤身이 爲六不祥이요 好挽他弓이 爲七奴
역 야기적신 위육불상 호만타궁 위칠노
요 愛騎他馬ㅣ爲八賤이요 喫他酒勸他人이 爲九愚요
애기타마 위팔천 끽타주권타인 위구우
喫他飯命朋友ㅣ爲十强이니이다. 武王이 曰甚美誠哉라
끽타반명붕우 위십강 무왕 왈심미성재
是言也여
시언야

〖해설〗 무왕이 말하기를, "원컨대 모두 듣고 싶습니다." 태공이 말하기를, "남아를 기르면서 가르치지 않는 것이 일착一錯이 되고, 어린이를 가르치지 않는 것이 이오二誤가 되고, 처음으로 신부를 맞아 엄히 가르치지 않은 것이 삼치三痴가 되고, 말하지 않고 먼저 웃는

것이 사실四失이 되고, 부모님을 봉양하지 않는 것이 오역五逆이 되고, 밤에 옷을 입지 않고 일어나는 것이 육불상六不祥이 되고, 남의 활쏘기를 좋아함이 칠노七奴가 되고, 남의 말 타기를 즐김이 팔천八賤이 되고, 남의 술을 마시면서 남에게 먹으라고 권하는 것이 구우九愚가 되고, 남의 밥을 먹으면서 벗에게 먹으라고 하는 것이 십강十强이 됩니다." 고 하니, 무왕이 말하기를, "심히 아름답고 진실하도다. 이 말씀이여!" 고 하였다.

〖출전〗 무지無知

에세이

본문은 약 3000년 전에 무왕과 그 스승인 태공이 주고받은 말씀인데, 그 전거典據를 찾을 수가 없다.

이는 사람이 똑같이 태어나서 왜 한 사람은 부귀한 사람이 되고 한 사람은 가난한 사람이 되는가를 무왕이 태공에게 문의한 내용인데, 태공은 이를 시원하게 풀어서 대답하였다.

태공의 대답은 부귀한 사람이 되고 빈천한 사람이 되는 것은 모두 자신 스스로 만든 것이고 절대로 하늘에서 누구는 부귀하게 도와주고, 누구는 빈천하게 화를 주는 것이 아니라고 강변한다.

이러한 태공의 대답은 전혀 신神을 끌어들여 너는 신이 도와준 것이고, 너는 신이 도와주지 않아서 그렇다 하면서 사람의 눈으로 볼 수가 없는 귀신을 끌어들이지 않았으니, 3000년 전에 하신 말씀이 오늘날에도 신선하지 않은가!

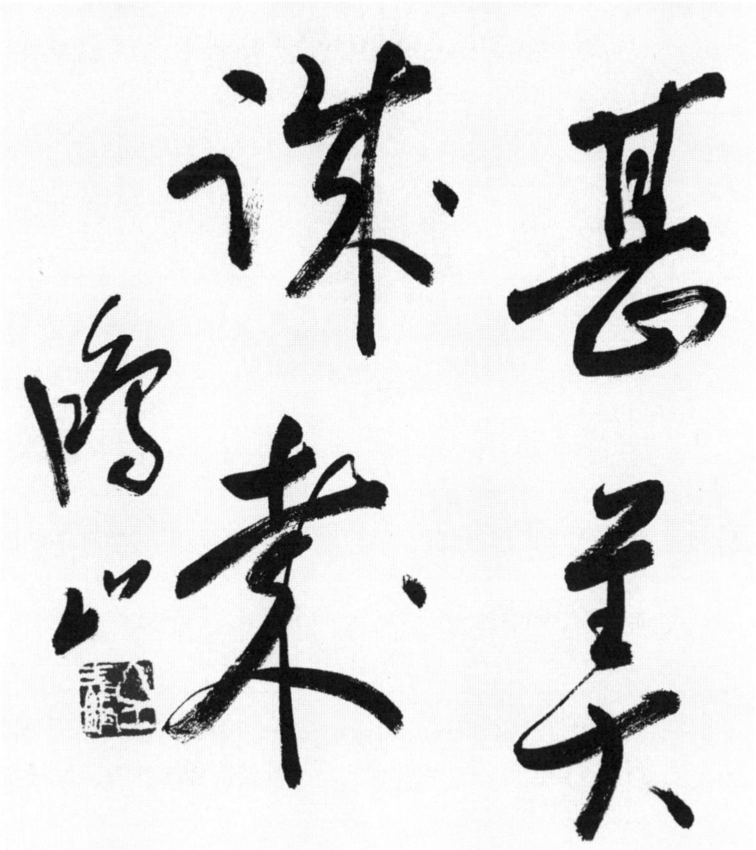

願 : 원할 원 悉 : 다 실 聞 : 들을 문 養 : 기를 양 訓 : 가르칠 훈 錯 : 어긋날 착 嬰 : 어릴 영 孩 : 어릴 해 誤 : 그릇될 오 迎 : 맞을 영 新 : 새 신 婦 : 지어미 부 嚴 : 엄할 엄 痴 : 어리석을 치 笑 : 웃음 소 逆 : 거스를 역 起 : 일어날 기 赤 : 붉을 적 祥 : 상서 상 挽 : 당길 만 他 : 다를 타 奴 : 종 노 愛 : 사랑 애 騎 : 말탈 기 喫 : 마실 끽 勸 : 권할 권 愚 : 어리석을 우 命 : 목숨 명 甚 : 심할 심 誠 : 정성 성 哉 : 어조사 재

치정편治政篇

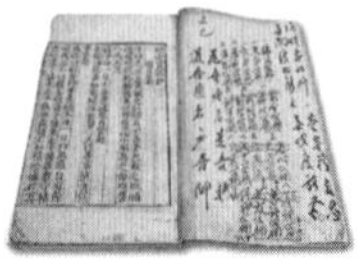

121 明道先生이 曰一命之士ㅣ苟有存心於愛物이면 於
명도선생 왈일명지사 구유존심어애물 어

人에 必有所濟니라.
인 필유소제

〖해설〗 명도 선생이 말하기를, "처음 벼슬한 선비가 진실로 만물을 사랑하는데 마음을 두면 남에게 반드시 도움을 받는 바가 되느니라." 고 하였다.

〖출전〗《송명신언행록宋名臣言行錄》

에세이

명도明道 선생은 송나라의 육군자 중의 한 사람이며 성리학을 주자에게 전하였으니, 이름은 호灝이다.

본문 '일명지사一命之士'는 처음 벼슬을 한 선비를 말하니, 선비가 처음으로 벼슬을 하여 사랑함에 마음을 두었으면 반드시 남의 도움을 받을 수 있다는 말씀이다.

요즘 선비들이 노자와 장자를 많이 탐독하는데, 이는 '무위자연無爲自然'에 매료되어서 그렇게 하는 것으로 안다. 말하자면, 인위人爲를 버리고 순수한 자연으로 돌아가자는데 매료를 느껴서이다.

공자님의 '자연을 따르는 자는 산다.〔순천자존順天者存〕' 고 하신 말씀은 '무위자연無爲自然' 과 일맥상통하는 말씀으로, 천리天理를 따라서 살아야 한다는 말씀이다.

그러므로 명도 선생의 시 〈추일우성秋日偶成〉에는 "만물을 조용히 바라보매 저마다 제 본성대로 사니, 사시의 즐거운 흥이 사람과 같구나.〔萬物靜觀皆自得, 四時佳興與人同.〕"라고 하였으니, 이는 자연과 부합한 삶을 사신 선생이기에 본문과 같은 말씀을 하신 것이다.

命 : 목숨 명 苟 : 진실로 구 愛 : 사랑 애 物 : 물건 물 濟 : 건널 제

122 童蒙訓에 曰當官之法이 唯有三事하니 曰淸曰愼
동몽훈 왈당관지법 유유삼사 왈청왈신

曰勤이라 知此三者면 知所以持身矣니라.
왈근 지차삼자 지소이지신의

〖해설〗 동몽훈에서 말하기를, "관리가 되어서 지켜야 할 법이 오직 세 가지가 있으니, 말하자면 청렴한 것과 근신하는 것과 부지런한 것이라. 이 세 가지를 알면 몸을 지탱하는 바를 아는 것이니라."고 하였다.

〖출전〗《관잠官箴》

에세이

옛적에는 관원이 되는 것이, 취직하여 많은 돈을 벌고 입신출세立身出世하는 길이었다. 그러나 현세는 꼭 관원이 되는 길만이 취직하는 것은 아니니, 삼성이나 현대자동차 같은 세계적인 회사도 있고 신神의 직장이라 말하는 공사公社도 있으며, 그보다 규모가 작은 연구소나 중소기업도 수 없이 많다.

이러한 공무원이나 공사, 그리고 일반 회사에 들어가도 오직 지켜야할 것은 청렴한 것과 근신하는 것과 부지런히 일하는 것 등 세 가지이니, 이를 잘 알아서 지켜나간다면 나를 지켜주는 부신符信이 될 것이다.

이 중에서 가장 중요한 것은 청렴한 것이니, 그렇기에 조선조에서는 청렴한 관리를 뽑아서 '청백리'로 선정하고, 모든 조야에 알려서 모든 관원의 사표로 삼았던 것이다. 그러므로 조선조에서 '청백리'에 녹선錄選된 사람은 오늘날에도 추앙하고 있고 그 자손은 '청백리'에 선정된 것을 영광으로 여기고 있다.

그리고 '삼가는 것'은 모든 일을 조심해야 한다는 말씀이니, 만약 사람이 조심성이 없이 일을 하게 되면 거칠어져서 사람들의 눈총을 받게 된다. 우리 속담에 '아는 길도 두드려보며 간다.'라는 말이 있으니, 이는 조심스럽게 살아감을 말한다.

'부지런함'은 두말할 나위가 없는 너무나 당연한 말씀이니, 사람이 세상을 살아감에 있어서 당연히 부지런히 살아야 부富도 이룰 수 있고 귀貴도 이룰 수 있는 것이며, 그리고 공부를 부지런히 하면 '입신立身'을 할 수도 있는 것이다.

童 : 아이 동 蒙 : 어릴 몽 訓 : 가르칠 훈 當 : 당할 당 唯 : 오직 유 愼 : 삼갈 신 勤 : 부지런할 근 所 : 바 소 持 : 가질 지

123 當官者는 先以暴怒爲戒하고 事有不可어든 當詳
당관자 선이폭노위계 사유불가 당상

處之면 必無不中이어니와 若先暴怒면 只能自害라
처지 필무불중 약선폭노 지능자해

豈能害人이리요.
기능해인

〖해설〗 관원으로 근무하는 자는 먼저 갑자기 화내는 것을 경계하고 일이 불가不可함이 있거든 마땅히 자세하게 처리하면 반드시 알맞지 않음이 없거니와 만약 먼저 화를 내면 단지 스스로를 해치는 것이라 어찌 능히 남을 해롭게 하겠는가!

〖출전〗《관잠官箴》

에세이

본문에서는 관원으로써 '폭노暴怒(갑자기 화냄)' 하면 안 된다는 것을 말씀하고 있다. 필자는 '폭노暴怒' 에 대해서는 할 말이 많다. 사람이 화를 잘 내는 것은 천성적인 성품의 차이에서 온다고 생각한다. 갑자기 가슴에서 치미는 화는 참기가 매우 어려우니, 이를 참으려면 항상 마음속에 '지금 내 앞에 귀한 분이 있다.' 고 생각하면 아마 참아내지 않을까 하는 생각이 든다.

필자는 성격적으로 벌컥 화를 내는 일이 많았으니, 화를 내고 나면 곧 후회를 하는데, 그 순간을 참지 못하여 화를 내게 되는데, 이는 순간적으로 찾아오는 하나의 신체적 장애가 아닌가 생각하기도 한다. 고치려고 마음을 단단히 먹어도 어느새 화는 새어나온다. 수양하기가 매우 어려운 것이 천성적으로 타고난 폭로暴怒인 것 같다.

지금은 망칠望七의 나이이니, 이제는 화내는 것도 많이 누그러졌지만 젊어서는 곧은 성격에 화를 잘 내었으니, 사회생활을 하면서 손해를 보는 일이 많았다. 사실 결점이 없는 사람이 어디 있겠는가! 모든 사람이 잘하는 것도 있고 나쁜 결점도 가지고 있는 것이니, 이러한 나쁜 결점은 반드시 고치려고 노력해야 하는 것이다.

그러므로 자신의 화를 다스릴 줄을 알아야 한다. 이것이 수양이고 신사의 도가 아닌가 한다. 화내는 것을 없애야 신상에 손해가 오지 않는다.

當 : 마땅 당 官 : 벼슬 관 暴 : 사나울 폭 怒 : 성낼 로 戒 : 경계 계 詳 : 자세 상 處 : 처리할 처 能 : 능할 능 害 : 해칠 해 豈 : 어찌 기

124 事君을 如事親하고 事官長을 如事兄하며 與同僚를
사 군 여 사 친 사 관 장 여 사 형 여 동 료
如家人하고 待羣吏를 如奴僕하며 愛百姓을 如妻
여 가 인 대 군 리 여 노 복 애 백 성 여 처
子하고 處官事를 如家事然後에 爲能盡吾之心이니
자 처 관 사 여 가 사 연 후 위 능 진 오 지 심
如有毫末不至면 皆吾心에 有所未盡也니라.
여 유 호 말 불 지 개 오 심 유 소 미 진 야

〖해설〗 임금 섬김을 어버이 섬기는 것 같이하고, 관장官長 섬김을 형님 섬기는 것 같이하며, 동료와 같이 처함을 자기 집 사람 같이하고, 여러 아전 대하기를 노복 대하는 것 같이하며, 백성 사랑하기를 처자 사랑함 같이하고, 관청의 일하기를 집안일 같이 한 그런 뒤에 능히 나의 일을 다하는 것이니, 만일 조금이라도 지극하지 않음이 있으면 모두 나의 마음에 다하지 않은 바가 있느니라.

〖출전〗 《관잠官箴》

에세이

본문은 국가 등의 일을 하는데 있어서 모두 나의 부모와 형제, 처자 등에 비유하여 한 말씀이다. 이곳에서 '대군리待羣吏'는 많은 아전을 대함을 말하는데, 이 아전은 계급사회에서 중인들이 맡은 직책이기에 우리 집의 노복奴僕같이 대하라고 한 것이다. '군리群吏'를 다른 책에서는 모든 관원으로 해석할 수도 있으니, 한문을 해석할 때에는 전후좌우의 문장을 잘 파악하여 해석해야 오류를 범하지 않는 것이다.

본 문장은 내가 관원이 된 사람을 가정하고 한 말씀이니, '관장官長' 은 군수나 도지사, 장관 같은 사람이고 '동료同僚' 는 같이 근무하는 관원을 말한다. '애백성愛百姓' 은 내가 군수나 부사, 목사가 되어 지방에 나가서 민원을 처리할 때에 백성 대하기를 처자妻子 대하듯이 하라는 것이며, '처관사處官事' 는 관청의 일 처리하는 것을 말하니, 이를 집안 일 처리하듯이 꼼꼼하게 처리하라는 말씀이다.

사람이 이 세상을 살아가는 데는 사회생활이 가장 중요하다. '사람은 사회적 동물이다.' 라고 하지 않는가! 그러므로 사람은 남과 더불어 살아가는 것이니, 이런 때에 위 본문의 말씀을 생각하여 그대로 실천하면 현대에서도 잘 대처가 되리라 믿는다. 가장 기본적인 것은 상대를 높여주고 나를 낮추라는 것이니, 이렇게 행동하면 나를 좋아하지 않을 사람이 없을 것이다.

事 : 섬길 사 僚 : 동료 료 待 : 기다릴 대 羣 : 무리 군 吏 : 아전 리 奴 : 종 노 僕 : 종 복 愛 : 사랑 애 盡 : 다할 진 毫 : 터럭 호 末 : 끝 말

125 劉安禮ㅣ問臨民한대 明道先生이 曰使民으로 各得
유안례 문임민 명도선생 왈사민 각득
輸其情이니라. 問御吏한대 曰正己以格物이니라.
수기정 문어리 왈정기이격물

【해설】 유안례劉安禮가 백성에게 임하여 할 일을 물으니, 명도 선생이 말하기를, "백성들이 각기 그 정情(마음)을 보낼 수 있게 하는 것이다." 고 하였다. 아전을 부림을 물은데 대하여 말하기를, "자신을 바르게 해야 상대를 바르게 할 수 있다." 고 하였다.

【출전】 《근사록近思錄》

에세이

예부터 지금까지 정치를 하려면 민의民意를 받들어서 해야 하는 것이다. 그러므로 유안례가 명도 선생께 백성 다스림을 물으니, 명도 선생께서 '백성들이 각기 자신의 마음을 전하게 해야 한다.' 고 하였고, 아랫사람 부리는 것을 물으니, 명도 선생께서 '먼저 나 자신을 바르게 세우고 난 뒤에야 상대를 바르게 할 수 있다.' 고 하였다.

본문의 상구上句인 '각득수기정各得輸其情' 은 백성의 정서가 사군使君, 즉 관장官長에게 전달되는 것을 말한다. 이것이 민의民意이니, 왕은 민의를 정확하게 파악하고 정치를 해야 백성들이 잘 받아들여서 순풍에 돛단 것처럼 잘 돌아가는 것이고, 하구下句 '정기이격물正己以格物' 은 위에 있는 자신이 먼저 바른 마음을 세우고 아래에 있는 아전이나 직원을 부려야 이들이 따라온다는 말씀이다. 만약 자신은 부정한 마음을 가지고 온갖 사리사욕을 챙기면서 아랫사람들에게 바르게 잘하라고 하면 따라오겠는가!

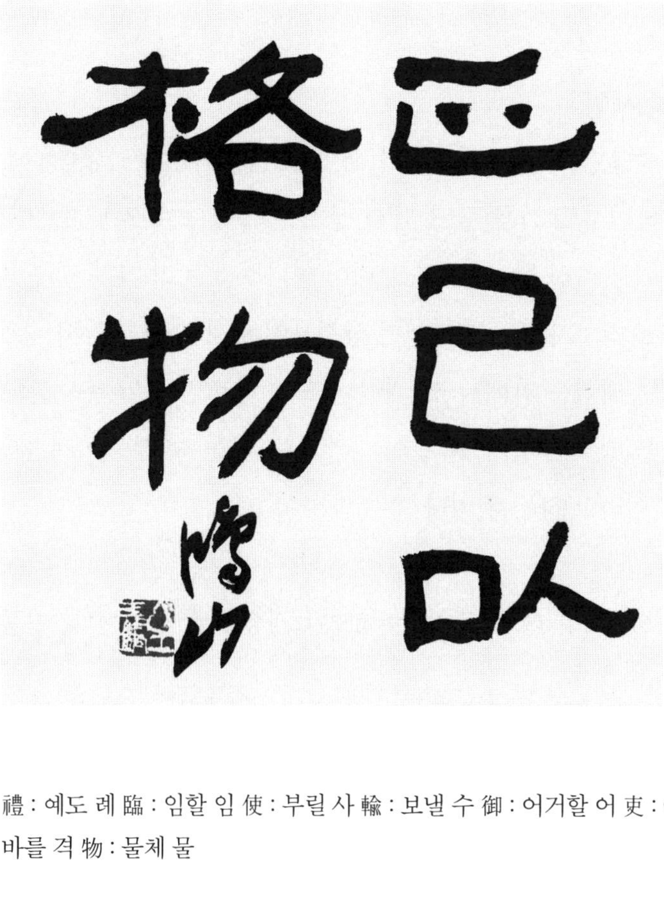

劉 : 성 유 禮 : 예도 례 臨 : 임할 임 使 : 부릴 사 輸 : 보낼 수 御 : 어거할 어 吏 : 아전 리 格 : 바를 격 物 : 물체 물

126 抱朴子|曰伏斧鉞而正諫하며 據鼎鑊而盡言이면
포박자 왈복부월이정간 거정확이진언

此謂忠臣也니라.
차위충신야

〖해설〗 포박자[45]에서 말하기를, "도끼를 엎어놓고 바르게 간하며, 솥을 의지해서 말을 다한다면 이를 충신이라 이를 것이다." 고 하였다.

〖출전〗《포박자내외편抱朴子內外篇》

에세이

중봉中峯 조헌 선생께서 선조 22년(1589)에 시폐時弊에 대해 극론하면서 도끼를 들고 와서 상소를 올렸으며, 24년(1591)에 또 일본에서 사신 현소玄蘇를 보내어 명나라를 치러 가는 길을 빌려줄 것을 요청하자, 옥천沃川에서 상경하여 도끼를 들고 와서 상소를 올리고는 대궐문 밖에서 3일간을 엎드려 있으면서 일본 사신의 목을 벨 것을 청하였다. 이와 같이 상소하는 것을 '복부월이정간伏斧鉞而正諫' 이라고 하는 것이다.

성종成宗 때에 윤필상尹弼商이 정승으로 있었는데, 가뭄이 극심

45 포박자抱朴子 : 중국, 동진의 갈홍의 저서. 내편 20권, 외편 50권. 내편은 신선, 방약, 괴경, 변화, 양생, 장생, 악마쫓기, 재앙방지, 도교나 신선도의 이론과 실천(도술)을 설명하였다. 이론면에서는 혜강의 영향이 현저하며, 도술중에서는 좌자左慈에 유래하는 연금, 연단술이 가장 중시된다. 외편은 정치 · 사회 · 문명의 비판 서적으로, 당시의 세상을 엿볼 수 있는 좋은 자료이다.

하자, 이목이 상소하여 "윤필상을 팽형烹刑에 처해야 하늘이 비를 내려 줄 것입니다."라고 하였으며, 윤필상이 은밀히 임금에게 부처를 숭상하도록 권하자, 이목이 유생들과 함께 상소하여 그를 '간귀奸鬼'라고 지적하고 참수할 것을 청하였다. 또한 이목이 성균관에서 공부할 당시 성종이 병이 있자, 인수대비仁粹大妃가 여자 무당을 시켜 반궁泮宮의 벽송정碧松亭에서 음사淫祀를 설행設行하게 하였는데, 이때 이목이 유생들과 함께 그 무당을 몽둥이로 때려서 내쫓은 것을 말한다.《국역 숙종실록 43년 8월 28일》

하구下句 '거정확이진언據鼎鑊而盡言'은 팽형烹刑을 말하는데, 솥을 짊어지고 왕 앞에 나가서 자신이 하려는 말을 다 하는 것을 말한다.

이런 사람을 일러 충신忠臣이라 한다고 하였다.

抱 : 안을 포 朴 : 등걸 박 伏 : 엎을 복 斧 : 도끼 부 鉞 : 도끼 월 諫 : 간할 간 據 : 의지할 거 鼎 : 솥 정 鑊 : 가마솥 확 謂 : 이를 위 忠 : 충성 충

치가편治家篇

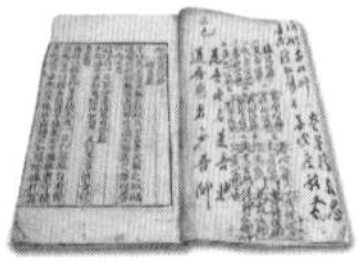

127 司馬溫公이 曰凡諸卑幼는 事無大小이 毋得專行
사마온공 왈범제비유 사무대소 무득전행

하고 必咨稟於家長이니라.
필자품어가장

〖해설〗 사마온공[46]이 말하기를, "모든 낮은 사람과 어린이는 일의 크고

46 사마온공 : 이름은 광光이니, 중국 북송北宋 때의 학자. 온공溫公이라 칭하여진다. 『자치통감資治通鑑』의 편자. 이 책은 천자의 정치에 도움을 주기 위해 19년의 세월을 들여, 전국시대에서부터 편년체編年體로 편찬한 것으로, '대의명분', 즉 군신君臣의 의(義)를 명확히 한 것이다. 그는 한대漢代의 양웅楊雄을 가장 숭배하고, 그의 주석서인 『태현주太玄註』, 『법언주法言註』, 양웅의 『태현太玄』을 본뜬 그의 저서 『잠허潛虛』에서 상수학象數學을 중심으로 한 천인상관天人相關의 철학을 남겼다. 그 가운데에서 '귀천빈부貴賤貧富'는 '천분天分'이고 '군명신충君明臣忠 부자자효父慈子孝'는 '인분人分'이라고 하여, 이것을 거스르면 반드시 '천재天災'와 '인앙人殃'이 생긴다고 주장하였다. 이렇게 당시의 봉건제 질서를 '천명天命'이라 하고 이것을 근거로 하여, '천명'에 근거하지 않은 '변법'을 단행한 강남의 신흥 지주파인 왕안석(1021~86)에 반대한 대지주파의 철학을 역설하였다.

작은 것을 막론하고 자기 마음대로 행하지 말고 반드시 집안 어른께 여쭈어야 하느니라."고 하였다.

〖출전〗《어정소학집주御定小學集註》

에세이

본편은 집을 다스리는 편이므로 이제부터는 집안에서 일어나는 말씀이 나온다.

옛적에는 씨족사회였으므로, 항렬이 낮은 사람은 항렬이 높은 사람의 지시를 받는 것이 보통이었다. 본문의 사마온공도 가구 구성원의 높고 낮음에 따라 문의하여 일을 해야 한다는 말씀을 한 것이다.

일을 할 적에는 꼭 집안일이 아니더라도 반드시 높은 사람에게 자문을 받아서 하는 것이 후에 탈이 없다. 만약 자기 마음대로 전행專行하면, 뒤에 탈이 없으면 다행이지만 혹 무슨 탈이 생기면 높은 사람에게 변명할 여지가 없게 된다.

그리고 집안의 일은 항상 가장의 위신을 지켜줘야 그 집안에 질서가 생겨서 집안의 일도 잘 되고, 그리고 어린아이들은 어려서부터 집안의 일은 이렇게 해야 한다는 것을 은연중에 배우게 되므로 교육적 측면에서도 좋은 것이다.

司 : 맡을 사 溫 : 따뜻할 온 卑 : 낮을 비 幼 : 어릴 유 毋 : 말 무 專 : 오로지 전 咨 : 물을 자 稟 : 품의할 품

128 太公이 曰癡人은 畏婦하고 賢女는 敬夫니라.
태공 왈치인 외부 현녀 경부

〔해설〕 태공이 말하기를, "어리석은 사람은 아내를 두려워하고, 어진 여인은 남편을 공경하느니라." 고 하였다.

〔출전〕 무지無知

에세이

예전에는 남편은 밖에 나가서 일을 하고, 아내는 집안에서 아이를 기르면서 가사家事를 맡아서 일을 하였으므로 하등의 불평이 없었고, 그리고 여자는 직장이 없었으므로 항상 남편을 의지하고 살았다. 그러나 지금은 아내도 남편과 똑같이 직장을 가지고 있고 월급도 많이 받으므로 경제적으로 남편만 바라보고 살 필요가 없어졌다.

그러므로 요즘은 이혼하는 부부가 많아졌고 가사家事를 가지고 부부가 다투는 일이 많아진 것도 사실이다. 사실 부부가 똑같이 직장에 가서 하루 종일 일을 하고 돌아오는데, 집에 오면 여성의 일, 즉 집안일이 산더미처럼 쌓여 있으니 신체적으로 약한 여성이 짜증이 날 것임은 사실이다. 그러므로 요즘의 남편들은 이렇게 바뀐 환경을 잘 이해하고 서로 협력하여 살아야 한다.

본문의 '어리석은 사람은 아내를 두려워한다.' 의 말씀은 대장부

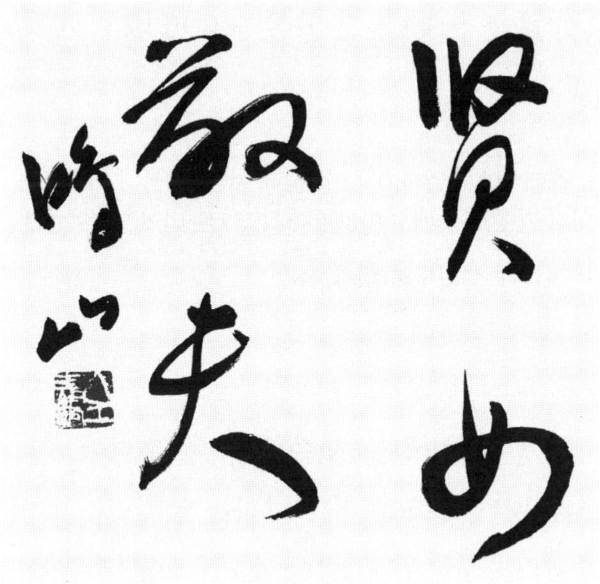

인 남편이 하등 두려워할 이유가 없는데 두려워하는 것은 밖에서 잘못한 일이 있기에 그런 것이 아닌가 생각하고, '어진 여인은 남편을 공경한다.' 의 말씀은 필자가 무척이나 좋아하는 말씀이다. 왜냐면 남편을 공경하여 기를 살려주면 밖에 나가서도 일이 잘 풀리고 돈도 많이 벌수가 있는 것이다. 만약 집에서 아내에게 잡혀 사는 남편이 있다면 이 사람이 밖에 나가서 어떻게 기를 펼 수가 있으며 더욱이 일이 잘 풀릴 수가 없는 것이다. 그렇기에 남편의 기를 살려주고 공경하는 여인을 현녀賢女라고 하는 것이다.

癡 : 어리석을 치 畏 : 두려울 외 婦 : 아내 부 賢 : 어질 현 敬 : 공경 경

129 景行錄에 曰觀起之早晏하야 可以卜人家之興替
경행록 왈관기지조안 가이복인가지흥체
니라.

〖해설〗 경행록에서 말하기를, “아침에 기상起床함이 이르고 늦음을 보아서 그 집이 흥하고 망하는 것을 점치느니라.” 고 하였다.

〖출전〗《이택논설집록麗澤論說集錄》

에세이

이는 예전 농경사회에서의 말씀이다. 농사를 짓는 사람은 ‘별을 보고 일어나서 별을 보고 들어간다.’ 라는 말이 있는데, 왜 이런 말이 있느냐 하면 농부는 일찍 일어나서 논의 물꼬를 봐야 한다. 물꼬를 본다는 말은 논에 물이 있는가! 없는가를 살피는 것인데, 만약 논두렁에 구멍이 났으면 그 물구멍을 찾아서 막아야 한다. 그렇기에 논두렁 하나하나를 모두 돌아봐야하므로 시간이 많이 걸린다.

논에서 기르는 벼는 물이 마르면 잘 자라지 않는다. 그리고 한발이 와서 논바닥이 쩍쩍 갈라지면 그곳에 심어진 벼도 다 타고 만다. 그렇기에 논에는 물을 대는 것이 가장 기본적인 농사짓는 일이다.

아침에 일찍 일어나서 벼논을 다 둘러보고 돌아와서 아침을 먹고, 또 밖에 나가서 오전의 일을 하고 점심을 먹고 오후의 일을 하고 해가 지고 하늘에 별이 보이면 집에 돌아와서 저녁을 먹는다.

밤에는 사랑방에서 새끼를 꼬기도 하고 가마니를 만들기도 한다.

또는 '마실 간다.' 라는 말이 있는데, 농촌의 작은 가게나 주막집, 그리고 친구의 집에 가서 막걸리를 마시고 벗과 대화를 나누다가 집에 돌아오는 것을 말한다. 이것이 예전 농부의 하루 일과였다.

본문에서는 농민이 아침에 기상함이 이른가! 늦은가에 따라 그 집안의 홍체興替를 점친다고 했다. 그러나 현세는 농경사회가 아니므로 기상의 조만早晩으로 집안의 홍체興替를 점칠 수는 없는 것이다.

觀 : 볼 관 起 : 일어날 기 早 : 일찍 조 晏 : 늦을 안 卜 : 점칠 복 興 : 일 홍 替 : 쇠할 체

130 文中子ㅣ曰婚娶而論財는 夷虜之道也니라.
문중자 왈혼취이논재 이로지도야

〖해설〗 문중자[47]가 말하기를, "혼인을 논의할 때에 재물을 들먹이는 것은 오랑캐의 풍습이다." 고 하였다.

〖출전〗《중설中說》

에세이

옛적에 예의를 제대로 갖추지 못하고 생활하는 나라의 사람들을 '오랑캐' 라 불렀다. 비근한 예로, 병자호란이 일어나기 바로 전에 청의 누르하치가 조선에 대하여 화친을 하자고 했는데, 조선의 조정에서는 청淸은 '오랑캐' 나라인데, 왜 우리가 오랑캐와 화친을 해야 하는가! 하고 화친을 하지 않았기에 병자호란이 일어났고, 그로 인하여 조선의 인조는 오랑캐인 누르하치에게 삼배구고두三拜九叩頭를 하면서 항복을 하였던 것이다.

그런데 본문에서 문중자는 '혼사를 논의하면서 재산을 말하는 것은 오랑캐의 풍습이다.' 고 하였으니, 이 오랑캐는 예의를 모르는 금수禽獸같은 사람을 말한다. 이는 곧 금수禽獸와 같은 인간이라는

47 문중자文中子 : 수隋나라 왕통王通(584~617)의 호號이다. 그는 중도中道에 의한 왕도王道의 실현과 유불도儒佛道 삼교의 일치를 주장하였는데, 본문의 구절은 그의《중설中說》에서 인용한 것이다.

말이다.

지금 우리나라의 혼인풍습을 보면 예의가 사라져서 꼭 금수禽獸와 같이 부모의 재산을 알아보기도 하고, 상대방의 재산을 보고 결혼을 하는 사람이 많으니 결혼한 뒤에 이혼하는 일이 허다한 것은 필연이라 해야 옳을 것이다.

결혼은 금전을 떠나서 상대의 직업이 튼튼하고 사람이 건강하며 사상이 온건하고 장래에 희망이 보이는 사람이라면 되는 것이 아닌가!

婚 : 혼인 혼 娶 : 장가들 취 論 : 의론 론 財 : 재물 재 夷 : 오랑캐 이 虜 : 오랑캐 노
道 : 길 도

안의편安義篇

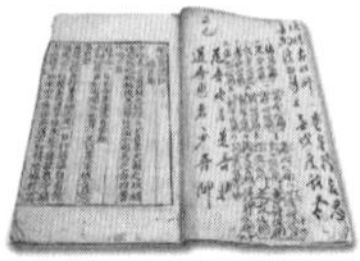

131 顔氏家訓에 曰夫有人民而後에 有夫婦하고 有夫
안씨가훈 왈부유인민이후 유부부 유부

婦而後에 有父子하고 有父子而後에 有兄弟하니 一
부이후 유부자 유부자이후 유형제 일

家之親은 此三而已矣라 自茲以往으로 至于九族
가지친 차삼이이의 자자이왕 지우구족

히 皆本於三親焉故로 於人倫에 爲重者也니 不可
개본어삼친언고 어인륜 위중자야 불가

不篤이니라.
부독

〖해설〗 안씨가훈[48]에서 말하기를, "대체로 말해서 사람이 있은 뒤에 부부가 있고, 부부가 있은 뒤에 부자가 있고, 부자가 있은 뒤에 형제가 있으니, 한 집의 친척은 이 셋에서 나올 뿐이다. 이로부터 감으로

48 안씨가훈顔氏家訓 : 중국 남북조南北朝 시대 말기의 귀족 안지추顔之推(531~591)가 자손을 위하여 저술한 교훈서.

구족九族에 이르기까지 모두 삼친三親에 뿌리를 두기 때문에 인륜에 소중함이 되는 것이니, 돈독하게 하지 않을 수 없는 것이다." 고 하였다.

〖출전〗《안씨가훈顔氏家訓》

에세이

천리天理는 사람이나 짐승이나 똑같이 적용이 되니, 이 세상은 사람도 번성해야 하고, 초목도 번성해야 하고, 금수禽獸도 번성해야 하는 것이다. 그러므로 햇빛은 쥐구멍에도 비취는 것이니, 햇빛을 받아야 온기가 돌아서 세상이 그 온기로 인하여 돌아가는 것이다.

사람은 부부夫婦가 있어야 자식이 생기고 부자父子도 생기며 형제도 생기는 것이니, 이렇게 하여 현재 세계의 인구가 형성된 것이고, 그리고

앞으로도 계속 생산을 해야 이 세상이 유지되는 것이다. 이는 사람에게만 적용되는 원리가 아니고 초목과 금수, 파충류 등 이 세상의 모든 생물에 적용되는 것인데, 모든 생물은 이 법칙을 엄격히 준수하여 별 문제가 없으나, 사람은 영물靈物이기에 자신에게 유리한 이기적인 생각을 많이 하므로 자식을 낳지 않는 사람이 많다. 이렇게 자식을 낳지 않으면 우리 인간은 이 지구에서 사라지고 나중에는 금수의 세상이 될 수도 있는 것이다.

공연한 말을 노파심에서 한 것 같다. 그러나 천리天理를 따르는 자는 살고 천리를 거역하는 자는 죽는다고 했으니, 우리들은 천리를 따르는 자가 되어야 한다.

顔 : 얼굴 안 訓 : 가르칠 훈 婦 : 지어미 부 玆 : 이 자 往 : 갈 왕 至 : 이를지 族 : 일가 족 皆 : 다 개 焉 : 어조사 언 故 : 연고 고 倫 : 인륜 륜 重 : 무거울 중 篤 : 도타울 독

132 莊子ㅣ曰 兄弟는 爲手足하고 夫婦는 爲衣服이니 衣服破時엔 更得新이어니와 手足斷處엔 難可續이니라.
장자 왈 형제 위수족 부부 위의복 의복파시 갱득신 수족단처 난가속

〖해설〗 장자가 말하기를, "형제는 수족手足이 되고 부부夫婦는 의복이 되니, 의복이 찢어진 때엔 다시 새 옷을 만들거니와 수족이 끊어지면 잇기 어려우니라." 고 하였다.

〖출전〗 무지無知

● 에세이

본문은 혈육血肉을 중요시한 글이다. 그러나 부부夫婦가 더 중요한 것이니, 부부는 무촌無寸이니, 즉 음양이 하나로 합하여 온전한 태극이 된 몸인 것이다. 이 세상에서 가장 성스러운 화합이 부부의 화합인 것이다.

일례로, 하루가 지나려면 낮과 밤이 모두 지나가야 하는데, 낮은 남자에 속한 양이고 밤은 여자의 속성인 음인 것이니, 이 둘이 모두 지나가야 온전한 하루가 완성되는 것이니, 남녀의 화합은 이와 같은 것이다.

그리고 부부가 온전해야 자식이 잘 자라서 훌륭한 인격자가 되는 것이다. 예를 들어서 말하면, 곡식을 키우는데 낮에는 양의 기운을 받고 밤에는 음의 기운을 받는데 이렇게 수개월을 지나야 알찬 곡식이 생산되는 것이다.

형제도 물론 중요하다. 부모님의 기혈을 함께 받은 형제이니 이는 천륜으로 맺어진 것이다. 천륜은 그 누구도 끊을 수 없는 것이니 소중하기 그지없는 관계인데, 형은 동생을 사랑하고 아우는 형을 공경하면서 화평하게 지내야 부모님께서 걱정을 하지 않는 것이다. 진정한 효도는 부모님의 마음을 편안히 해드리는 것이니, 절대로 형제 간에 단절된 삶을 살아서는 안 되는 것이다.

莊 : 장엄할 장 婦 : 지어미 부 服 : 옷 복 破 : 깨질 파 更 : 다시 갱 新 : 새 신 斷 : 끊을 단 處 : 곳 처 難 : 어려울 난 續 : 이를 속

133 蘇東坡ㅣ云富不親兮貧不疎는 此是人間大丈夫요
소동파 운부불친혜빈불소 차시인간대장부

富則進兮貧則退는 此是人間眞小輩니라.
부즉진혜빈칙퇴 차시인간진소배

〖해설〗 소동파가 말하기를, "부자라고 친하지 않고 가난해도 멸시하지 않음은 대장부라 할 수가 있고, 부자이면 나가서 사귀고 가난하면 물러나는 것은 진정한 소인배니라."고 하였다.

〖출전〗 무지無知

에세이

《주역》 건괘乾卦에 보면 "하늘의 운행이 굳건하니, 군자는 이를 본받아 스스로 힘쓰고 쉬지 않는다.〔天行健, 君子以, 自强不息.〕"라고 했으니, 이를 자세히 설명하면, '하늘에 있는 해의 운행이 굳세어서 일시도 쉬지 않으니 군자는 이를 본받아 스스로 힘쓰고 쉬지 않는다.' 는 것이니, 만약 해의 운행이 정지하면 이 세상은 모두 망하고 마는 것이다. 그래서 공부를 많이 한 선비는 하늘에 떠 있는 해의 운행을 보고 자신도 평생을 통하여 쉬지 않고 천리를 깨닫기 위해서 부단하게 노력하는 것을 말한 것이다.

해의 운행은 사심私心이 없으니 언제나 쉬지 않고 돌면서 따뜻한 햇볕을 지구에 살아가는 모두에게 공정하게 비취는 것이다.

사람도 이를 본받아서 부자라고 더 친근하게 하지 않고 가난하다고 멸시하지 않아야 하니, 이런 사람을 진정한 대장부라 하는 것이고, 부자이면 나가서 혜혜하고 가난하면 물러나와 사귀지 않는 사람은 진정한 소인배라는 말씀이다.

사람은 언제나 공평무사公平無私해야 하는데, 요즘 세상에서는 이런 인물을 찾기가 모래밭에서 구슬 찾기처럼 어렵다. 그러나 이런 사람이 요즘도 있으니, 이런 공평한 인물로 인해서 그 덕으로 이세상이 잘 돌아가는 것이다.

蘇 : 차지기 소 坡 : 언덕 파 富 : 부자 부 兮 : 어조사 혜 貧 : 가난 빈 疎 : 성글 소
進 : 나갈 진 退 : 물러날 퇴 眞 : 참 진 輩 : 무리 배

준례편遵禮篇

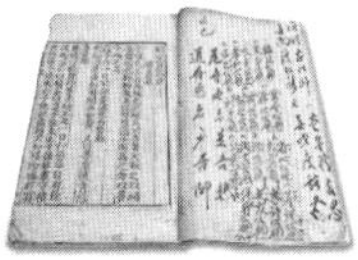

134 子ㅣ曰 居家有禮故로 長幼辨하고 閨門有禮故로 三
자 왈 거가유례고 장유변 규문유례고 삼
族和하고 朝廷有禮故로 官爵序하고 田獵有禮故로
족화 조정유례고 관작서 전렵유례고
戎事閑하고 軍旅有禮故로 武功成이니라.
융사한 군려유례고 무공성

〖해설〗 공자께서 말씀하셨다. “집에 살면서 예가 있으니 어른과 어린이를 분별하여 알고, 규문閨門에 예가 있으니 삼족三族이 화합하고, 조정에 예가 있으니 벼슬에 높고 낮음의 차례가 있고, 사냥하는데 예가 있으니 군사의 일이 한가하고, 군대에 예가 있으니 무공武功이 이루어진다.” 고 하였다.

〖출전〗《공자가어孔子家語》

에세이

사람이 공동으로 생활하는 곳에는 그곳이 어디든 간에 예절이 있다. 만약 예절이 없으면 하극상下剋上이 생겨서 싸움이 벌어진다.

규문閨門은 안주인이 사는 안방을 말하니, 곧 여자들의 거처인데, 이곳에도 예가 있어야 삼족이 화합한다는 말씀이다. 왜인가! 집안의 화합은 집안 여인들이 잘 화합해야 가정도 편안하고 친척 간에도 편안하다는 말씀이다.

요즘은 형제 간에도 의義를 끊고 사는 사람이 많은데, 거의 안주인들의 불화로 이루어진다. 그리고 한 집안에도 예가 있어야 하니

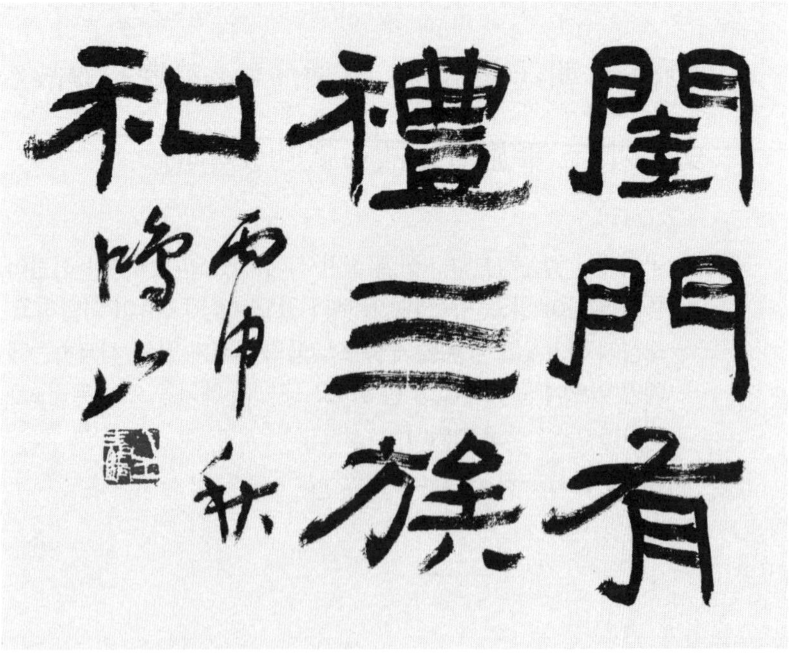

어른과 어린이는 나이에 따라 어른은 어린이를 사랑하고, 어린이는 어른을 공경해야 하며, 또한 숙질 간에 사는 경우에는 촌수를 봐서 삼촌을 공경하고 조카를 사랑해야 한다.

직장에서도 예의는 있으니 상사는 언제나 부하직원을 사랑으로 일을 시키고, 부하 직원은 상사의 말씀을 공경으로 받아서 일을 처리해야 한다.

군대에서도 계급이 있으니, 이에도 상관은 부하를 사랑으로 대하고, 부하는 상급자를 공경해야 무공을 이룰 수 있다는 말씀이다. 만약 전쟁이 발생했는데 상관의 말을 부하가 듣지 않으면 싸움에서 반드시 패하고 만다. 전쟁에서 패한다는 말은, 곧 죽는다는 말과 통하니 서로 협력하여 무공을 이뤄야 한다.

居 : 살 거 禮 : 예도 예 故 : 연고 고 辨 : 분변할 변 閨 : 안방 규 族 : 일가 족 和 : 화할 화 廷 : 조정 정 爵 : 벼슬 작 序 : 차례 서 獵 : 사냥 렵 戎 : 군대 융 軍 : 군사 군 旅 : 군사 려 武 : 호반 무 功 : 공 공

135 子|曰 君子義以爲上하니 君子|有勇而無義면 爲亂하고 小人이 有勇而無義면 爲盜니라.
자 왈 군자의이위상 군자 유용이무의 위 란 소인 유용이무의 위도

〖해설〗 공자께서 말씀하셨다. "군자는 의義로 제일을 삼으니, 군자가 용맹은 있고 의리가 없으면 어지럽게 되고, 소인이 용맹이 있고 의리가 없으면 도적이 된다." 고 하였다.

〖출전〗《논어집해의소論語集解義疏》

에세이

본문의 의義는 '인의예지仁義禮智' 에서 나오는 의義를 말하니, 부자父子의 의義는 친함이고, 임금과 신하 사이에는 의리를 지키는 것이 의義이고, 부부夫婦의 의義는 남녀의 분별이니 남녀는 강유가 있고 음양의 소임이 다르니, 이런 다른 것을 분별하여야 한다는 말씀이고, 붕우朋友 사이에는 신의가 의義고, 어른과 어린이 사이에는 나이가 많고 적음의 차례가 의義이다.

은殷나라 말에 고죽군의 왕자인 백이와 숙제가 있었는데, 제후인 주周나라의 무왕武王이 천자의 나라인 은殷을 침범하니 백이숙제가 막아서며 '신하가 군주를 치는 것은 의리상 안 되는 것이다.' 라고 하였으니, 이곳의 의義는 이런 의를 말하는 것이다.

군자가 용맹은 있는데 의리가 없으면 난잡한 일도 서슴치 않는다

는 것이고, 소인이 용맹은 있는데 의리가 없으면 남의 집에 들어가서 금은보화를 훔치고도 부끄러움이 없는 도적이 된다는 말씀이다. 그러므로 사람이 사회생활을 하는 데는 의義가 가장 소중한 것이다. 의리를 잘 지키는 자라야 나가서 벗으로 사귈 수가 있는 것이다.

의리가 없는 사람은 언젠가는 나에게 손해를 끼치는 것이니, 이런 자를 조심해야 하는 것이다.

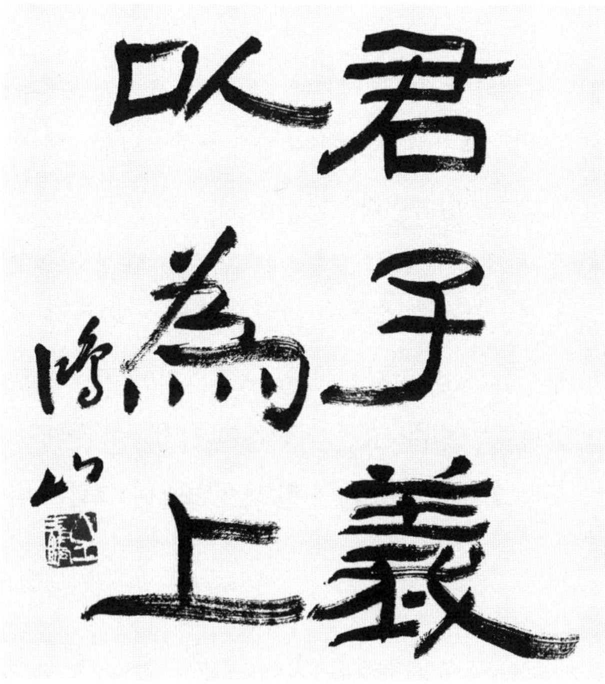

義 : 옳을 의 勇 : 용맹 용 亂 : 어지러울 란 盜 : 도적 도

136 曾子曰 朝廷엔 莫如爵이요 鄕黨엔 莫如齒요 輔世長民엔 莫如德이니라.

증자왈 조정 막여작 향당 막여치 보세 장민 막여덕

〔해설〕 증자曾子[49]께서 말씀하기를, "조정에는 지위가 높은 것 같은 것이 없고, 향당鄕黨에는 나이가 많은 것만 같음이 없고, 세상을 돕고 백성을 기르는 데는 덕德 같은 것이 없다." 고 하였다.

〔출전〕《맹자孟子》

에세이

조정에는 벼슬이 높은 사람이 최고이고, 시골에서는 나이가 많은 사람이 최고이고, 세상을 도와서 백성을 기르는 데는 덕을 많이 쌓은 사람이 최고라는 말씀이다.

요즘 TV를 통해서 북한을 보면 젊은 김정은에게 그의 할아버지뻘 되는 늙은 관료가 무릎을 꿇고 대화하는 것을 볼 수가 있는데, 아무리 조정에는 높은 벼슬 같음이 없다고 하지만 이런 장면은 노인이 너무 비굴하게 보인다. 요는 권력자인 김정은이 상대가 그런 행동을 해도 못하게 말려야 하는데 말리지 않으니 그럴 수밖에 없는 것이다.

49 증자曾子 : 중국 춘추시대의 유학자. 공자의 도道를 계승하였으며, 그의 가르침은 공자의 손자 자사를 거쳐 맹자에게 전해져 유교사상사에서 중요한 위치를 차지한다. 유교 5성의 한 사람이다.

김정은의 아버지인 김정일은 정주영 회장이 1998년 10월 27일 소 1,000마리를 끌고 방북했을 때에 아들 정몽헌이 수행했는데, 북한 국방위원장인 김정일과 방북한 기념사진을 촬영하면서 정주영 회장이 북한의 지도자 김정일에게 가운데 서라고 하니 김정일이 사양하면서 우리나라는 동방예의지국인데 나이가 많으신 정 회장께서 가운데에 서시라고 해서 결국 정주영 회장이 가운데에 서고 김정일과 정몽헌은 양쪽 가에 서서 촬영한 사진이 4대 일간지에 대서특필한 것을 본 일이 있다. 이렇게 양보하는 것이 덕을 쌓는 일이다. 덕을 많이 쌓으면 천하가 나에게 돌아오는 것이다.

曾 : 일찍 증 廷 : 조정 정 莫 : 말 막 爵 : 벼슬 작 鄉 : 시골 향 黨 : 무리 당 齒 : 나이 치 輔 : 도울 보 德 : 큰 덕

137 父不言子之德하고 子不談父之過니라.
부 불 언 자 지 덕　　자 부 담 부 지 과

〖해설〗 아버지는 아들의 덕을 말하지 말고, 아들은 아버지의 과실過失을 말하지 말지니라.

〖출전〗 무지無知

에세이

우리 속담에 '팔불출八不出' 이라는 말이 있다. 이를 국어사전에서는 '몹시 어리석은 사람을 이르는 말.' 이라고 설명하고 있는데, 어원을 살펴보면, 불교용어로 '팔불용八不用' 과 비슷한 말이라고 한다.

이를 하나하나 짚어보면 첫째는 제 잘났다고 뽐내는 사람, 둘째는 마누라 자랑하는 사람, 셋째는 자식 자랑하는 사람, 넷째는 선조와 아비 자랑을 일삼는 사람, 다섯째는 저보다 잘난 듯싶은 형제 자랑하는 사람, 여섯째는 어느 학교의 누구 후배라고 자랑하는 사람, 일곱째는 제가 태어난 고향이 어디라고 우쭐하는 사람이고 여덟째는 없다고 한다. 필자가 어려서 이 용어를 배울 때는, 자기 자랑하는 놈, 자식 자랑하는 놈, 마누라 자랑하는 사람 등만 알고 있었는데, 오늘 인터넷에서 찾아보니 위에 열거한 7가지이고, 여덟 번째는 겸손하게 빼어놓았다는 것이다.

본문에 보면 '아버지는 자식의 덕을 말하지 말라' 고 했으니, 자식을 자랑하면 분명 이는 팔불출에 속한다. 그러므로 자식 자랑을 하면 안 되는 것이다. 그리고 다음은 '아들은 아버지의 과실過失을 말하지 말라.' 고 했는데, 이는 상당히 중요한 말씀이다. 만약 아버지가 도벽이 있다면 이는 반드시 고치게 해야 한다. 그러나 자식이 직접 면전에서 '아버지 도벽을 고치세요!' 하면, 아버지가 잘 알아듣고 고치면 다행이지만, 행여 '자식 놈이 아비의 면전에서 도벽을 고치라고 해!' 하면서 화를 내게 되면 자칫 부자의 관계가 상하게 된다. 부자의 관계는 천륜天倫이기에 깨져서는 절대로 안 되는 것이다. 그래서 조심스럽게 접근해서 아버지께서 스스로 그 도벽을 고치도록 해야 하는 것이다.

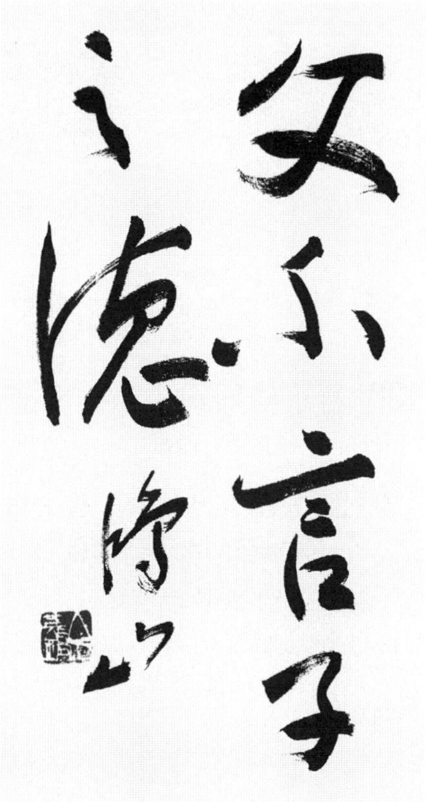

父 : 아비 부 德 : 큰 덕 談 : 말씀 담 過 : 허물 과

언어편言語篇

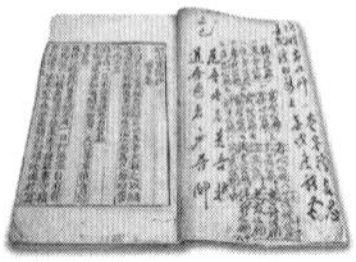

138 君平이 曰口舌者는 禍患之門이요 滅身之斧也니라.
군 평 왈 구 설 자 화 환 지 문 멸 신 지 부 야

〖해설〗 군평[50]이 말하기를, "입과 혀는 재앙과 근심의 문이고, 몸을 멸하는 도끼니라." 고 하였다.

〖출전〗 《성도문류成都文類》

에세이

군평은 중국 성도成都의 시장에서 점을 치고 산 사람인데, 점을 봐주면서 사람이 사는 대강령인 충효忠孝를 말해주었다고 한다. 그리고 그날 먹고 살 돈을 벌면 발을 내리고 철시했다고 전한다.

50 군평君平 : 한漢나라 엄준嚴遵의 자字. 촉蜀의 서울 성도成都에서 복서卜筮로 생활하면서 노자老子를 연구, 노자지귀老子指歸를 저술했다.

본문은 '말을 조심하라.' 는 말씀이니, 옛적 군주시대에는 한 번 말을 잘못하면 역적으로 몰려서 자신은 물론이고 부모형제 모두에게 화가 미치므로 이를 조심하라고 한 말씀이다.

요즘 세상에서도 자칫 말을 잘 못했다가는 큰 화를 입는 경우가 종종 있다. 그러므로 말이 나오는 입이 화禍의 근원이라는 것이다.

근신謹愼이라는 말이 있으니, 이는 '모든 일에 삼가라' 는 말씀으로, 말을 조심해야 한다는 말이다. 말을 거침없이 확확하는 사람이 있는데, 이는 너무나 잘못된 행위이다. 그리고 말은 예쁘게 해야 한다. 말을 하면 꼭 남의 비위를 건드리는 사람이 있는데, 이 역시 제일 나쁜 행위 중의 하나이다.

'말은 몸을 멸하는 도끼' 라고 했으니, 이 구설口舌(입)이 몸을 망치는 도끼와 같다는 말이다. 도끼는 너무 위험한 무기로 한 번 찍으면 죽고 마는 아주 위험한 무기인데, 입에서 나오는 말이 이와 같다는 말씀이다.

舌 : 혀 설 禍 : 재앙 화 患 : 근심 환 滅 : 멸할 멸 斧 : 도끼 부

139 利人之言(이인지언)은 煖如綿絮(난여면서)하고 傷人之語(상인지어)는 利如荊棘(이여형극)하야 一言半句(일언반구)ㅣ 重値千金(중치천금)이요 一語傷人(일어상인)은 痛如刀割(통여도할)이니라.

〖해설〗 사람을 이롭게 하는 말은 따뜻하기가 솜과 같고, 사람을 상하게 하는 말은 예리하기가 가시 같으니라. 한 구절의 말과 반 구절의 말은 무겁기가 천금千金과 같고, 한마디 말로 사람을 상하게 하는 것은 아프기가 칼로 베는 것과 같으니라.

〖출전〗 무지無知

에세이

본문은 평소에 아름다운 말을 쓰면서 살아야 한다는 말씀이다.

우리 속담에 '말 한마디로 천 냥 빚을 갚는다.' 라는 말씀이 있으니, 사람이 세상을 살아가면서 수많은 말을 하며 살아간다. 그런데 그 말이 사람을 기쁘게도 하고 혹은 비수가 되어 사람의 마음을 찌르고 상하게 한다. 그러므로 본문은 그 말에 대하여 따뜻한 말을 해야 한다는 것이다.

필자는 젊어서는 항상 세상을 비판하고 남을 비판하는 말을 많이 한 것으로 기억된다. 그러나 나이가 점차 들어가면서 이런 비판적 입장을 바꾸기로 하였고 말도 남이 듣기 좋은 말을 골라서 하기로 결심하였다. 이에 요즘은 가능한 한 따뜻한 말을 골라서 한다. 그러면 상대가 젊은이건 늙은이건 모두 좋아한다.

그러나 우리가 사는 세상에 영향력이 큰 신문사나 방송국 같은데서 방송을 하면서 말을 잘못하면 즉시 전화를 걸어 시정을 요청한다. 왜냐면 이런 회사는 사회에 영향력이 크고 이를 본 국민들이 마치 그렇게 하는 것이 옳은 줄 알고 따라서 하면 바른 말이 왜곡되기 때문이다. 일전에 김모 전 국무총리가 인터뷰에서 '계제階梯가 되면 반총장을 만나고 싶다.' 고 하였는데, 방송국에서 남녀 아나운서 두 사람이 나와서 뉴스를 진행하면서 '그자 같으면 만나고 싶다.' 로 방송을 하였다. 필자는 그 다음날 채널A에 전화하여 이를 시정해야 한다고 간곡히 말하였다. 왜 이런 전화를 하냐면 방송국의 뉴스는 전 국민이 보기 때문에 조금이라도 오보를 해서는 안 되기 때문이다.

利 : 이로울 리 煖 : 따뜻할 난 綿 : 솜 면 絮 : 솜 서 傷 : 상할 상 荊 : 가시 형 棘 : 가시 극 重 : 무거울 중 値 : 만날 치 痛 : 아플 통 割 : 벨 할

140 口是傷人斧요 言是割舌刀니 閉口深藏舌이면 安身處處牢니라.

구시상인부 언시할설도 폐구심장설 안신처처뇌

【해설】 입은 사람을 상하게 하는 도끼이고, 말은 혀를 베는 칼이니, 입을 닫고 혀를 깊이 감추면 몸을 편안히 하여 가는 곳곳마다 안온할 것이다.

【출전】 무지無知

에세이

이 문장도 말을 곱게 해야 한다는 요지의 말씀이다. 필자가 출처가 분명하지 않은 이 말씀을 이곳에 넣는 것은 말이 이 세상을 살아가는데 있어서 가장 중요한 것이기 때문이다. 필자는 망칠望七의 나이에도 항상 말을 조심해야 한다는 생각으로 가득 차 있다.

아침에 기상起床하면 마누라와 대면하게 되는데, 마누라와 말을 할 때에도 항상 조심하여 그의 마음을 상하지 않게 하려고 노력하고, 아침을 먹고 서울 종로3가 낙원동에 있는 사무실에 출근을 해서 많은 사람을 상대하면서도 언제나 상대의 심기를 건드리지 않으려고 노력한다.

본문에서 '입을 닫고 혀를 깊이 감추면 몸이 편안하여 가는 곳마다 안온할 것이다.' 라 하였으니, 말을 하는 혀를 깊숙이 감추어 두고 말을 아끼면 상대에게 상처를 주지 않아서 항상 마음이 편안하다. 그러므로 입은 화가 나오는 곳이니, 조심하고 조심해야 한다.

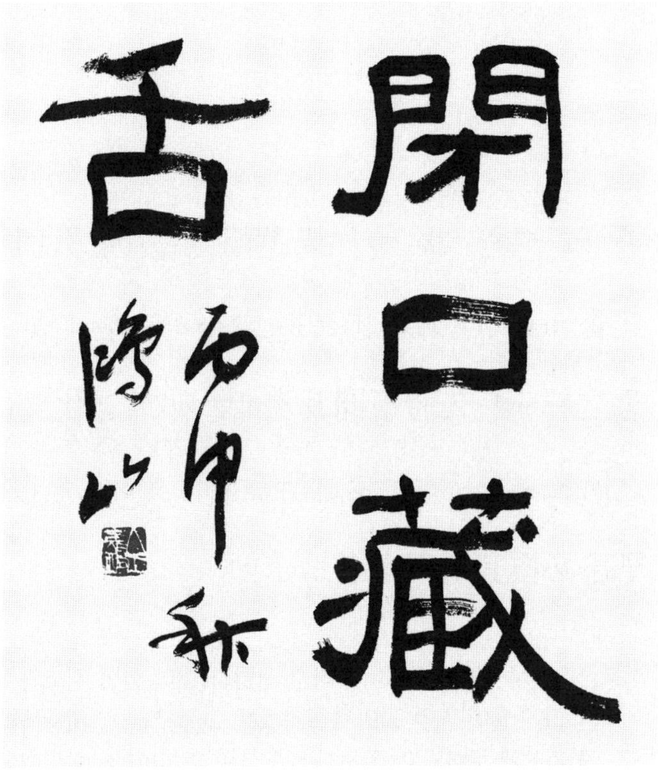

斧 : 도끼 부 割 : 벨 할 舌 : 혀 설 閉 : 닫을 폐 深 : 깊을 심 藏 : 감출 장 處 : 곳 처
牢 : 편안할 뇌

교우편交友篇

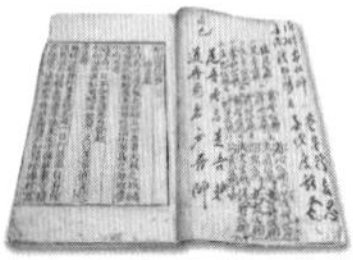

141 子ㅣ曰 與善人居에 如入芝蘭之室하야 久而不聞
자 왈 여선인거 여입지란지실 구이불문
其香이라도 卽與之化矣요 與不善人居에 如入鮑
기향 즉여지화의 여불선인거 여입포
魚之肆하야 久而不聞其臭라도 亦與之化矣니 丹
어지사 구이불문기취 역여지화의 단
之所藏者는 赤하고 漆之所藏者는 黑이라 是以로 君
지소장자 적 칠지소장자 흑 시이 군
子는 必愼其所與處者焉이니라.
자 필신기소여처자언

〖해설〗 공자께서 말씀하시었다. "착한 사람과 같이 살면 지초와 난초가 핀 집에 들어간 것 같아서 오래도록 그 향기를 맡지 못하더라도 곧 그에게 동화되고, 착하지 않은 사람과 같이 살면 건어물 가게에 들어간 것 같아서 오래도록 그 냄새를 맡지 못하더라도 또한 그에게 동화되니, 붉은 것을 지니고 있으면 붉어지고 검은 옻〔漆〕을 지니고 있으면 검어지느니라. 이러므로 군자는 반드시 그 더불

어 처할 바를 삼가느니라."고 하였다.

〖출전〗《공자가어孔子家語》

에세이

본문은 착한 사람과 교제하면 나도 따라서 착한 사람이 되고, 악한 사람과 사귀면 나도 따라서 악한 행동을 한다는 말씀이다. 붉은 단사丹砂를 만지는 자는 어느새 붉은 단사가 몸에 묻고, 먹을 만지는 사람은 어느새 먹물이 몸에 묻으니, 군자는 누구와 같이 있을 것인가를 반드시 삼가야 한다는 말씀이다.

사람이 세상에 나와서 어떤 사람으로 살아가느냐는 절대로 본인의 의사에 달려있는 것이다. 관료를 하려면 공무원시험을 거쳐서 그 길을 가는 것이고, 회사원이 되려면 회사의 입사시험을 거쳐서 회사원이 되는 것이다. 법조인이 되려면 사법고시를 합격해서 판검사나 변호사가 되는 것이고, 선생님이 되려면 임용고시를 거쳐서 학교의 선생으로 나가면 되는 것이다.

위와 같이 사람이 가는 길은 천 가지 만 가지나 된다. 그러나 어떤 사람이 되느냐는 대별하면 딱 두 가지로 나뉘니, 즉 착하게 사는 사람과 착하지 못하게 사는 사람이다. 착하게 사는 것은 천리天理를 따르는 것이고, 악하게 사는 것은 천리天理를 어기는 것이니, 천리를 따르는 자는 향기가 나는 것이고, 착하지 않게 사는 사람은 악취가 나는 것이니, 어떤 향기가 나느냐는 전적으로 본인의 결심에 달린 것이다.

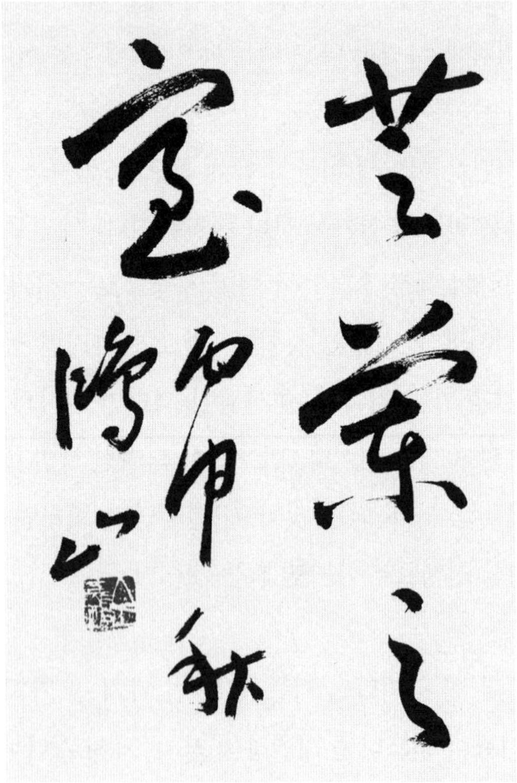

與 : 더불어 여 居 : 살 거 芝 : 지초 지 蘭 : 난초 난 室 : 집 실 聞 : 들을 문 卽 : 곧 즉 化 : 화할 화 鮑 : 건어물 포 肆 : 가게 사 臭 : 냄새 취 丹 : 붉을 단 藏 : 감출 장 赤 : 붉을 적 漆 : 옻 칠 黑 : 검을 흑 愼 : 삼갈 신 處 : 처할 처 焉 : 어조사 언

142 家語에 云與好人同行은 如霧露中行하야 雖不濕衣라도 時時有潤하고 與無識人同行은 如廁中坐하야 雖不汚衣라도 時時聞臭니라.

가어 운여호인동행 여무로중행 수불습의 시시유윤 여무식인동행 여측중좌 수불오의 시시문취

〔해설〕 가어家語에서 이르기를, “좋은 사람과 더불어 동행함은 안개와 이슬 가운데에 가는 것 같아서 비록 옷은 젖지 않더라도 때때로 윤택함이 있고, 무식한 사람과 더불어 동행함은 측간 가운데 앉은 것 같아서 비옥 옷을 더럽히지 않더라도 때때로 냄새가 나느니라.”고 하였다.

〔출전〕《가어家語》

에세이

우리 속담에 '서당 개 삼 년에 풍월 읊는다.' 라는 말이 있다. 이는 서당에서 학생들이 매일 글을 읽으므로, 그 훈장 집에서 기르는 개도 글을 읽는 시늉을 낸다는 말이다.

또한 농사꾼의 아들은 매일 눈만 뜨면 농사짓는 것을 보았으므로 어느새 밭을 갈고 씨를 뿌릴 줄을 알고, 어부의 아들은 아버지가 매일 배를 타고 나가서 고기를 잡아오므로, 어느새 노를 젓고 낚시할 줄을 아는 것이다. 이를 젖어든다고 말하니, 한문 용어로는 화化한다고 하는 것이다.

그러므로 '아들을 낳으면 서울로 보내고 망아지를 낳으면 제주

도로 보내라.' 고 하는 말이 있으니, 옛적에 서울은 입신출세하는 사람이 많은 곳이기 때문에 은연중에 '입신출세立身出世' 하라는 말이 들어있고, 제주도는 말을 많이 키운 곳이기 때문에 말 같은 자식을 낳으면 제주도로 보내라는 말이다.

봄에 날씨가 따뜻해지면 어느새 겨울에 얼었던 대지는 풀리고 그곳에 새싹이 움트는 것이다. 얼었던 내는 졸졸 흐르고 오돌오돌 떨고 있던 나목裸木들도 어느새 따뜻한 기운을 받아서 파란 새싹이 움트는 것이니, 이를 화化한다고 하는 것이다. 사람도 착한 사람과 벗하면 어느새 착한 사람이 되고, 악한 사람과 벗하면 어느새 악한 사람이 된다는 말씀이다.

語 : 말씀 어 與 : 더불어 여 霧 : 안개 무 露 : 이슬 로 雖 : 비록 수 濕 : 젖을 습 潤 : 윤택할 윤 識 : 알 식 廁 : 측간 측 坐 : 앉을 좌 汚 : 더러울 오 臭 : 냄새 취

143 子曰 晏平仲은 善與人交로다 久而敬之온여.
자왈 안평중 선여인교 구이경지

〖해설〗 공자께서 말씀하셨다. "안평중晏平仲은 남과 사귀기를 잘하였다. 오래되어도 공경하는구나!" 고 하였다.

〖출전〗 《논어》 학이學而

에세이

안평중은 제齊나라 대부이다. 이름은 영嬰이니, 즉 안영安嬰이다.

사람은 거의가 친구를 사귀면 처음에는 조심스럽게 대하다가 좀 더 친해지면 함부로 대하는 경향이 있는데, 본문의 안평중은 친구를 사귀면서 오래되어갈수록 더욱 공경을 했으므로 부자夫子(공자)께서 칭찬을 아끼지 않은 것이다.

필자가 전에 서예학원을 운영할 적에 어떤 부인이 와서 서예공부를 했는데, 그 사람이 진중하지 못한 성격인 것을 보고 아호雅號를 '경지敬之' 라고 지어주었는데, 사실 위의 본문 '구이경지久而敬之' 에서 인용한 것이다. 즉 오랫동안 친구를 사귀어도 공경하는 마음을 가지라는 뜻이었다.

요즘에는 학교의 동창이나 시골에서 같이 자란 친구를 만나면 상스러운 욕설을 하는 것이 보통이고 이렇게 해야 친숙함을 느끼는

경우가 많은데, 이런 사귐은 고귀한 사귐이 되지 못한다.

그리고 사람을 사귀는 것이 꼭 같은 연령의 평교를 말하는 것은 아니다. 도의道義로의 사귐이 있으니, 이는 뜻이 맞는 사람들이 사귀는 친교로, 나이의 고저高低를 가리지 않는다.

晏 : 늦을 안 仲 : 버금 중 善 : 잘할 선 交 : 사귈 교 久 : 오랠 구 敬 : 공경 경

144 君子는 以道義交로 故其淡如水하고 小人은 以勢利交로 故其甘如醴니라.
군자 이도의교 고기담여수 소인 이세리교 고기감여례

〖해설〗 군자는 도의道義로써 사귀기 때문에 맑기가 물과 같고, 소인은 형세의 이로움을 가지고 사귀기 때문에 달기가 단술과 같으니라.

〖출전〗《예기집설禮記集說》

● 에세이

'군자는 도의道義로써 사귄다.' 고 하였는데, 그럼 도의道義는 무엇인가! 국어사전에는 '사람으로서 마땅히 행해야 할 도덕이나 의리' 라 되어 있으니, 사람으로서 사람다운 행위를 하는 사귐이고, '소인은 형세의 이로움을 가지고 사귀기 때문에 달기가 단술과 같으니라.' 고 하였으니, 소인의 사귐은 언제나 자신의 이익을 앞세우고 사귀기 때문에 그가 하는 말이 달기가 단술과 같은 것이다.

《노자》에서 '상선上善은 물과 같다.' 라는 말씀이 있으니, 물은 담담하여 맛이 없다. 이는 아무런 사사로움이 없다는 말로, 이 지구상의 모든 동 · 식물이 이 담담한 물이 있어야만 살 수가 있는 것이니, 바꾸어 말하면 물을 좋아하지 않는 유기체는 없다는 말로 통한다. 이렇기에 노자는 물은 이 지구상에서 제일 좋은 것〔상선上善〕이라고 말한 것이다.

'단술' 은 술에 당분을 탄 술로, 남녀노소 누구나 이 술을 좋아한다. 요즘은 설탕이 많아서 누구나 단 것을 충분히 먹을 수 있는 세상이지만 옛적에는 당분을 구하기가 쉽지 않았으니, 그러므로 모든 사람들이 꿀이나 엿을 제일 좋아하였다. 이와 같이 소인은 이익을 가지고 말을 하기 때문에 그 말이 달기가 꿀과 같은 것이다.

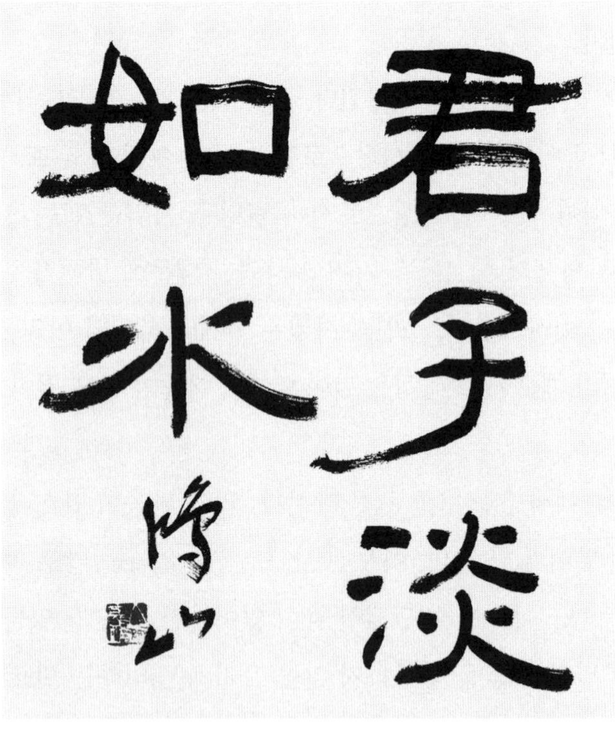

道 : 길 도 義 : 옳을 의 淡 : 맑을 담 勢 : 형세 세 利 : 이로울 리 甘 : 달 감 醴 : 단술 례

부행편婦行篇

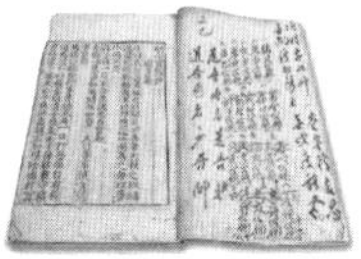

145 益智書에 云女有四行하니 一曰婦德이요 二曰婦
익 지 서 운 여 유 사 행 일 왈 부 덕 이 왈 부
言이요 三曰婦容이요 四曰婦功이니 夫云ㅣ婦德은
언 삼 왈 부 용 사 왈 부 공 부 운 부 덕
不必才名絶異也요 婦言은 不必辯口利辭也요 婦
불 필 재 명 절 이 야 부 언 불 필 변 구 리 사 야 부
容은 不必顔色美麗也요 婦功은 不必工巧過人也
용 불 필 안 색 미 려 야 부 공 불 필 공 교 과 인 야
니라.

〔해설〕 익지서에서 이르기를, "여인의 네 가지 행실이 있으니, 하나는 부덕不德이고, 둘은 부언婦言이고, 셋은 부용婦容이고, 넷은 부공婦功이니, 대체로 말해서 부덕不德은 재주와 이름이 뛰어남을 필요로 하지 않고, 부언婦言은 구변이 좋은 것을 필요로 하지 않으며, 부용婦容은 얼굴이 아름답고 고움을 필요로 하지 않고, 부공婦功은 손재주가 남보다 잘하는 것을 필요로 하지 않는다." 고 하였다.

益 : 더할 익 智 : 지혜 지 婦 : 지어미 부 德 : 큰 덕 容 : 용모 용 功 : 공 공 絶 : 끊을 절 異 : 다를 이 辯 : 말 잘할 변 利 : 이로울 리 辭 : 말씀 사 顔 : 얼굴 안 色 : 빛 색 美 : 아름다울 미 麗 : 고울 려 過 : 지날 과

其婦德者는 淸閒貞靜하고 守節整齊하며 行止有恥하고
기 부 덕 자 청 한 정 정 수 절 정 제 행 지 유 치
動靜有法이니 是爲婦德이요 婦容者는 洗浣塵垢하고
동 정 유 법 시 위 부 덕 부 용 자 세 완 진 구
衣服鮮潔하며 沐浴及時하야 一身無穢니 此爲婦容也
의 복 선 결 목 욕 급 시 일 신 무 예 차 위 부 용 야
요 婦言者는 擇師而說하고 不談非禮하며 時然後言하야
부 언 자 택 사 이 설 부 담 비 례 시 연 후 언
人不厭其言이니 此爲婦言也요 婦功者는 專勤紡績하
인 불 염 기 언 차 위 부 언 야 부 공 자 전 근 방 적
고 勿好葷酒하며 供具甘旨하야 以奉賓客이니 此爲婦
물 호 훈 주 공 구 감 지 이 봉 빈 객 차 위 부
功也니라.
공 야

〔해설〕 그 부덕이라는 것은 청한淸閑하고 고요하며, 정절을 지키고 가지런하며, 행지行止에 부끄러운 태도가 있고 동정動靜에 법도가 있으니 이를 부덕婦德이라 하는 것이고, 부용婦容이라는 것은 집안의 더러운 곳을 청소하고 의복을 깨끗이 하며, 때가 되면 목욕해서 몸에 더러움이 없어야 하니 이것이 부용婦容이 되고, 부언婦言이라는 것은 모범이 될 말을 가려서 말하고 예가 아닌 것은 말하지 않으며, 때에 맞추어 말해서 남들이 그 말을 싫어하지 않으니 이는 부언婦言이고, 부공婦功이라는 것은 부지런히 방적紡績하고

냄새나는 술을 좋아하지 않으며, 맛 좋은 음식을 만들어서 손님에게 제공하니 이를 부공婦功이라 한다.

淸 : 맑을 청 閒 : 한가 한 貞 : 곧을 정 靜 : 고요 정 守 : 지킬 수 整 : 정제할 정 齊 : 가지런할 제 止 : 그칠 지 恥 : 부끄러울 치 動 : 움직일 동 法 : 법 법 容 : 얼굴 용 洗 : 씻을 세 浣 : 빨 완 塵 : 티끌 진 垢 : 때 구 鮮 : 고을 선 潔 : 깨끗할 결 沐 : 목욕할 목 浴 : 목욕할 욕 穢 : 더러울 예 擇 : 가릴 택 師 : 모범 사 說 : 말씀 설 談 : 말씀 담 禮 : 예도 례 然 : 그럴 연 後 : 뒤 후 厭 : 싫을 염 專 : 오로지 전 勤 : 부지런할 근 紡 : 짤 방 績 : 짤 적 葷 : 매운 채소 훈 酒 : 술 주 供 : 이바지할 공 甘 : 달 감 旨 : 맛 지 奉 : 받들 봉 賓 : 손 빈 客 : 손 객

此四德者는 是婦人之所不可缺者라 爲之甚易하고
차사덕자 시부인지소불가결자 위지심이

務之在正하니 依此而行하여야 是爲婦節이니라." 고 하였다.
무지재정 의차이행 시위부절

〖해설〗 이 네 가지 덕은 부인婦人이 없어서는 안 되는 것이다. 행하기가 몹시 쉽고 그것을 힘쓰는 것은 몸을 바르게 하는 데에 있으니, 이를 의지해서 행해야 이에 부절婦節이 되는 것이니라." 고 하였다.

〖출전〗 《설부說郛》

에세이

익지서益智書에서는 부인이 행해야 할 것을 네 가지로 보았으니, '첫째는 부덕不德이고 둘째는 부언婦言이고, 셋째는 부용婦容이고,

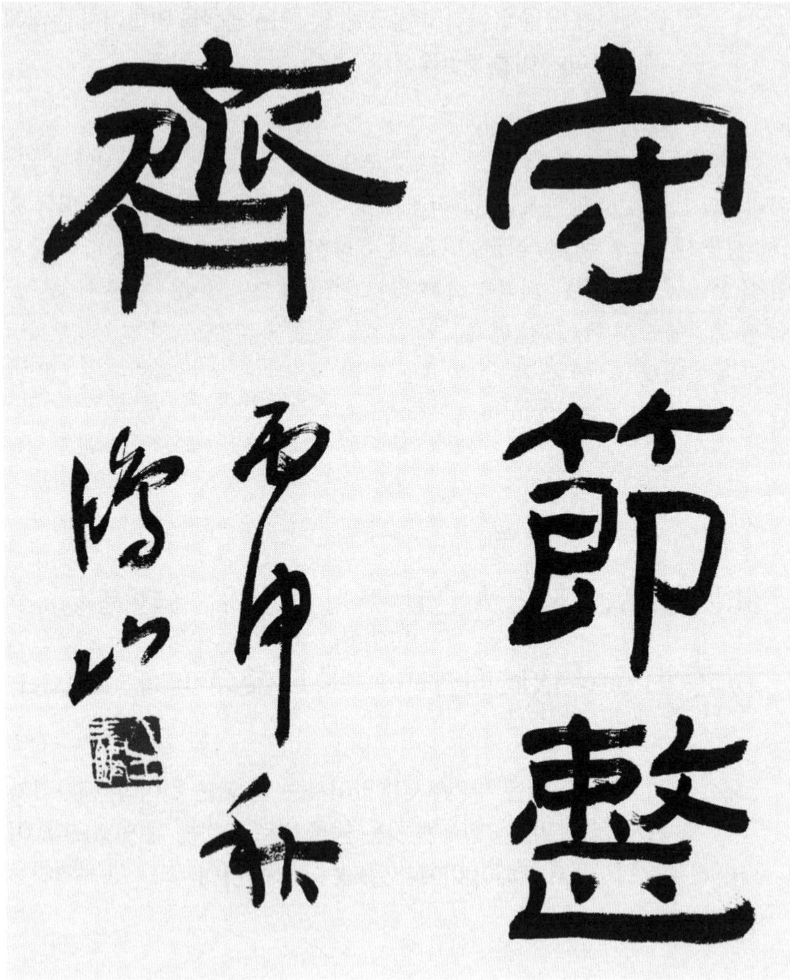

넷째는 부공婦功이다.' 라고 했다.

남자와 여자는 음양으로 나뉜 사람이니, 남자는 양陽에 속한 사람이기에 강하고 굳세어서 밖에 나가서 사냥도 하고 농사도 지어서 온 가족을 부양할 의무를 진 사람으로 태어났고, 반대로 여성은 음陰에 속한 사람이기에 나약하고 섬세하게 태어났고, 그리고 자식을 잉태할 의무를 지고 살아야 한다.

요즘은 남녀 모두 직장을 가지고 날마다 출근하여 일을 한다. 그런데 집에 들어오면 유약한 여성의 일이 많고 아이들도 돌봐야 하기 때문에 쉴 수 있는 여건이 안 된다. 그러므로 요즘의 부부는 집안일도 남녀 공히 협동하여 같이 해야 하는 세상이 되었다.

사람이 온종일 일을 할 수는 없는 것이다. 더구나 여성은 본래 유약하게 태어났기 때문에 더 많은 시간을 쉬어야 피로가 풀린다. 그런데 부부 모두 직장에서 집에 들어오면 남편은 TV 앞에서 쉬고 있으니, 자연히 집안의 일과 아이들을 기르는 일과 음식을 만드는 일 등 많은 일이 모두 부인의 담당이 되니 부인의 불평이 없을 수가 없는 것이다. 이러한 일이 반복되면 가정불화가 생기고 결국에는 이혼으로 치달아서 파산이 오고 만다.

여하튼 남녀 모두 무슨 일을 하던 간에 음양陰陽의 법칙은 변하는 것이 아니니, 그러므로 본문에서 말한대로 부인이 지켜야 할 부덕婦德 이 네 가지는 하나라도 없어서는 안 된다는 것이다.

缺 : 이지러질 결 甚 : 심할 심 易 : 쉬울 리 務 : 힘쓸 무 依 : 의지할 의 節 : 절개 절

증보편增補篇

146 易에 曰善不積이면 不足以成名이요 惡不積이면 不
역 왈 선 부 적 부 족 이 성 명 악 부 적 부
足以滅身이어늘 小人은 以小善으로 爲无益而弗
족 이 멸 신 소 인 이 소 선 위 무 익 이 불
爲也하고 以小惡으로 爲无傷而弗去也니라 故로 惡
위 야 이 소 악 위 무 상 이 불 거 야 고 악
積而不可掩이요 罪大而不可解니라.
적 이 불 가 엄 죄 대 이 불 가 해

〖해설〗《주역周易》에서 말하기를, "착한 일을 쌓지 않으면 이름을 이루지 못하고, 악함을 쌓지 않으면 몸을 망칠 일이 없을 것인데, 소인小人은 조그만 착한 일을 가지고 이익이 없다 해서 하지 않고, 작은 악함을 가지고 상함이 없다 해서 버리지 않느니라. 그러므로 악함이 쌓이면 가리지를 못하고 죄가 크면 풀지 못한다." 고 하였다.

〖출전〗《주역주소周易註疏》

에세이

고전古典을 보면, 모두 '덕을 쌓고 착하게 살아야 복을 받는다.' 라는 말씀이 많다. 고인古人들은 왜 이렇게 착하게 살라고 했는가! 이는 천리天理에서 찾아야 하니, 날이 새면 하늘에 해가 떠올라서 온 지구를 비췬다. 이렇게 따뜻한 해가 떠올라야 비로소 추위에서 벗어나는 것이니, 지구는 이 햇볕을 받아서 지구를 따뜻하게 데우고 그 따뜻함으로 생물을 기르고 금수禽獸를 기른다.

이렇게 해가 비춰는 것이 일상적인 것이어서 일반인은 그 고마움을 모르고 살지만, 그러나 그 해가 잠시만 비취지 않으면 지구에 있는 모든 생물은 모두 얼어서 죽고 만다. 그러므로 천리天理는 무색무취하여 늘 있어야 할 존재로 여기지만, 사실은 하늘이 매일 착하게 돌아가는 것이니, 성현들은 이런 이치를 일찍이 깨닫고 말만 하면 '착하게 살아야 한다.' 고 말하는 것이다. 즉 착하게 사는 것이 천리를 따르는 것이고 사람이 사는 길인 것이다.

사람들은 '작은 착함' 을 가지고 대수롭지 않게 여기고 하지 않지만, 이것이 쌓이면 내가 바라는 입신양명立身揚名이 오지 않는 것이고, '작은 악함' 을 가지고 사람들은 대수롭지 않게 여기고 그 작은 악을 행하는데, 이것이 쌓이면 커다란 악이 되어서 나를 망하게 하는 것이니, 우리들은 경계하지 않을 수 없는 것이다.

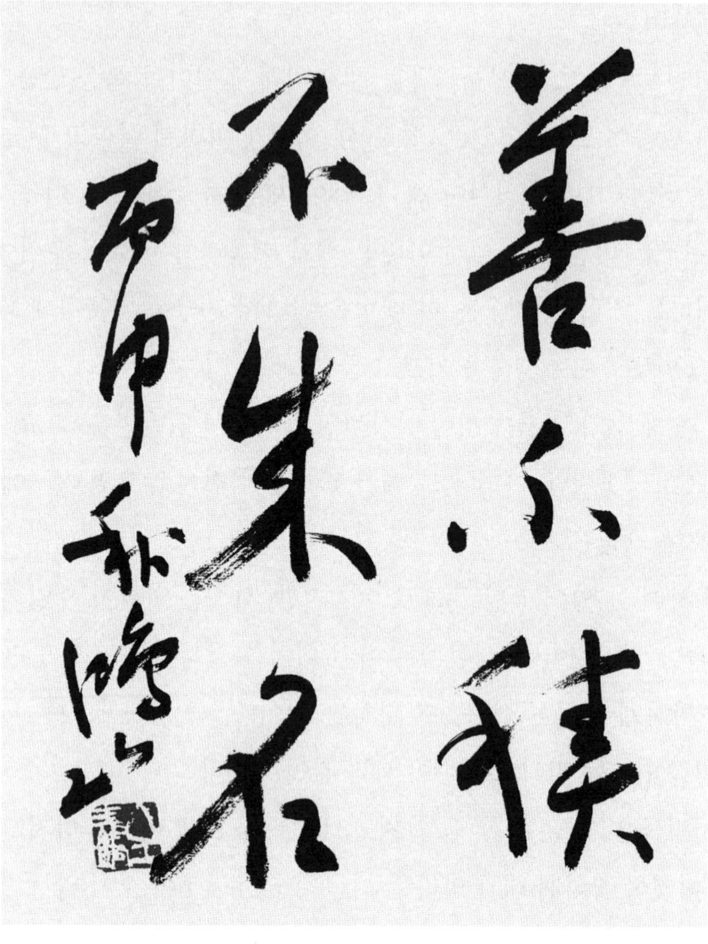

善 : 착할 선 積 : 쌓을 적 足 : 족히 족 名 : 이름 명 惡 : 악할 악 滅 : 멸할 멸 身 : 몸 신 无 : 없을 무 益 : 더할 익 弗 : 아니 불 傷 : 상할 상 去 : 버릴 거 掩 : 가릴 엄 罪 : 죄 죄 解 : 풀 해

효행편孝行篇

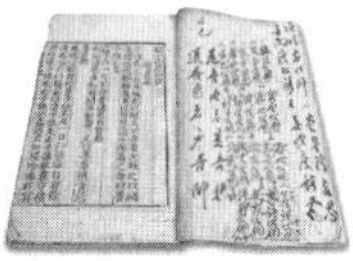

147 孫順이 家貧하야 與其妻로 傭作人家以養母어늘
손순 가빈 여기처 용작인가이양모
有兒每奪母食이라 順이 謂妻曰兒奪母食하니 兒는
유아매탈모식 순 위처왈아탈모식 아
可得이어니와 母難再求라 하고 乃負兒往歸醉山北
가득 모난재구 내부아왕귀취산북
郊하야 欲埋掘地러니 忽有甚奇石鐘이어늘 驚怪試
교 욕매굴지 홀유심기석종 경괴시
撞之하니 舂容可愛라 妻曰ㅣ得此奇物은 殆兒之福
당지 용용가애 처왈 득차기물 태아지복
이니 埋之不可라 한대 順이 以爲然하야 將兒與鐘還
매지불가 순 이위연 장아여종환
家하야 懸於梁撞之러니 王이 聞鐘聲이 淸遠異常
가 현어양당지 왕 문종성 청원이상
而覈聞其實하고 曰昔에 郭巨ㅣ埋子엔 天賜金釜러니
이핵문기실 왈석 곽거 매자 천사금부

今孫順이 埋兒엔 地出石鐘이라 前後符同이라 하고
금손순 매아 지출석종 전후동부

賜家一區하고 歲給米五十石하니라.
사가일구 세급미오십석

〔해설〕 손순孫順[51]이 집이 가난하여 그 아내와 같이 남의 집에 품을 팔아서 어머니를 봉양하였거늘, 아이가 매양 어머니의 음식을 빼앗아 먹은지라. 순順이 아내에게 말하기를, "아이가 어머니의 음식을 빼앗아 먹으니 아이는 다시 얻을 수 있거니와 어머니는 다시 구할 수 없다." 고 하고 곧바로 아이를 업고 취산의 북쪽 기슭에 가서 묻으려고 땅을 팠더니 홀연 심히 기이한 석종石鐘이 있거늘 놀라고 괴이하여 시험으로 그 종을 쳐보고 그리고 용용舂容[52]하여 심히 아름다운지라. 아내가 말하기를, "이런 기물奇物을 얻은 것은 자못 아이의 복이니 땅에 묻는 것은 옳지 않다." 고 하니, 순順이 그렇게 여겨서 아이와 석종을 가지고 집에 돌아와서 들보에 달고 쳤더니, 왕이 종소리가 맑고 멀리 울림을 듣고 이상하게 여겨 그 사

51 손순孫順 : 일명 '손순孫舜' 이라고도 한다. 모량리牟梁里 사람으로 아버지는 학산鶴山, 어머니는 운오運烏이다. 아버지가 죽자 아내와 더불어 남의 집에 품을 팔아 얻은 곡식으로 늙은 어머니를 봉양하였다. 어린 자식이 늘 어머니의 음식을 빼앗아 먹으므로 민망히 여긴 그는 부인에게 이르기를 "아이는 또 얻을 수 있으나 어머니는 다시 얻기 어렵다." 고 하면서, 자식을 버려서 어머니의 배를 부르게 하려 했다. 아이를 업고 취산醉山 북쪽 교외로 가서 묻기 위해 땅을 파다가 기이한 돌종[石鐘]을 얻었다. 부부가 이상히 여겨 나무 위에 걸고 두드려보았더니 그 소리가 은은하였다. 이 이물異物을 얻음은 아이의 복으로 생각한 그들은 자식을 업고 종을 가지고 집으로 돌아왔다. 종을 들보에 달고 두드리니 그 소리가 대궐에 들리었다. 왕이 종소리를 듣고 사자를 보내어 조사하여 그 사유를 자세히 알고는 "손순이 아이를 묻으려 하매 땅이 석종을 솟아내었으니 효는 천지에 귀감이 된다." 라고 하였다. 효행에 대한 포상으로 집 한 채와 해마다 벼 50석을 받았는데, 뒤에 그는 옛집을 희사하여 절을 삼아 홍효사弘孝寺라 하고 석종을 안치하였다.

52 용용舂容 : 한가한 정취가 우러나면서 전아典雅한 분위기를 풍기는 것을 말한다.

실을 조사하여 듣고 말하기를 "예전에 곽거가 아들을 묻음에 하늘에서 금 솥을 주었더니 오늘 손순이 아이를 묻음에 땅에서 석종石鐘을 내니, 전후의 병부가 한가지이다." 고 하고 집의 한 구역을 주고 해마다 쌀 쉰 석을 주니라.

〖출전〗《삼국유사三國遺事》

에세이

사람이 부모님의 사랑으로 세상에 태어나서 3년간의 진자리 마른자리 잊고 길러서 교육을 시키고 결혼을 시켜서 세상에 내놓았으니, 그 은혜는 하늘보다 높고 바다보다 넓다. 그러므로 부모님을 잘 봉양하는 것이 자식이 된 의무이다.

우리나라는 예부터 '동방예의지국東方禮儀之國' 이라 하여 거의 모든 사람들이 부모님을 극진히 봉양했다고 보면 된다. '삼강록三綱錄' 에 오른 효자는 국가에서 선정하여 정려를 내린 특별한 효자를 말한다.

필자의 15대조 전엽全燁공은 공자의 제자 증자처럼 효도를 하여 선조 때에 정려가 내렸으니, 그 약간을 소개한다.

"옥천沃川 거주居住 생원生員 전엽全燁은 혼정신성昏定晨省하여 슬하를 떠나지 않고 항상 옆에서 모시는 것을 임무로 삼았으며, 사환仕宦에는 뜻이 없었다. 기유년에 아비의 명령을 어기기 어려워 향시鄕試에 장원壯元하였으나 관직을 얻는 것에 급급하지 아니하여 회시會試에 응시하지 않았으니, 이는 혼정신성을 빠뜨릴까 염려해서인 것이다. 평소 오가는 빈객이 그 아비를 방문하면 몸소 반찬을 마련하여 그 마음을 기쁘게 하였고, 병을 간호할 적에는 잠시도 곁을 떠나지 않고 약은 반드시 먼저 맛보았으며 옷에는 띠를 풀지 않았다. 대고大故를 당하여서는 치상治喪 절차를 일체 《가례家禮》를 따랐고, 복服을 마친 뒤에도 출고반면出告反面을 일체 평소와 같이 하였다. 계모繼母를 섬기는 데도 한결같이 지성至誠으로 하였고 족친 중에 빈궁하여 오갈 데 없는 이를 가엾게 여기어 구제해 주곤 하였다. 한 촌질 되는 사람의 부처夫妻를 10년 가까이 데리고 있었는가 하면 전토田土까지 넉넉히 주어 생계를 개척하게 하였고, 또 조카 두 사람이 몹시 빈궁하자 전토를 주어 경작하게 하였으므로 향당鄕黨이 그 효우를 일컫고 여리閭里가 그 행의에 탄복하였다. 이에 문려門閭에 정표를 하고 벼슬로 포상하였다." 고 하였다.

孫 : 손자 손 順 : 순할 순 貧 : 가난 빈 傭 : 품팔이 용 養 : 기를 양 奪 : 빼앗을 탈 再 : 다시 재 負 : 질 부 醉 : 취할 취 郊 : 들 교 埋 : 묻을 매 掘 : 팔 굴 忽 : 홀연 홀 奇 : 기이할 기 鐘 : 종 종 驚 : 놀날 경 怪 : 괴이할 괴 試 : 시험 시 撞 : 칠 당 舂 : 찧을 용 容 : 용납할 용 愛 : 사랑 애 殆 : 거의 태 福 : 복 복 將 : 장차 장 還 : 돌아올 환 懸 : 달 현 梁 : 들보 량 聲 : 소리 성 遠 : 멀 원 異 : 다를 이 覈 : 핵실할 핵 實 : 실상 실 郭 : 성 곽 巨 : 클 거 賜 : 줄 사 釜 : 솥 부 符 : 병부 부 區 : 구역 구 歲 : 해 세 給 : 줄 급

148 尙德이 値年荒癘疫하야 父母飢病瀕死라 尙德이
상덕 치년황려역 부모기병빈사 상덕

日夜不解衣하고 盡誠安慰하되 無以爲養則刲髀
일야불해의 진성안위 무이위양즉규비

肉食之하고 母發癰에 吮之卽癒라 王이 嘉之하야
육식지 모발옹 연지즉유 왕 가지

賜賚甚厚하고 命旌其門하고 立石紀事하니라.
사뢰심후 명정기문 입석기사

〖해설〗 상덕尙德이 흉년과 돌림병을 만나서 부모님이 거의 병으로 죽게 된지라. 상덕이 낮과 밤에 옷을 풀지 않고 정성을 다하여 편안히 모셨으되, 봉양할 것이 없으면 넓적다리를 베어서 잡수도록 하였고 어머니께서 종기가 발함에 입으로 빨아서 낫게 한지라. 왕이 가상히 여겨서 심히 후하게 하사하고 그 집의 문에 정려하고 비석을 세워서 효도한 일을 기록하였다.

〖출전〗 무지無知

에세이

본문에 '옷을 풀지 않았다.' 는 말은 밤에 잘 때에도 옷을 벗지 않고 항상 대기하고 있는 상태로 눈을 붙이면서 부모님의 간호를 했다는 말이다. 그리고 '봉양할 것이 없으면 넓적다리를 베어서 잡수도록 하였다.' 라고 한다. 이런 내용은 예부터 효자의 이야기에 종종 나오는 이야기인데, 참으로 슬픈 이야기이다. 얼마나 봉양할 것이 없으면 나의 넓적다리를 칼로 베어내어 그 고기로 부모님을 봉양했을까! 하고 생각을 한다. 사실 넓적다리를 베어내면 그 상처가 아물

때까지 활동을 할 수가 없는데, 과연 그랬을까! 하는 의문도 생긴다.

필자의 생각에는 그렇게 사람들이 쉽게 할 수 없는 일을 한 효자를 표현한 것이 아닌가! 하고 생각한다. 다시 말하면, 자신의 넓적다리를 벨 정도의 용기가 있었다면 냇가에 가서 고기를 잡아와서 봉양할 수도 있고, 산에 가서 산짐승을 잡아와서 봉양할 수도 있을 터인데, 왜 하필 자신의 넓적다리를 베었는지는 의문이다.

그리고 《효경孝經》 개종명의장開宗明義章에 "이 몸은 모두 부모님에게서 받은 것이니 감히 다치지 않게 하는 것이 효의 시작이요, 자신의 몸을 바르게 세우고 바른 도를 행하여 이름을 후세에 드날림으로써 부모님을 드러나게 해 드리는 것이 효의 마지막이다.〔身體髮膚 受之父母, 不敢毁傷, 孝之始也, 立身行道, 揚名於後世, 以顯父母, 孝之終也.〕"라는 말씀이 나오니, 효도는 이렇게 하는 것이 정석인 것이다.

尙 : 높을 상 德 : 큰 덕 値 : 만날 치 荒 : 거칠 황 癘 : 병 려 疫 : 돌림병 역 飢 : 주릴 기 濱 : 물가 빈 死 : 죽을 사 解 : 풀 해 盡 : 다할 진 誠 : 정성 성 慰 : 위로 위 刲 : 벨 규 髀 : 넓적다리 비 肉 : 고기 육 癰 : 종기 옹 吮 : 빨 연 癒 : 나을 유 嘉 : 아름다울 가 賚 : 줄 뢰 甚 : 심할 심 厚 : 두터울 후 命 : 목숨 명 旌 : 기 정 紀 : 기록할 기

149 都氏家貧至孝라 賣炭買肉하야 無闕母饌이러니 一
도씨가빈지효 매탄매육 무궐모찬 일
日於市에 晩而忙歸러니 鳶忽攫肉이어늘 都 悲號至
일어시 만이망귀 연홀확육 도 비호지
家하니 鳶旣投肉於庭이러라.
가 연기투육어정

〖해설〗 도씨 성을 가진 사람이 집은 가난하나 지극히 효도한지라, 숯을 팔아서 고기를 사서 어머니 반찬을 궐함이 없더니, 하루는 시장에서 늦게 바삐 돌아오더니 솔개가 갑자기 고기를 움켜잡아 날아가거늘 도씨는 울면서 집에 이르니 솔개가 이미 그 고기를 뜰에 던져놓았더라.

都 : 도읍 도 貧 : 가난 빈 賣 : 팔 매 炭 : 숯 탄 買 : 살 매 肉 : 고기 육 闕 : 궐할 궐 饌 : 반찬 찬 晩 : 늦을 만 忙 : 바쁠 망 鳶 : 새매 연 忽 : 홀연 홀 攫 : 움켜쥘 확 悲 : 슬플 비 號 : 부를 호 旣 : 이미 기 投 : 던질 투 庭 : 뜰 정

一日은 母病에 索非時之紅柿어늘 都彷徨柿林하야 不
일일 모병 색비시지홍시 도방황시림 불
覺日昏이러니 有虎屢遮前路하고 以示乘意라 都乘至
각일혼 유호누차전로 이시승의 도승지
百餘里山村하야 訪人家投宿이러니 俄而主人이 饋祭
백여리산촌 방인가투숙 아이주인 궤제
飯而有紅柿라 都喜問柿之來歷하고 且述己意한대 答
반이유홍시 도희문시지내력 차술기의 답
曰 亡父嗜柿故로 每秋擇柿二百個하야 藏諸窟中而
왈 망부기시고 매추택시이백개 장제굴중이

至此五月則完者不過七八이라가 今得五十個完者
지 차 오 월 즉 완 자 불 과 칠 팔 금 득 오 십 개 완 자

故로 心異之러니 是天感君孝라 하고 遺以二十顆어늘 都
고 심 이 지 시 천 감 군 효 유 이 이 십 과 도

謝出門外하니 虎尙俟伏이라 乘至家하니 曉鷄喔喔이러
사 출 문 외 호 상 사 복 승 지 가 효 계 악 악

라 後에 母以天命終에 都 有血淚하니라.
후 모 이 천 명 종 도 유 혈 루

〖해설〗 하루는 어머니께서 병이 들어서 때아닌 홍시를 찾거늘 도씨 감나무 밑에서 감을 찾으려고 날이 어두운 것을 깨닫지 못하였더니, 호랑이가 자주 앞길을 막고 타라는 뜻을 보인지라, 도씨가 호랑이 등에 올라타고 백 여리 밖의 산촌에 이르러서 인가人家를 찾아 투숙하였는데, 조금 있으니 주인이 제삿밥을 먹으라 하는데 홍시가 있는지라. 도씨 기뻐하여 홍시의 내력을 묻고 또한 자신의 뜻을 기술한대 대답하기를, "돌아가신 부친께서 홍시를 좋아하셨기 때문에 매년 가을이면 감 200개를 선택하여 굴속에 저장하고 이 5월에 이르면 완전한 홍시는 7~8개에 불과했는데, 금년에는 완전한 홍시 50개를 얻었기 때문에 마음으로 이상하게 생각했더니, 이는 하늘에서 그대의 효도에 감동한 것이다." 고 하고, 20개를 주거늘 도씨 사례하고 문 밖에 나오니 호랑이가 아직도 엎드리고 기다리는지라. 타고 집에 이르니 새벽닭이 울더라. 뒤에 어머니는 천명을 다하고 돌아가심에 도씨 피눈물을 흘리더라.

〖출전〗 무지無知

에세이

도씨都氏는 조선 철종 때에 경상북도 예천군 상리면 용두리에 살

던 도시복都始復을 말한다. 현재 용두리에는 도시복의 효성을 기리기 위해 홍살문이 있고 효자각이 세워져 있으며 호랑이 상도 만들어서 전시하고 있는 것을 볼 수가 있다.

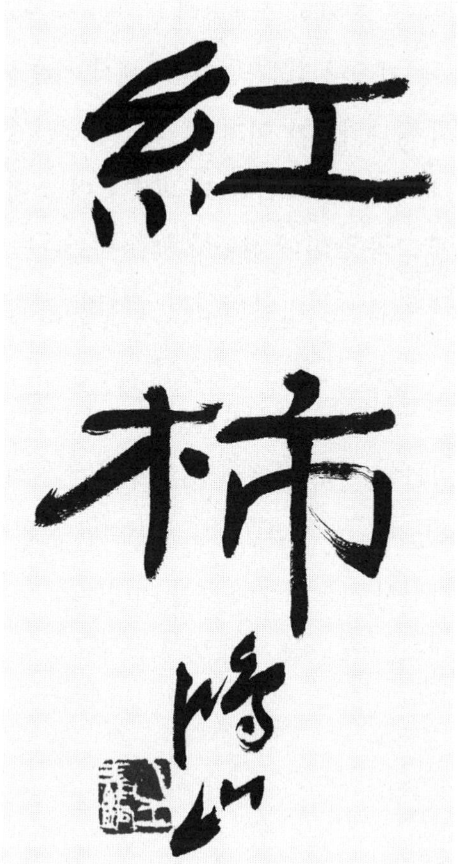

효도는 사람이 이 세상을 살아가는데 있어서 모든 행실의 근본이 된다. 집에서 부모님께 효도하지 못하는 사람은 밖에 나가서 외부의 사람들과 잘 어울릴 수가 없다. 왜냐면 부모님은 나를 낳고 길러주시고 그리고 이 세상에서 가장 가까운 분이니 이런 부모님도 잘 모시지 못하는 자가 어찌 남을 섬기고 사랑하겠는가!

옛적 이야기에는 호랑이가 많이 나온다. 필자의 15대조인 전엽全

燁공은 공자의 수제자인 증자와 똑같이 효도한 사람인데, 부모님이 돌아가셔서 3년간 묘지 옆에서 시묘侍墓를 사는데 마침 샘이 멀어서 왕래하기가 어려웠는데, 어느 날 호랑이가 와서 꼬리를 흔들면서 따라오라 하므로 따라가니 어느 지점에 가서 꼬리를 탁탁 치기에 그곳을 파니 샘물이 콸콸 나왔다는 이야기가 전한다. 지금도 충북 옥천군 동이면 금암리에 가면 '호천虎泉' 이 남아 있다.

'지성至誠이면 감천感天' 이라는 말이 있으니, 이는 지상에서 갈망하는 것이 하늘에 감응되어 그 소원대로 응한다는 말이다. 일례로, 여름에 한발旱魃이 계속되면 농민들은 사물놀이를 떠들썩하게 하면서 하늘에 기우제를 지내는데, 이렇게 하면 수일 안에 꼭 비가 내리는 것을 볼 수가 있다.

索 : 찾을 색 紅 : 붉을 홍 柹 : 감 시 彷 : 방화할 방 徨 : 방황할 황 覺 : 깨달을 각 昏 : 어둘 혼 虎 : 범 호 屢 : 여러 루 遮 : 막을 차 乘 : 탈 승 訪 : 찾을 방 投 : 던질 투 宿 : 잘 숙 俄 : 잠깐 아 饋 : 먹일 궤 祭 : 제사 제 飯 : 밥 반 喜 : 기쁠 희 問 : 물을 문 歷 : 지날 력 述 : 기술할 술 嗜 : 즐길 기 擇 : 가릴 택 個 : 낱 개 藏 : 감출 장 窟 : 굴 굴 過 : 지날 과 得 : 얻을 득 異 : 이상할 이 感 : 느낄 감 遺 : 끼칠 유 顆 : 낱 과 謝 : 사례할 사 尙 : 오히려 상 俟 : 기다릴 사 伏 : 엎드릴 복 曉 : 새벽 효 鷄 : 닭 계 喔 : 울 악 終 : 마침 종 血 : 피 혈 淚 : 눈물 루

염의편廉義篇

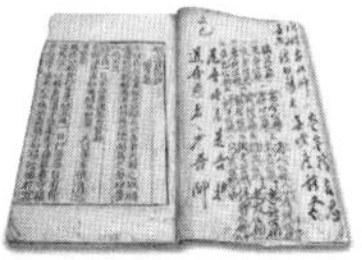

150 印觀이 賣綿於市할새 有署調者以穀買之而還이러
인관 매면어시 유서조자이곡매지이환

니 有鳶이 攫其綿하야 墮印觀家어늘 印觀이 歸于
유연 확기면 타인관가 인관 귀우

署調曰 | 鳶墮汝綿於吾家라 故로 還汝하노라 署調
서조왈 연타여면어오가 고 환여 서조

曰 | 鳶이 攫綿與汝는 天也라 吾何爲受리오 印觀曰 |
왈 연 확면여여 천야 오하위수 인관왈

然則還汝穀하리라 署調曰 | 吾與汝者 | 市二日이니
연즉환여곡 서조왈 오여여자 시이일

穀已屬汝矣하라 二人이 相讓이라가 竝棄於市하니
곡이속여의 이인 상양 병기어시

掌市官이 以聞王하야 竝賜爵하니라.
장시관 이문왕 병사작

〖해설〗 인관印觀[53]이 저자에서 솜을 팔려고 하니 서조署調[54]라는 자가 있어 곡식을 주고 솜을 사서 집으로 돌아오더니, 솔개가 그 솜을 움

켜쥐고 하늘로 날아서 인관의 집에 떨어뜨리거늘 인관이 서조에게 돌아가서 말하기를, "솔개가 너의 솜을 우리 집에 떨어뜨린지라. 그러므로 너에게 돌려주노라" 고 하니, 서조가 말하기를, "솔개가 솜을 움켜쥐고 날아서 너에게 줌은 하늘에서 한 것이니 내가 어찌 받으리오." 고 하니, 인관이 말하기를, "그렇다면 너의 곡식을 돌려주겠노라." 고 하니, 서조가 말하기를, "내가 너에게 넘겨준 지가 이일二日이 지났으니 곡식은 이미 너에게 속한 것이다." 고 하고, 두 사람이 서로 사양하다가 두 사람이 저자에 버리니, 시장을 맡은 관원이 임금께 말하여 두 사람에게 벼슬을 주니라.

【출전】《동사강목東史綱目》

에세이

'청렴' 은 국어사전에 '성품과 행실이 맑고 깨끗하며 재물 따위를 탐하는 마음이 없음' 이라고 쓰여 있다. 즉 청렴한 것은 남의 재물을 탐하지 않고 주어진 직책에 만족하며 성실하게 일하는 사람을 말한다. 만약 공무원이라면 자신이 맡은 공무를 공평무사하게 보면서 뇌물 같은 것에 눈을 돌리지 않는 사람을 말한다.

《맹자孟子》에 보면 '아래 밭주인과 위 밭주인이 서로 밭이랑을

53 인관印觀 : 298년(유례왕 15) 인관印觀은 서조署調에게 곡식을 받고 솜을 팔았는데. 서조가 돌아가는 길에 소리개가 나타나 솜을 낚아채서 그의 집에다 떨어뜨리자 이를 거두어 다시 서조에게 돌려주려 한다. 그러나 서조가 솜을 받지 않자 곡식이라도 돌려주려 한다. 서조는 솜과 곡식 모두를 사양하였고 인관 역시 양보하여 결국 솜과 곡식을 저자에 버리고 돌아갔다. 이 일을 장시관이 왕에게 아뢰어 인관은 서관과 함께 작위를 받았다.

54 서조署調 : 생몰년 미상. 신라 상대의 의인義人.

양보하라.' 는 말씀이 보이는데, 이는 서로 양보하면서 사이좋게 살라는 말씀이다.

사람의 욕심은 한이 없으니, 오죽하면 '벼 아흔아홉 섬 가진 사람이 한 섬 뿐인 사람에게 백 섬을 채우게 나를 달라고 한다.' 고 했을까! 이렇게 사람의 욕심은 한이 없어서 천하를 다 쥐고 흔들면서도 죽지 않고 영원히 그 권력을 유지하려고 했던 사람이 진시황이 아닌가!

요즘 화제가 되는 어느 가수는 그림을 그리는 화가를 겸업하면서 남에게 부탁하여 그림을 싸게 그려 와서 그곳에 약간의 덧칠을 하고 자신의 낙관을 찍어서 비싸게 팔았다고 하여 매스컴에 연일 등장한다. 이런 것이 모두 돈을 쉽게 벌려는 욕심에서 비롯된 잘못된 것이다. 필자는 그 가수에게 할 말이 있으니, '잔머리 쓰지 말고 제발 방송을 할 때에는 고급스런 말을 배워서 말을 하라.' 고 하고 싶다. 어디서 배웠는지 모르는 상스런 말을 방송에서 해대니, 아주 불쾌하고 보기에 안 좋아서 하는 말이다.

印 : 도장 인 觀 : 볼 관 賣 : 팔 매 綿 : 솜 면 市 : 저자 시 署 : 마을 서 調 : 고로 조 穀 : 곡식 곡 買 : 살 매 還 : 돌아올 환 鳶 : 솔개 연 攫 : 움켜쥘 확 墮 : 떨어질 타 歸 : 돌아갈 귀 汝 : 너 여 受 : 받을 수 屬 : 붙일 속 讓 : 사양 양 竝 : 아우를 병 棄 : 버릴 기 掌 : 맡을 장 賜 : 줄 사 爵 : 벼슬 작

151 洪基燮이 少貧甚無料러니 一日早에 婢兒踊躍獻
홍기섭 소빈심무료 일일조 비아용약헌

七兩錢曰此在鼎中하니 米可數石이요 柴可數駄니
칠량전왈차재정중 미가수석 시가수태

天賜天賜이니다 公이 驚曰是何金고 卽書失金人
천사천사 공 경왈시하금 즉서실금인

推去等字하야 付之門楣而待러니 俄而姓劉者 來
추거등자 부지문미이대 아이성유자 내

問書意한대 公이 悉言之한대 劉曰理無失金於人之
문서의 공 실언지 유왈리무실금어인지

鼎內하니 果天賜也라 盍取之닛고 公이 曰非吾物에
정내 과천사야 합취지 공 왈비오물

何오 劉俯伏曰小的이 昨夜에 爲竊鼎來라가 還憐
하 유부복왈소적 작야 위절정래 환련

家勢蕭條而施之러니 今感公之廉价하고 良心自
가세소조이시지 금감공지염개 양심자

發하야 誓不更盜하고 願欲常侍하나니 勿慮取之하
발 서불갱도 원욕상시 물려취지

소서 公이 卽還金曰汝之爲良則善矣나 金不可取
공 즉환금왈여지위양즉선의 금불가취

라 하고 終不受러니 後에 公爲判書하고 其子在龍이
종불수 후 공위판서 기자재룡

爲憲宗國舅하며 劉도 亦見信하야 身家大昌하니라.
위헌종국고 유 역견신 신가대창

【해설】 홍기섭[55]이 어렸을 때에 심히 가난하여 말할 수 없더니 하루는 이

55 홍기섭洪耆燮(1781~1866) : 조선 후기의 문신, 학자이다. 철종비 효정왕후의 할아버지이다. 본관은 남양이다.

른 아침에 어린 계집종이 좋아하여 뛰며 돈 일곱 냥을 가지고 와서 말하기를, "이것이 솥 가운데 있으니 쌀이 두어 섬이고 나무가 두어 짐이 될 것이니, 하늘이 주신 것입니다." 고 하니, 공이 놀라며 말하기를, "이것이 어쩐 돈인고!" 하고, 곧 돈을 잃은 사람은 찾아가라는 등의 글을 써서 문미門楣에 붙이고 기다렸더니, 이윽고 성이 유라는 사람이 와서 글의 뜻을 묻거늘, 공이 그 일을 다 말했더니, 유가 말하기를, "남의 솥 가운데에 돈을 잃어버릴 이치가 없으니 어찌 가지지 않는가!" 하니, 공이 말하기를, "나의 물건이 아닌 것을 어찌 취하는가!" 고 하니, 유가 부복하여 말하기를 "소인이 어젯밤에 솥을 훔치러 왔다가 공의 형세가 너무 쓸쓸함을 보고 도리어 가엾게 여겨 이것을 놓고 돌아갔더니, 지금 공의 성정이 고결하고 탐심이 없고 마음이 깨끗함을 보고 탄복되어 좋은 마음이 스스로 나와서 다시는 도둑질을 하지 않기로 맹세하였고, 그리고 늘 모시기를 원하오니 염려하지 마시고 받아주옵소서." 고 하니, 공이 곧 돈을 도로 주며 말하기를, "네가 좋은 사람이 된 것은 참으로 좋으나 돈은 가질 수 없느니라." 고 하고 끝내 받지 않으니라. 그 뒤에 공이 판서가 되고 그의 아들 재룡이 헌종의 국구國舅가 되었으며, 유의 집안도 믿음을 보여서 몸과 집이 크게 창성하였다.

〔출전〕 무지無知

에세이

원래 명심보감은 중국 명明나라의 범입본范立本(1393)이 지은 책인데, 홍기섭은 조선 헌종 때의 사람이니, 본문은 뒤에 누가 삽입한 문장이 아닌가 생각한다.

'내 물건이 아닌 것은 취하지 않는다.' 라는 것이 홍기섭의 주장인데, 이는 아주 현명한 생각이다. 왜냐면 고전에 보면 '내 물건이 아닌 것을 취하면 나의 복을 그만큼 던다.' 라는 말이 있으니, 그러므로 내가 힘을 들여서 번 돈이 아니면 절대로 취할 수 없는 것이다.

그리고 본문의 주장은, 홍기섭이 내 물건이 아닌 것은 절대로 취하지 않았기 때문에 나중에 자신은 판서判書에 오르고 아들 재룡은 철종의 국구가 되었으니, 큰 복을 받았다는 것을 독자에게 알려서 은연중에 '사람은 청렴하게 살아야 복을 받는다.' 라는 것을 가르치는 것이라 할 수 있다.

도둑질을 한 유劉라는 사람도 홍기섭의 청렴함에 감동하여 개과천선하여 다시는 도둑질을 않기로 맹세하였고, 또한 끝까지 그 맹세한 대로 살았으므로 복을 받아서 자신과 집안이 모두 창대하게 되었다는 것이니, 이도 또한 홍기섭의 청렴함에 교화된 아름다움이 아닌가 생각한다.

洪 : 넓을 홍 基 : 터 기 燮 : 불꽃 섭 貧 : 가난 빈 甚 : 심할 심 料 : 헤아릴 료 婢 : 계집종 비 踊 : 뛸 용 躍 : 뛸 약 獻 : 드릴 헌 錢 : 돈 전 鼎 : 솥 정 柴 : 섶 시 駄 : 짐 태 賜 : 줄 사 驚 : 놀랄 경 推 : 밀 추 等 : 무리 등 楣 : 문미 미 俄 : 잠깐 아 劉 : 성 유 悉 : 다 실 理 : 이치 리 果 : 과연 과 盍 : 어찌 않을 합 俯 : 구부릴 부 伏 : 엎드릴 복 的 : 과녁 적 昨 : 어제 작 竊 : 도적 절 憐 : 가련할 련 勢 : 형세 세 蕭 : 쓸쓸할 소 條 : 가지 조 施 : 베풀 시 感 : 느낄 감 廉 : 청 렴 렴 价 : 착할 개 發 : 필 발 誓 : 맹서 서 盜 : 도둑 도 願 : 원할 원 欲 : 하고자 할 욕 終 : 마침 종 受 : 받을 수 判 : 판단할 판 龍 : 용 룡 憲 : 법 헌 宗 : 마루 종 舅 : 장인 구

152 高句麗平原王之女 幼時에 好啼러니 王이 戱曰
고 구 려 평 원 왕 지 녀 유 시 호 제 왕 희 왈

以汝로 將歸于溫達하리라 及長에 欲下嫁于上部
이 여 장 귀 우 온 달 급 장 욕 하 가 우 상 부

高氏한대 女以王不可食言으로 固辭하고 終爲溫達
고 씨 여 이 왕 불 가 식 언 고 사 종 위 온 달

之妻하다 盖溫達이 家貧하야 行乞養母러니 時人이
지 처 개 온 달 가 빈 행 걸 양 모 시 인

目爲愚溫達也러라 一日은 溫達이 自山中으로 負
목 위 우 온 달 야 일 일 온 달 자 산 중 부

楡皮而來하니 王女訪見曰吾乃子之匹也라 하고 乃
유 피 이 래 왕 녀 방 견 왈 오 내 자 지 필 야 내

賣首飾而買田宅器物하야 頗富하고 多養馬以資
매 수 식 이 매 전 택 기 물 파 부 다 양 마 이 자

溫達하야 終爲顯榮하니라.
온 달 종 위 현 영

〔해설〕 고구려 평원왕[56]의 딸이 어렸을 적에 울기를 좋아하였더니 왕이 희롱하여 말하기를, "울보인 너를 바보 온달[57]에게 시집보내겠다."고 하였는데, 장성함에 미쳐서 상부 고씨에게 시집을 보내려

56 평원왕平原王 : 휘 양성陽成. 평강상호왕平崗上好王이라고도 한다. 양원왕陽原王의 태자로 559년 즉위한 후 중국의 진陳·수隋·북제北齊·후주後周 등 여러 나라와 수교하였다. 일찍이 장수왕長壽王이 평양의 북동쪽 대성산성大城山城으로 국도를 옮긴 뒤 양원왕이 장안성長安城(평양)에 대규모의 축성 공사를 시작한 것을 586년(평원왕 28) 완성시켜 장안성으로 천도하였다.

57 온달溫達 : 역사적 인물이자 문학적인 인물이다. 평강왕 시대 고구려의 대형大兄 벼슬을 한 장수였는가 하면, 김부식의 노련한 붓놀림으로 매우 드라마틱한 이야기의 주인공이 되었다. 이는 우리 역사상 특이한 경우에 속한다. 바보에서 장수까지 가장 극적인 생애를 살다 간 온달에게 많은 사람의 애정과 관심이 끌리는 것은 당연하다.

고 한대, 딸이 "임금은 거짓말을 하면 안 된다." 고 하면서 사양하고 마침내 온달의 아내가 되었다. 대개 온달이 집이 가난해서 구걸하여 어머니를 봉양하였더니, 당시 사람이 바보 온달이라 지목하였더라. 하루는 온달이 산중에서 유피楡皮를 지고 오니, 공주가 방문하여 보고 말하기를, "나는 바로 그대의 배필이다." 고 하고, 이내 머리의 장식을 팔아서 밭과 집과 기물을 사서 자못 부자가 되었고 많은 말을 길러서 온달을 도와 마침내 명망이 높고 빛나게 되었느니라.

〖출전〗《삼국사기열전三國史記列傳》

에세이

거짓말을 한문으로는 '식언食言' 이라 한다. 고구려 평원왕이 자기 딸이 유아였을 때에 자주 우니까 장난하는 말로 '너는 어리석은 온달에게 시집보내겠다.' 고 하였는데, 어린 딸은 이 말을 알아듣고 성장하여 나이 16세가 되었는데, 왕이 상부의 고씨에게 시집보내려고 하니, 딸이 정색을 하고 왕께 말하기를, "일반인도 거짓말을 하면 안 되는데, 황차 모든 백성의 어버이인 왕께서 식언食言(거짓말)을 하면 안 됩니다." 고 하고, 자신이 사용하던 수식首飾(금으로 된 머리의 장식)을 가지고 온달을 찾아가서 그의 아내가 되었다는 전설적인 이야기이다.

온달과 결혼한 공주는 말을 기르고 온달을 가르쳐서 고구려의 장군으로 만들었는데, 578년경 북주의 무제왕이 군사를 보내어 고구

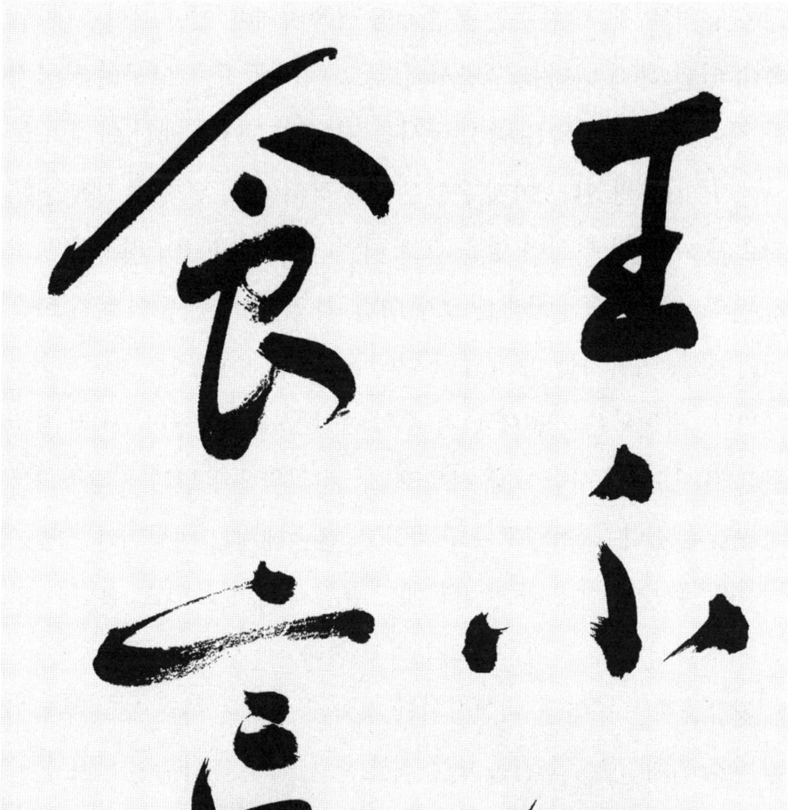

려를 공격해 왔다. 북주는 북중국의 서쪽지역에 있던 나라인데, 동쪽에 있던 북제 나라를 멸망시키고 그 여세를 몰아 고구려를 공격한 것이었다. 평원왕은 즉시 군사를 거느리고 나가 배산 아래의 들판에서 맞아 싸웠다. 이때 온달은 선봉장이 되어 날쌔게 적진을 휘저으며 싸워 적 수십여 명을 칼로 베었다. 그러자 고구려군의 사기가 올라가서 후주의 군대를 크게 이길 수 있었다. 싸움이 끝나고 승리의 공을 이야기할 때 모두들 온달을 첫째가는 공이 있다고 추켜세웠다. 평원왕은 기쁨에 넘쳐 주위 사람들에게 말했다. "여러 장군들은 보시오. 이 사람이 내 사위라오." 평원왕은 온달과 평강공주를 궁궐로 불렀다. 평강공주를 용서하고, 온달에게는 대형이라는 높은 벼슬을 주었다. 평원왕은 이후에도 온달을 총애하였고, 온달은 왕의 사위로서 날로 직위가 올라갔다고 한다.

평강공주는 나약한 여인이지만 정의에 불타는 사람으로, 부왕인 평원왕의 희언戱言을 몸을 던져 바로잡고, 그리고 남편인 바보 온달을 장군으로 만들어서 고구려를 구하는데 일조를 했으니, 이는 정의의 승리라고 해야 할 것 같다.

麗 : 고을 려 原 : 언덕 원 啼 : 울 제 戱 : 희롱할 희 汝 : 너 여 將 : 장차 장 歸 : 돌아갈 귀 溫 : 따뜻할 온 達 : 통달 달 欲 : 하고자 할 욕 嫁 : 시집갈 가 部 : 부서 부 固 : 굳을 고 辭 : 사양할 사 貧 : 가난 빈 乞 : 빌 걸 養 : 기를 양 愚 : 어리석을 우 負 : 질 부 楡 : 느릅나무 유 皮 : 거죽 피 訪 : 찾을 방 匹 : 짝 필 賣 : 팔 매 飾 : 장식할 식 買 : 살 매 器 : 그릇 기 頗 : 자못 파 資 : 의지 자 終 : 마침 종 顯 : 나타낼 현 榮 : 영화 영

권학편勸學篇

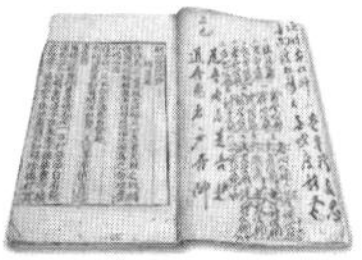

153 朱子 曰勿謂今日不學而有來日하며 勿謂今年不
주자 왈물위금일불학이유내일 물위금년불
學而有來年하라 日月逝矣나 歲不我延이니 嗚呼
학이유내년 일월서의 세불아연 오호
老矣라 是誰之愆고.
노의 시수지건

〔해설〕 주자朱子[58]께서 말하기를, "오늘 배우지 않으면서 내일이 있다고 말하지 말고, 금년에 배우지 않으면서 내년이 있다고 말하지 말라. 세월은 가나 나이는 나와 같이 늘어나지 않나니, 아! 늙었도다! 이것이 누구의 허물인고!" 라고 하였다.

〔출전〕《어정연감유함御定淵鑑類函》

58 주자朱子 : 중국 남송南宋 때의 유학자(1130~1200). 호는 회암晦庵, 회옹晦翁, 운곡산인雲谷山人이고, 시호는 문공文公이다. 주자학朱子學의 창시자이며 오경五經보다 사서四書, 곧 《논어》, 《맹자》, 《대학》, 《중용》을 더 중요시하였다. 그의 학문은 중국뿐만이 아니라 우리나라와 일본에까지 큰 영향을 미쳤다.

에세이

사람은 공부를 해야 사람다운 사람이 될 뿐만 아니라 사람 대접을 받는다. 만약 공부는 다음에 하고 오늘은 돈을 벌겠다 한다면 이는 큰 오산이다. '임시 먹기는 곶감이 달다.' 라고 하는데, 그러나 그 곶감이 어디 밥만 하겠는가!

공부를 많이 하면 일류의 회사에서 모셔가서 많은 봉급을 주고 그 사람이 공부한 그 지식을 회사를 위해 써 달라고 한다. 그러나 공부를 하지 않고 취직한 사람은 할 일이 막노동 같은 단순노동밖에 없다. 이는 임금도 가장 싸고 사람의 대접도 받지 못하면서 일을 해야 한다.

사실 공부를 하는 것은 취직을 해서 돈을 많이 벌려고 하는 것은 아니고, 사람의 영명한 두뇌로 이 세상이 돌아가는 이치, 즉 천리天理를 연구하여, 왜 세상은 반복하여 돌아가는가! 왜 사람은 직립直立하여 걸어 다니는가! 왜 예의禮義는 차려야 하는가! 왜 달과 별은 하늘에 떠 있는가! 등등 천지우주의 많은 궁금한 사항을 하나하나 궁구하여 이를 깨달아 가는데 그 목적이 있는 것이다.

요즘은 돈만 있으면 최고라고 생각하는 사람들이 많은데, 사실 이런 사람을 소인배라 하는 것이니, 이런 사람들은 오직 날마다 좋은 음식을 먹고 좋은 차를 타고 다니며 날마다 주색에 빠져서 헤어나지 못하면서 마치 이런 행위가 인생 최고의 낙이라 생각하는 부류이니, 이런 유의 사람들은 육신肉身만을 위해 살아가는 하급의 사람들이다. 사람은 정신으로 세상을 살아야 훌륭한 인생을 살았다고 하는 것이니, 깨달을지어다. 하늘에는 왜 해가 뜨고 땅은 왜 그 빛을 받아서 작용하는가를…

朱 : 붉을 주 勿 : 말 물 謂 : 이를 위 學 : 배울 학 逝 : 갈 서 歲 : 해 세 延 : 뻗을 연
嗚 : 탄식할 오 呼 : 부를 호 誰 : 누구 수 愆 : 허물 건

154 少年은 易老하고 學難成하니 一寸光陰이라도 不可輕하라 未覺池塘에 春草夢인데 階前梧葉은 已秋聲이니라.
소년 이로 학난성 일촌광음 불가 경 미각지당 춘초몽 계전오엽 이추 성

〖해설〗 소년은 늙기 쉽고 학업은 이루기 어렵나니, 한 치의 시간도 가벼이 여겨서는 안 되리라, 연못가 봄풀의 꿈이 채 깨기도 전에, 뜰 앞의 오동잎에 벌써 가을 소리가 들린다네.

〖출전〗《사가집四佳集》

에세이

이는 주자朱子의 시 우성偶成에 나오는 시이니, 요지는 '세월이 빠르게 지나가니 잠깐의 시간이라도 아껴서 학문을 하라' 는 주자께서 후학에게 당부하는 말씀이다.

필자가 어려서 서당에서 공부를 할 때에 훈장님께서 이 시를 모든 서생들에게 가르쳐주시면서 암송하라고 하셔서 필자는 늘 이 시를 암송하면서 학업에 정진했다고 하면 과장이 되지는 않을 것이다.

공부할 시기인 소년은 늙기 쉽지만 공부를 하여 학업을 이루기는 참으로 어려운 것이다. 그러므로 한 치의 시간이라도 아껴야 하니, 이 한 치의 시간을 결코 가볍게 여겨서는 안 되는 것이다.

겨울의 얼음이 풀리지 않아서 연못가의 봄풀은 겨울의 꿈에서 깨나지도 않았는데, 벌써 뜰 앞의 오동나무 잎은 하나 둘 떨어지는 가을이 되었다는 시이다.

이렇게 빠르게 지나가는 세월이므로 옛사람들은 '세월이 살같이 빠르게 지나간다.' 고 하였던 것이다.

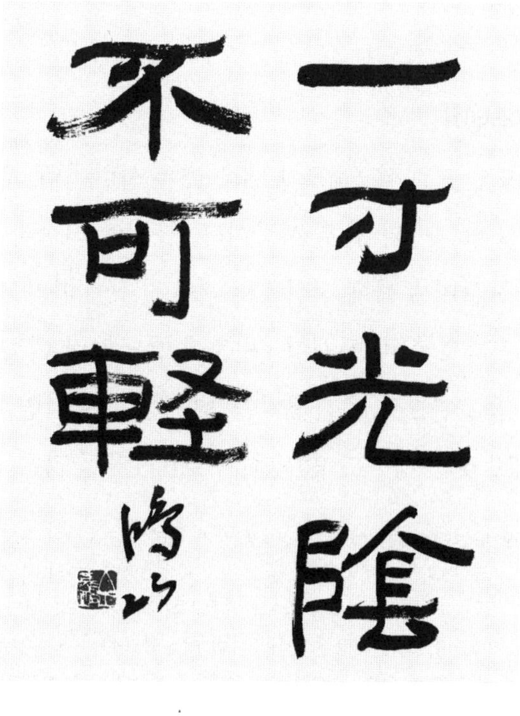

少 : 젊을 소 易 : 쉬울 이 老 : 늙을 로 學 : 배울 학 難 : 어려울 난 成 : 이룰 성 陰 : 그늘 음 輕 : 가벼울 경 覺 : 깨달을 각 池 : 못 지 塘 : 못 당 夢 : 꿈 몽 階 : 계단 계 梧 : 오동 오 葉 : 잎 엽 已 : 이미 이 聲 : 소리 성

155 陶淵明詩에 云盛年은 不重來하고 一日은 難再晨하니 及時ㅣ當勉勵하라 歲月은 不待人이니라.
도연명시 운성년 불중래 일일 난재신 급시 당면려 세월 부대인

〖해설〗 도연명陶淵明[59]의 시에서 이르기를, "젊은 때는 두 번 오지 않고 하루에는 다시 새벽이 오기 어려우니, 때에 미쳐서 응당 힘쓰고 힘쓸지라. 세월은 사람을 기다리지 않는다." 고 하였다.

〖출전〗《도연명집陶淵明集》

에세이

도연명은 절조節操가 매우 높은 사람이니, 우리나라의 매월당 김시습金時習[60]과 같은 사람이다. 불의와 타협하지 않고 정직하게 세상을 살며 문학에 심취해서 때와 장소에 따라 시와 문장을 지었다.

필자도 이미 한시집《겨울이 봄날처럼 따뜻하기를》을 명문당에서 문고판으로 출간했지만, 한시를 지으려면 이백李白처럼 즉흥적으로 짓는 경우도 있지만, 두보杜甫처럼 많은 생각 끝에 짓는 경우

59 도연명陶淵明 : 중국 동진東晋 말기 부터 남조南朝의 송대宋代 초기에 걸쳐 생존한 중국의 대표적 시인. 기교를 부리지 않고, 평담平淡한 시풍이었기 때문에 당시의 사람들로부터는 경시를 받았지만, 당대 이후는 6조六朝 최고의 시인으로서 그 이름이 높아졌다. 그의 시풍은 당대唐代의 맹호연孟浩然 , 왕유王維, 저광희 등 많은 시인들에게 영향을 줬다. 주요 작품으로《오류선생전》,《도화원기》,《귀거래사》 등이 있다.

60 김시습金時習 : 조선 초기의 학자(1435~1493). 자는 열경悅卿이며, 호는 매월당梅月堂 또는 동봉東峯이다. 생육신의 한 사람으로, 승려가 되어 방랑 생활을 하며 절개를 지켰다. 유교와 불교의 정신을 포함한 사상과 탁월한 문장으로 일세를 풍미하였다. 한국 최초의 한문 소설 〈금오신화〉를 지었고, 저서에《매월당집》이 있다.

가 많다고 봐야 한다.

어느 날 도연명은 본문의 시를 써서 후배들에게 열심히 공부하라고 하고 싶었던 것 같다. 그래서 이런 생각을 하게 된 것이다.

"젊은 때는 두 번 오지 않고 하루에는 다시 새벽이 오기 어려우니, 때에 미쳐서 응당 힘쓰고 힘쓸지라. 세월은 사람을 기다리지 않는다."고…

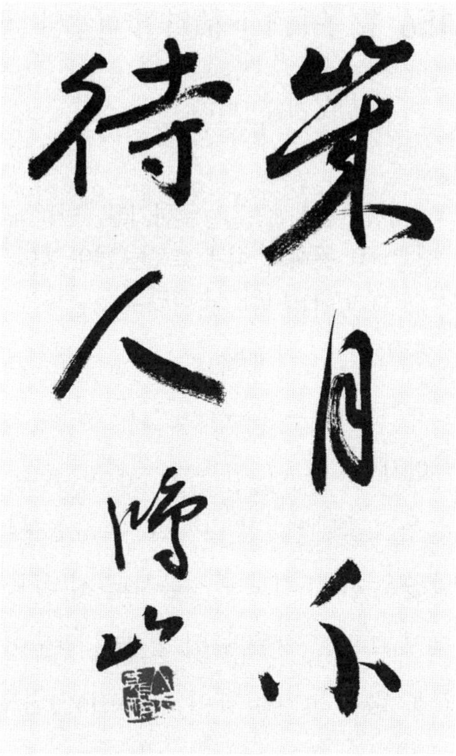

陶 : 질그릇 도 淵 : 못 연 詩 : 글 시 盛 : 성할 성 重 : 거듭 중 難 : 어려울 난 再 : 두 재 晨 : 새벽 신 當 : 마땅 당 勉 : 힘쓸 면 勵 : 힘쓸 려 歲 : 해 세 待 : 기다릴 대

156 荀子曰不積跬步면 無以至千里요 不積小流면 無以成江河니라.

순자 왈부적규보 무이지천리 부적소류 무이성강하

〖해설〗 순자荀子[61]가 말하기를, "반걸음이 쌓이지 않으면 천 리에 이르지 못하고, 작게 흐르는 물이 쌓이지 않으면 강과 하해를 이루지 못하느니라." 고 하였다.

〖출전〗 《순자荀子》

에세이

우리 속담에 '천 리 길도 한 걸음부터' 라는 말이 있다. 순자의 이 말씀은 천 리 길도 반걸음부터 시작하고 강과 하해河海의 물도 산속에서 흐르는 작은 물이 합해서 이루어진다고 말했는데, 사실은 학문도 많은 노력을 해야 하해河海처럼 넓고 깊은 학문을 이룰 수 있다는 것을 은연중에 나타낸 말씀이다.

졸졸 흐르는 작은 물에는 작은 물고기만이 살지만, 큰물이 오가는 강이나 바다에는 커다란 고기가 산다. 특히 드넓은 바닷속에는 이 세상에서 볼 수가 없는 진경眞境의 세계가 펼쳐지는데, 이를 옛

61 순자荀子 : 중국 전국시대 조趙나라의 사상가(B.C. 298?~B.C. 238?). 이름은 황況이다. 예의를 가치 기준으로 인간의 성질을 교정할 것을 주장하고 맹자의 성선설性善說에 대하여 성악설性惡說을 주장하였다.

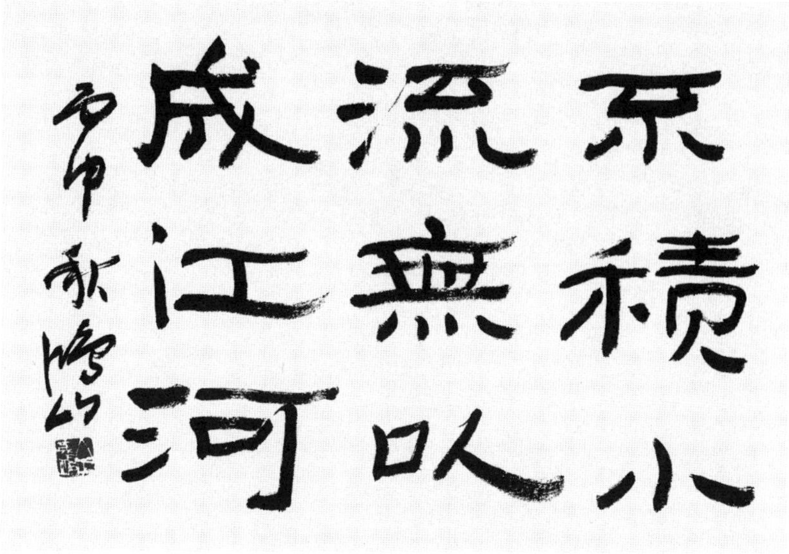

사람들은 '용궁龍宮' 이라고 했을 것이다.

학문을 많이 한 사람의 마음속은 바다와 같으니 그 마음속에는 고래도 있고 상어도 있으며 온갖 바다의 진경眞境이 모두 있어서 다 헤아릴 수가 없으니, 순자는 이런 사람이 되라고 본문을 말씀한 것이 아닌가!

筍 : 대순 순 積 : 쌓을 적 跬 : 반보 규 步 : 걸음 보 流 : 흐를 유 河 : 하수 하

에세이 **명심보감** 明心寶鑑

초판 1쇄 발행 2016년 10월 10일
초판 2쇄 발행 2023년 4월 17일

편 역 | 전규호
발행자 | 김동구
디자인 | 이명숙 · 양철민
발행처 | 명문당(1923. 10. 1 창립)
주 소 | 서울시 종로구 윤보선길 61(안국동)
우체국 010579-01-000682
전 화 | 02)733-3039, 734-4798(영), 733-4748(편)
팩 스 | 02)734-9209
Homepage | www.myungmundang.net
E-mail | mmdbook1@hanmail.net
등 록 | 1977. 11. 19. 제1~148호

ISBN 979-11-85704-84-5 (03150)
15,000원